Duden

Gemeinsam schlau statt einsam büffeln: So lernen Kinder und Eltern zusammen.

Mit 188 Spielen und Ideen.
Von Béa Beste und Stephanie Jansen

Dudenverlag
Berlin

Impressum

Bibliografische Information der Deutschen Nationalbibliothek
Die Deutsche Nationalbibliothek verzeichnet diese Publikation in der Deutschen Nationalbibliografie; detaillierte bibliografische Daten sind im Internet über http://dnb.dnb.de abrufbar. Es wurde größte Sorgfalt darauf verwendet, dass die in diesem Werk gemachten Angaben korrekt sind und dem derzeitigen Wissensstand entsprechen. Für dennoch wider Erwarten im Werk auftretende Fehler übernehmen Autor, Redaktion und Verlag keine Verantwortung und keine daraus folgende oder sonstige Haftung. Dasselbe gilt für spätere Änderungen in Gesetzgebung oder Rechtsprechung. Das Werk ersetzt nicht die professionelle Beratung und Hilfe in konkreten Fällen. Das Wort Duden ist für den Verlag Bibliographisches Institut GmbH als Marke geschützt. Die Webseiten Dritter, deren Internetadressen in diesem Lehrwerk angegeben sind, wurden vor Drucklegung sorgfältig geprüft. Der Verlag übernimmt keine Gewähr für die Aktualität und den Inhalt dieser Seiten oder solcher, die mit ihnen verlinkt sind. Alle Rechte vorbehalten. Nachdruck, auch auszugsweise, verboten.

© Duden 2020   D C B A
Bibliographisches Institut GmbH, Mecklenburgische Straße 53, 14197 Berlin

Reihenidee und -konzeption Susanne Klar
Redaktionelle Leitung Susanne Klar
Lektorat Dr. Kirsten Reimers, Lisa Stührk
Herstellung Maike Häßler
Layout und Satz Veronika Neubauer
Illustrationen Uli Gersiek, Béa Beste
Umschlaggestaltung 2issue, München
Umschlagabbildung © Jan von Holleben, Berlin
Druck und Bindung AZ Druck und Datentechnik GmbH
Heisinger Straße 16, 87437 Kempten
Printed in Germany

Soweit in diesem Buch Personen erwähnt und ihnen von der Redaktion fiktive Namen, Berufe, Dialoge und Ähnliches zugeordnet oder diese Personen in bestimmte Kontexte gesetzt werden, dienen diese Zuordnungen und Darstellungen ausschließlich der Veranschaulichung und dem besseren Verständnis des Inhalts.

ISBN 978-3-411-75645-2
Auch als E-Book erhältlich unter: ISBN 978-3-411-91289-6
www.duden.de

PEFC zertifiziert
Dieses Produkt stammt aus nachhaltig bewirtschafteten Wäldern und kontrollierten Quellen.
www.pefc.de

Inhaltsverzeichnis

Vorwort 10
Wie ist dieses Buch aufgebaut? 16
Warum das alles? 20

Teil 1: Gemeinsam schlau: die Kinder 22

Kapitel 1: Co-Learning und warum wir nur gemeinsam alles
erreichen können! 24
Hat das überhaupt was mit Schule zu tun? 31

Kapitel 2: So entwickelt sich mein Kind, das Lernwesen 34
Was bisher geschah: von der Empfängnis bis zur Geburt 35
Hallo Welt! (0 bis 3 Jahre) 40
    Sprich mit mir! 40
    Das große Krabbeln 48
    Hilf mir, mich sicher zu fühlen 52
Die Welt entdecken (4 bis 5 Jahre) 57
    Quasselstrippen 57
    Akrobaten 61
    „Ich will aber der Bestimmer sein!" 63
Ein neues Leben: Schulkinder (6 bis 10 Jahre) 66
    Von Lesern zu Autoren 67
    Raum und Zeit 69
    Ich kann das! 71
    Zeit ist keine Hexerei 73

Kapitel 3: Schlau werden – aber wie? 76
Sinnvolles Lernen 77
    Die vier Lerntypen 77

Die Checkliste der Lerntypen 78

    Intelligenz ist Vielfalt 83
    Zehnmalschlau – Talente überall 84

Die Checkliste der Talente 88

    Und Eltern lernen anders – aber wie?l 97

Teil 2: Gemeinsam schlau: die Eltern 100

Kapitel 4: Achtsamer Perspektivenwechsel: reprogram yourself! 102
Die Macht der Gewohnheiten 103
Erster Perspektivenwechsel: Haltet euer Eltern-Ich im Zaum! 105
    Die Eltern-Ich / Kind-Ich-Falle bei der Nachhilfe 107
Zweiter Perspektivenwechsel: Blick nach vorn 110
    Eigene Ängste aus der Vergangenheit loslassen 112
    Neue Glaubennssätze! 113
    Liebevolle Führung 116
Dritter Perspektivenwechsel: Achtsamkeit hilft 122
    Stephanies Weg zur Achtsamkeit 123
    Béas Weg: Balance der Bedürfnisse 129

Die Checkliste des Ichs 134

Kapitel 5: Miteinander reden lernen — 138
Bewusste Sprache — 138
- Das Zauberwort *noch* — 139
- Kein *aber* nach dem Lob — 139
- Abschied vom *müssen* — 141
- Positive Aussagen machen und auf die Stimmlage achten — 141
- Kinder brauchen Klarheit — 143
- Verhandeln üben — 145

Streiten, aber richtig — 148

Wertschätzender Umgang miteinander — 151
- Schau mir in die Augen, Liebes! — 151
- Bitte, danke und darüber hinaus — 153
- Kommunizieren, kommunizieren, kommunizieren — 153

Die Checkliste des Miteienander-reden-Lernens — 156

Kapitel 6: Gemeinsam spielend lernen — 158
Die drei Arten des Spielens — 159
Spielen kann man (wieder) lernen – und dabei spielend lernen — 163

Tipps für das spielerische Lernen mit euren Kindern — 163

Worum es beim Lernen wirklich geht: Der Flow hilft! — 165

Die Checkliste für das spielerische Spielen lernen — 168

Teil 3: Gemeinsam Schlauspielen   172

Wie verwende ich dieses Buch?   174
Wie wähle ich aus, was mich interessiert?   176
    Welche Themen interessieren euch?   176
    Welches Alter habt ihr?   178
    Welcher Lerntyp seid ihr?   179
    Wie viele Personen seid ihr?   179
    Welches Entwicklungsziel möchtet ihr erreichen?   180

1. Wir Wortkünstler   182
2. Wir Orientierungsmeister   202
3. Wir Fragensteller   212
4. Wir Spaßmacher   222
5. Wir in unserem Dorf   236
6. Wir Weltretter   242
7. Wir Kreativen   250
8. Wir Motoriker   272
9. Wir Menschenversteher   288
10. Wir Naturforscher   306
11. Wir Digitalmeister   324
12. Wir Schlagfertigen   332
13. Wir Mozarts   340
14. Wir Geldverdiener   348

Danke _____ 356
Quellenangaben und Anmerkungen _____ 358
Register _____ 360
Die letzte Seite _____ 368

Vorwort

Liebe Menschen, die ihr Kinder erzieht,
ihr kennt bestimmt diesen Witz:

Frage an einen Siebenjährigen: „Wie alt ist dein Vater?"
„Sieben!"
„Wieso sieben?"
„Weil er erst Vater ist, seit ich geboren bin!"

Bestechend logisch, oder? Unser Elternsein fängt mit dem Eintritt der Kinder in unser Leben an. Unsere Qualifikation für den Job? Einfach Mensch zu sein. Als Erfahrungen bringen wir meist das mit, was wir mit unseren Eltern und anderen Menschen erlebt haben, in deren Erziehungsobhut wir waren.

Kinder lernen vom allerersten Augenblick an - und wir mit ihnen. Mit Faszination begleiten wir ihre rasante Entwicklung: wie sie lernen zu greifen und zu laufen, wie sie hinfallen, immer wieder auf den dicken Windelpopo plumpsen und immer wieder aufstehen, bis es schließlich klappt und sie in irrem Tempo über den Spielplatz flitzen. Lernen ist im Naturplan inbegriffen.

Doch irgendwann kommt der Moment, in dem wir Erziehende beginnen, uns Sorgen um die Zukunft zu machen. Die Frage „Was wird aus dir, Kind?" schleicht sich in unser Herz. Begriffe wie „Lernstoff" und die Angst, dass unser Kind womöglich „nicht mitkommen" wird, bahnen sich ihren Weg in unser Denken. Sollten wir es nicht auf die bestmögliche Weise fördern, damit ihm in der Zukunft alle Türen offenstehen? Fördern ist an sich eine gute Idee - aber es kommt darauf an, wie dies geschieht. Die beste Möglichkeit, Kinder in ihren Talenten und Begabungen ganz individuell zu unterstützen, ist Co-Learning.

Aber was bedeutet das genau? An der Schwelle zum Einzug der künstlichen Intelligenz in alle Bereiche unseres Lebens befinden wir uns mitten in einem Paradigmenwechsel des Lernens. Dieser berührt drei wesentliche Aspekte der Lernkultur:

1. Was wir lernen: vom Wissen zum Können
Schon lange ist es kein Geheimnis mehr, dass der sogenannte Nürnberger Trichter, das mechanische Einbläuen von Wissen in Gehirne, nicht (mehr) funktioniert. Wir können überhaupt nicht alles Wissenswerte ansammeln und im Kopf behalten. Deswegen ist heute die Fähigkeit, Wissen zu finden und es anzuwenden, deutlich wichtiger.

2. Wie wir lernen: vom Belehren zum Entdecken
Dass junge Menschen von alten und Anfänger von Erfahrungsträgern lernen, hat sich relativiert. Es gibt große Unterschiede in den verwendeten Kanälen und Erfassungsweisen zwischen den Generationen. Das Dozieren hat ausgedient. Die Erlebnispädagogik setzt sich durch - das Lernen durch Erfahrung, angetrieben von der eigenen Neugier. Gutes Lernen soll und kann Freude machen. Warum auch nicht?

3. Wozu wir lernen: von Schubladen zur Vernetzung
Wir stellen außerdem heute fest, dass das Nebeneinander der vielen Fachbereiche kaum sinnvoll ist: Die neue Welt ist vernetzt - die Fähigkeiten, die wir entwickeln, müssen an anderen Fähigkeiten andocken. Durch Verbinden und Erfinden entfaltet sich das Potenzial des Einzelnen - im Miteinander mit mehreren.

„Sage es mir, und ich werde es vergessen. Zeige es mir, und ich werde es vielleicht behalten. Lass es mich tun, und ich werde es können", soll bereits Konfuzius 500 Jahre vor Christus gesagt haben. Heute ergänzen wir: „Lasst es uns zusammen tun, und wir werden die Welt erobern."
    Vielleicht fragt ihr euch jetzt: „Wie? Wir sollen gemeinsam lernen? Also auch wir Eltern?" Und unsere Antwort lautet: „Ja, genau!" Auch

ihr Eltern lernt beim Co-Learning. Mit anderen Worten: Das einsame Büffeln ist tot. Das gemeinsame Lernen ist auf dem Vormarsch. Co-Learning ist ein Weg, um miteinander die Welt zu entdecken und neu zu erfinden: generationen-, fach- und methodenübergreifend, respektvoll und wertschätzend.

Wir sind überzeugt: Jeder Mensch ist von natürlicher Neugier und Lerndurst getrieben. Wir alle lernen nachhaltig durch Erfahrungen und nicht durch Belehrungen und brauchen dafür sinnstiftende Aufgaben und die Einbindung in Gemeinschaft und Gesellschaft. Lernwille und Optimismus können durch Frustration, Druck und Demotivation unterdrückt werden – Zuwendung, Fantasie und Wertschätzung können sie aber wiedererwecken! Jeder Einzelne hat das Potenzial, positiv in seinem Umfeld zu wirken. Er kann Verantwortung für sein Leben und Lernen übernehmen – und das mit Freude und Humor!

Wir, Béa und Stephanie, tun das täglich. Wir sind „Lern-Junkies".

B Lernen ist Glück

Ich bin Béa (B) und bin in einer Familie aufgewachsen, in der Lernen und Bildung ein Wert an sich waren: Mein Vater war Professor für Architektur- und Kunstgeschichte, meine Großmutter mütterlicherseits Lehrerin für Rumänisch und Latein. Ich wurde für jeden Lernfortschritt ermuntert und gelobt!

Das allein prägt. Aber die Schlüsselerlebnisse kamen in der schwersten Zeit meines Lebens: Ich verlor mit 12 Jahren meinen Vater und mit 15 meine Mutter und kam aus dem kommunistischen Rumänien zu meiner Halbschwester in ihre Familie nach Deutschland. Lernen wurde für mich zum Überlebensschlüssel. Mit dem Er-Lernen der deutschen Sprache und dem Kennen-Lernen der westlichen Kultur war ich so beschäftigt, dass ich vergaß, mir leid zu tun.

Natürlich hat es auch Frustmomente gegeben, vor allem, wenn ich merkte, dass ich die gleichen Fehler immer wieder machte oder mir ein bestimmtes Wissen fehlte... Wie sollte ich wissen, dass Mailand nicht irgendein kleiner Staat im Norden ist wie Finnland oder Holland (Hallo? LAND?), sondern das mir bekannte Milano? Doch im Großen und Ganzen war Lernen, vor allem Sprachenlernen, pure Therapie, Glück, Antrieb und Selbstbestätigung.

Bis heute ist es so geblieben. Ich lerne für mein Leben gern. Und am besten zusammen mit anderen.

Mutter wurde ich mit 21, nicht geplant, aber sehr gewollt. Und meine beste Co-Lernerin ever, der Mensch, der mich am meisten weitergebracht hat in allen Lebensbereichen, ist meine Tochter Carina. Mit ihr habe ich das meiste von dem gelernt, wozu ich andere Eltern inspirieren möchte.

Nach meinem Studium arbeitete ich zunächst beim TV und in einer weltweit bekannten Unternehmensberatung. 2006 kam der Moment, in dem ich etwas zurückgeben konnte: Ich gründete zusammen mit einer Gruppe von Unternehmern eine Kette von bilingualen Schulen, Phorms Education. Motiviert war ich von der Idee, einen relevanten Beitrag zur Bildung zu leisten. Dieser bestand darin, Lernorte zu schaffen, in denen junge Menschen große Optimisten bleiben. In denen ihnen die angeborene Neugier, der Forscherdrang und die Lernlust nicht ausgetrieben werden – sondern genährt und entfacht! Über 5 000 Kinder und Jugendliche besuchen nun die Phorms-Schulen in neun Städten. So entstand auch ein gemeinsamer Lernprozess mit Stephanie, der sich zu einer tiefen Freundschaft weiterentwickelte.

Nach sechs Jahren gab ich den Vorstandsvorsitz von Phorms auf, um mich auf eine weitere Bildungsreise zu begeben. Vier Monate reiste ich durch die Welt und besuchte innovative

Vorwort

Bildungsorte auf vier Kontinenten – um besser zu verstehen, was gutes Lernen ausmacht. Ich sprach mit Schulleitern, Bildungsunternehmern, Designern und vor allem: mit ganz vielen Eltern und Kindern.

Bereits da entstand die Motivation, mich mit Co-Learning intensiver zu beschäftigen. Es ist der Gedanke, dass wir unseren Kindern nichts mehr beibringen können, weil wir heute nicht wissen, was in Zukunft wichtig sein wird. Wir können sie nur auf ihrer spannenden Entdeckungsreis begleiten. Und unsere Aufgabe als Eltern schränkt das nicht ein – ganz im Gegenteil! Sie öffnet uns Erwachsenen selbst neue Horizonte. Aus dieser Idee heraus entstanden mein Unternehmen, der Tollabea-Blog, wie auch dieses Buch.

Gemeinsames Lernen ist doppeltes Glück

Ich bin Stephanie (S) und ich hatte das große Privileg, in den letzten 20 Jahren in Deutschland, Japan, England und Irland als Lehrerin und Schulleiterin tätig zu sein und in dieser Zeit zwei Schulen mit aufbauen zu dürfen. Meine Schüler und Schülerinnen kamen aus allen sozialen Schichten und ihr Alter reichte von 5 bis 75 Jahre. Mein größtes Anliegen war und ist es noch immer, dass jeder Freude am Lernen hat und für sich den besten Weg findet, am besten mit anderen zusammen, denn geteiltes Lernen ist doppeltes Lernen. Ich selbst lerne jeden Tag Neues von den Menschen, mit denen ich arbeite, insbesondere von meinen Schülern und Schülerinnen.

> **C Geteiltes Glück verbindet**
>
> Die Erfahrungen vieler Eltern aus Béas Tollabea-Community (C) sind in dieses Buch mit eingeflossen. Wir werden in allen folgenden Kapiteln deren konkretes Wissen und praktisches Feedback im Blog mit einbeziehen. Auch alle Projekte in „Gemeinsam Schlauspielen" sind elternerprobt und für euren Einsatz zu Hause zusammen mit Kindern ab etwa drei Jahren sorgsam ausgewählt.

Noch eine wichtige Anmerkung für euch: Eigentlich stehen Stephanie und ich Ratgebern und Ratschlägen eher kritisch gegenüber. Im Umgang mit Eltern und Kindern haben wir beide enorm viel Erfahrung gesammelt, genug, um zu wissen, dass jeder Mensch individuelle Bedürfnisse und Vorlieben hat und dass nicht alles, was für den einen eine klasse Idee ist, auch für den anderen passt. Bitte betrachtet alles in diesem Buch als eine große Auswahl an Anregungen, und es obliegt euch, zu entscheiden, was zu euch passt und was nicht. Und seht uns bitte nach, wenn wir ab und zu mal den einen oder anderen Ratgeber-Imperativ dennoch verwenden. Also, wenn da steht „Redet mit eurem Kind" und es euch nicht guttut, verwerft die Idee bitte mit dem guten Gefühl, dass diese Anregung einfach gerade für euch nicht passt!

Und noch was, zu eurer Beruhigung: Das ist kein weiteres Förderbuch für ambitionierte Eltern. Dies ist ein Buch für Faule, wenn wir ehrlich sind. Alle, die sich keine Arbeit machen wollen, richten es sich spielerisch ein. Es lohnt sich wirklich, versprochen.

 Béa und Stephanie

Wie ist dieses Buch aufgebaut?

Dieses Buch besteht aus drei Teilen:

Im ersten Teil
Gemeinsam schlau: die Kinder

erzählen wir euch, aus welchen Gründen wir uns für die Methode des Co-Learnings entschieden haben, auf welchen Eckpfeilern unser Wissen über das Lernen beruht und welche Schritte ihr mit diesem Buch gehen könnt, um zu Hause gemeinsam spielend zu lernen.

- In Kapitel 1 „Co-Learning und warum wir nur gemeinsam alles erreichen können" führen wir den Begriff Co-Learning ein. Dort erfahrt ihr, wie wir ihn verstehen und wie wir euch fürs gemeinsame Lernen gewinnen wollen.
- In Kapitel 2 „So entwickelt sich mein Kind" nehmen wir euch mit auf eine kleine Wissensreise über die Entwicklung der Kinder und vermitteln Grundwissen zum Lernen zwischen 0 und 10 Jahren. Das Unterkapitel „Eltern lernen anders - aber wie?" gibt euch einen Einblick, wie ihr im Erwachsenenalter lernt und was sich dabei vom Lernen in der Kindheit unterscheidet.
- Im Kapitel 3 „Schlau werden - aber wie?" schlagen wir euch Eltern Merkmale vor, die dabei helfen, euch selbst und eure Kinder im Bezug aufs Lernen einzuschätzen. Wir betrachten bevorzugte Lernkanäle und Lerntypen, und wir leihen uns die Idee der multiplen Intelligenzen von Howard Gardener aus, aus der wir unsere eigenen Förderideen für unterschiedliche Talente ableiten.

Im zweiten Teil
Gemeinsam schlau: die Eltern

erzählen wir euch, wie ihr euch selbst „spiegeln" könnt, damit ihr fit werdet fürs gemeinsame spielerische Lernen mit euren Kindern.

- Kapitel 4 „Achtsamer Perspektivenwechsel: reprogram yourself!" führt euch ein ins Reflektieren über euch und euer erzieherisches Miteinander zu Hause. Wir schlagen drei Schritte vor, wie ihr euch und eure eigene Rolle im gemeinsamen spielerischen Lernen entwickeln könnt.
- Im Kapitel 5 „Miteinander reden!" legen wir den Schwerpunkt auf die Kommunikation mit eurem Kind zu Hause: Gemeinsam miteinander zu lernen bedeutet auch, viel miteinander zu reden. Wir haben dazu zwölf Grundideen für eine bewusste Elternsprache gesammelt, die eure Gespräche mit dem Kind erleichtern können.
- Im Kapitel 6 „Gemeinsam spielend lernen!" seid ihr dann fit fürs Wesentliche: Spielen! Wir stellen euch drei mögliche Arten des gemeinsamen Spielens vor, die wir für sinnvoll halten. Jeder dieser Wege ermöglicht es euch, in das Miteinander mit eurem Kind einzusteigen, ohne eure Elternrolle in Gefahr zu bringen. Ihr erfindet euch, zusätzlich zur gewohnten Erziehungsrolle, eine weitere Rolle fürs gemeinsame Spielen hinzu, die euch entspricht. Schlussendlich entscheidet ihr selbst darüber, wieweit ihr euch beim gemeinsamen spielerischen Lernen einbringen möchtet. Ihr wisst: Nichts muss, alles kann. Und wir begleiten euch dabei, eure Rolle beim Co-Learning zu finden.

Im dritten Teil
Gemeinsam Schlauspielen

wisst ihr nun sehr viel mehr über eure Kinder und euch selbst und könnt aus dem großen Ideenpool der von Eltern erprobten Projekte, den wir „Gemeinsam Schlauspielen" nennen, auswählen, was ihr miteinander spielend lernen wollt.

- Im Buchteil „Gemeinsam Schlauspielen" stehen euch Projekte aus fünfzehn verschiedenen Themenbereichen zur Auswahl. Wir empfehlen einige Themenbereiche für bestimmte Lerntypen (visuell, auditiv, motorisch und kommunikativ) ganz besonders. Grundsätzlich eignen sich aber alle Projekte für alle Lerntypen.
- Symbole an jedem Projekt in diesem Buchteil zeigen an, welches der Talente eures Kindes es fördert. Wir nennen das Entwicklungsziele. Zusätzlich sprechen wir je Projekt eine Altersempfehlung aus und schlagen eine Personenanzahl vor.
- So könnt ihr gemeinsam ausprobieren, was gut zu euch und eurem Kind passt.

Wir wünschen euch viele Freude beim gemeinsamen Entdecken, Recherchieren, Reimen, Basteln, Ausprobieren, Kochen, Experimentieren, Rätseln und beim gemeinsamen Schlau-Werden!

„

Ihr Eltern fühlt euch täglich tausendfach vor die Frage „Warum?" gestellt?
Na bitte. Euer Moment ist gekommen: Fragt doch auch öfter mal warum! Ⓑ

Warum das alles?

Unsere Grundidee ist: Kinder können nicht nicht lernen. Sie beginnen im Mutterleib damit und lernen in den ersten Jahren ihres Lebens unfassbar viel. Sie erwerben Kenntnisse und Fertigkeiten, die sie in ihrem Leben dringend brauchen. Einige wichtige Eckpunkte kindlicher Lernprozesse sind

- die kognitive und die sensorische Entwicklung des Kindes, wie zum Beispiel Hören, Sehen, Sprache und Sprechen lernen, Erkennen, Fühlen und Zuhören,
- die motorische Entwicklung, wie zum Beispiel die Bewegung, Koordination und Körperbeherrschung,
- die emotionale Entwicklung wie Freude, Angst oder Scham und Trauer
- und die soziale Entwicklung des Kindes, wie zum Beispiel Empathie und Interaktion.

Diese zentralen Lernprozesse starten in der Kindheit - und dauern ein Leben lang, bis ins Erwachsenenalter.

Und jetzt kommt ihr ins Spiel: Kaum jemand jenseits der zwanzig schlägt eine Fünfjährige beim Memory®, aber wie das mit dem Einkaufen funktioniert, da seid ihr Eltern noch klar im Vorteil! Doch die Jugend holt rasch auf. Und irgendwann kommt der Moment, an dem sie euch abhängen ... oder vermeintlich abhängen. Vielleicht können sie technisch Dinge, die ihr nicht mehr versteht - aber verstehen sie auch alles, was die Technik ihnen ermöglicht? Haben sie genug Lebenserfahrung, um die Folgen der Nutzung mancher Apps und Features zu antizipieren?

Ihr braucht einander. Unsere Welt braucht unterschiedliche Generationen, die miteinander die anstehenden Probleme lösen. Kooperation ist kein Buzzword, es ist eine Notwendigkeit für unsere Spezies, für unsere Kultur, für unsere Gesundheit und Lebensqualität.

Durch gemeinsame Aktivitäten und Erlebnisse, im gemeinsamen Erlernen und Entdecken stärkt ihr eure Kinder und euch selbst darin, Probleme positiv zu lösen. Mit ganz viel Spaß dabei!

Wie könnt ihr euch tatsächlich sinnvoll einbringen, in dieses lernende Miteinander? Was bedeutet dieses spielerische Lernen für euch? Wie könnt ihr das Spielen auffrischen oder gar wieder erlernen?

Wir machen uns gemeinsam mit euch auf den Weg und erzählen euch in einzelnen Schritten, wie ihr fit für das Co-Learning mit euren Kindern werdet.

Am Ende dieses Buches gibt es den dritten Buchteil „Gemeinsam Schlauspielen". Das ist eine Sammlung vieler unterschiedlicher gemeinsamer Aktivitäten, Rätsel, Experimente und Spiele für zu Hause.

Ihr habt es eilig? Prima, dann blättert sofort weiter auf Seite 172 und legt los!

Ihr wollt genauer wissen, wie das gemeinsame spielerische Lernen funktioniert? Prima, dann folgt uns jetzt auf unserer kleinen Co-Learning-Reise für Eltern und Kinder in ihrem Zuhause.

Teil 1

Gemeinsam schlau: die Kinder

Im ersten Teil erzählen wir euch, aus welchen Gründen wir uns für die Methode des Co-Learnings entschieden haben, auf welchen Eckpfeilern unser Wissen über das Lernen beruht und welche Schritte ihr mit diesem Buch gehen könnt, um zu Hause gemeinsam spielend zu lernen.

Kapitel 1

Co-Learning und warum wir nur gemeinsam alles erreichen können!

Der Begriff selbst leitet sich aus dem Englischen ab: collaborative oder auch cooperative learning, also kollaboratives beziehungsweise kooperatives Lernen. Das sind Lernweisen, die in den vergangenen Jahren in Schulen und Kindergärten, aber auch an Unis und anderen Erwachsenenbildungsstätten Eingang fanden. Wir möchten diesen bisher eher für institutionelles Lernen genutzten Begriff gerne auf das Familienzuhause übertragen:

Denn obwohl wir beide sehr viel Erfahrung in schulischer Bildung haben, konzentrieren wir uns in diesem Buch auf den außerschulischen Bereich. Das heißt: Co-Lernen im gemeinsamen und entspannten Miteinander von Eltern und Kindern, zu Hause am Küchentisch, auf dem Sofa, im Park oder im Wald, in der Stadt, in den Ferien, im Auto, beim Einkaufen und beim Wochenendausflug. Überall dort, wo Kinder fürs Leben und nicht nur für die Schule lernen.

Warum ist uns das so wichtig? Weil wir in diesem Buch dem Lernen einen anderen Stellenwert geben möchten. Weil wir jenes Lernen meinen, dass vom Druck der Schule und vom Stress des Paukens Lichtjahre entfernt ist. Eben das Lernen, das uns wie unseren Kindern viele zukünftige negative Erfahrungen und Erinnerungen erspart.

Wir möchten, dass ihr Erziehende zusammen mit euren Kindern viele positive Dinge erlebt und erlernt, die euch begeistern. Dinge, auf die ihr neugierig seid. Die neu und anregend für euch selbst sind. Und wir wollen, dass eure Kinder ihre Freude am Lernen bewahren und frei und unbelastet das Lernen kennenlernen.

Also eigentlich wollen wir, dass ihr als Familie eine richtig gute Zeit miteinander verbringt und gemeinsam sehr viel mehr lernt, als ihr es einzeln jemals könntet. Genau das ist für uns Co-Learning. Klingt das gut für euch? Los gehts!

Wir nutzen den Begriff Co-Learning in unserem Buch also für gemeinsames Lernen, bei dem mindestens zwei Personen involviert sind, die beide etwas lernen. Im Gegensatz zum individuellen Lernen nutzen die Co-Lerner die Ressourcen und Fähigkeiten des anderen. Das heißt, sie tauschen sich aus, sie ziehen die Informationen und Ideen des jeweils anderen hinzu, entwickeln sie weiter und suchen gemeinsam nach neuen Ideen und Informationen – womöglich gar zusammen mit anderen co-lernenden Personen. Wichtig ist also der Teamgedanke, der durch gemeinsame Werte und eine offene Kommunikation gestärkt wird.

Fürs Co-Learning wichtig:
1. Alle Menschen einer Gruppe bringen ihr Wissen und ihre Möglichkeiten ein.
2. Alle erhalten Aufgaben und führen sie aus.
3. Alle sind mit allen im Gespräch und verständigen sich, was die Gruppe wie tun und welches Ziel sie gemeinsam erreichen möchte.
4. Alle geben Feedback und werten das gemeinsame Vorgehen zusammen aus.
5. Alle lernen aktiv.

6. Alle wählen ihre Rolle selbstbestimmt.
7. Alle übernehmen Verantwortung fürs Miteinander und fürs eigene Lernen.
8. Alle übernehmen Verantwortung für ihren Beitrag in der Gruppe.

Was Co-Learning ermöglichen kann:
1. Ein Team findet zusammen.
2. Alle Menschen einer Gruppe bauen soziale Kompetenzen auf.
3. Alle entwickeln Selbstbewusstsein und erleben Selbstwirksamkeit.
4. Alle fördern ein soziales, wertschätzendes Miteinander.
5. Unterschiedliche Herangehensweisen machen das Denken aller bunter und vielfältiger.
6. Verschiedenartiges Denken und Wissen kurbelt kognitive Prozesse im Hirn aller an.
7. Alle können neu Gelerntes sicher und länger speichern.
8. Und ihr Eltern seid zusammen mit euren Kindern dabei, euch heute auf eine Welt von morgen vorzubereiten.

Der Türöffner fürs Co-Learning ist für uns das gemeinsame spielerische Lernen. Was bedeutet das? Ihr Eltern lernt dabei, dass das spielerische Miteinander eure Familie viel weiterbringt als konventionelles Lernen. Tschüs Pauken, Büffeln & Co.! Wir möchten euch in diesem Buch das spielerische Lernen beibringen. Alle Menschen, die Lust darauf haben, mitzumachen, sind willkommen.

    Unsere Idee ist: Ihr alle habt einfach richtig Spaß im Miteinander und erlebt eine entspannte gemeinsame Familienzeit. Was ihr dazu braucht: eure Familie und manchmal auch Menschen aus eurer Umgebung wie Nachbarn, Freunde, Omas und Opas, Tanten und Onkel. Und etwas Zeit.

    Unser Weg ist: Lernen „passiert" beim spielenden Miteinander, ganz einfach, ohne Druck und ohne Angst. Und Spielen ist eine sehr positive Art, euch alle zusammenzubringen und die Welt neu zu entdecken.

    Euer Familienleben steht für uns dabei im Mittelpunk. Wir haben unser Buch so aufgebaut, dass ihr zu Hause in eurer Familienzeit viel

Schönes gemeinsam erleben werdet. Wir begleiten euch Schritt für Schritt auf diesem Weg hin zum familiären Co-Learning. Ihr Eltern lernt dabei mindestens eben so viel hinzu wie eure Kinder. Das spielerische Lernen ist das Mittel, um eure Kinder zu Hause im Schlau-Werden zu unterstützen und gleichzeitig eure Familie vom Förderdruck zu entlasten.

Wie geht das genau? Alle Projekte in „Gemeinsam Schlauspielen" bauen auf der Idee des Co-Learnings auf. Da sie nur in der Gruppe von mindestens zwei oder mehr Personen funktionieren, wird das gemeinsame Miteinander zur Grundbedingung. Die von uns vorgeschlagenen Altersangaben könnt ihr - je nach Entwicklungsstand - individuell anpassen, sodass auch ältere und jüngere Kinder mit euch gemeinsam im Spiel sind. Wir wünschen uns und euch, damit unterschiedliche Alters- und Entwicklungsstufen zu erreichen.

Da jedes Projekt unterschiedliche Talente fördert (Symbole zeigen euch, welche), entwickelt ihr hier sehr viele und unterschiedliche Kenntnisse und Fertigkeiten eures Kindes weiter - und möglichweise auch eure eigenen! Diese große Bandbreite verschafft eurem Kind eine gute Basis für alle weiteren Lerninhalte, die an das bereits Gelernte andocken können - und auch euch kommt es zugute.

Wenn ihr die Themenbereiche in „Gemeinsam Schlauspielen" betrachtet, werdet ihr feststellen, dass die 14 Unterkapitel fast alle Lernbereiche des kindlichen Lebens abbilden. So könnt ihr euch und eure Kinder thematisch rundum fit machen. Ebenso bilden diese Themen einen soliden Hintergrund für Lerninhalte, die in vielen Schulfächern von der ersten bis zur neunten Klasse vermittelt werden.

Alle Projekte sind grundsätzlich für alle Lerntypen geeignet. Wir halten es für sinnvoll, sie zusätzlich zu euren bevorzugten Lernkanälen entsprechend anpassen. Dadurch erreicht ihr, dass unterschiedliche Lerntypen in einer Gruppe von den Lernformen anderer profitieren und doch jeder und jede die Freiheit hat, eigene Lernwege zu gehen.

Alle Projekte fördern Fähigkeiten wie Teambuilding, Selbstvertrauen, Selbstwirksamkeit, Kommunikation, Verantwortung für eigene und Gruppenziele, Vielfalt und Respekt. Und sie sorgen dafür, dass bei der intensiven Auseinandersetzung des Experimentierens und Spielens das neue Wissen sicherer gelernt und behalten wird.

Kennt ihr erst die Vorlieben und Talente von euch und euren Kindern, findet ihr schnell heraus, welche Projekte ihr zusammen mit ihnen verwirklichen wollt. Wir haben – basierend auf den multiplen Intelligenzen von Howard Gardner – zehn verschiedene Fördermodelle für die unterschiedlichen Talente und Lerntypen eurer Kinder entwickelt:

	Wort-schlau	fördert die Fähigkeit, Sprache einzusetzen.
	Musik-schlau	fördert die Fähigkeit, in Melodien und Rhythmen zu denken.
	Zahlen-schlau	fördert die Fähigkeit, abstrakt zu denken.
	Bild-schlau	fördert die Fähigkeit, Räume in der eigenen Vorstellung zu verwandeln.
	Körper-schlau	fördert die Fähigkeit, durch Bewegung zu lernen.
	Hand-schlau	fördert die Fähigkeit, mit den Händen Probleme zu lösen.
	Ich-schlau	fördert die Fähigkeit, mit den eigenen Gefühlen gut umzugehen.
	Wir-schlau	fördert die Fähigkeit, andere Menschen zu verstehen.
	Umwelt-schlau	fördert die Fähigkeit, Naturphänomene zu erkennen und zu beobachten.
	Welt-schlau	fördert die Fähigkeit, das Leben zu hinterfragen.

Und diese Talente können eure Kinder dann in den 14 Themenbereichen in „Gemeinsam Schlauspielen" sofort gemeinsam entdecken:

1. Wir Wortkünstler - mit Projekten, die Sprache, Sprechen, Kommunizieren üben: ideal für die Lerntypen kommunikativ, auditiv und visuell, aber auch für den Lerntyp motorisch.

2. Wir Orientierungsmeister - mit Projekten, die trainieren, wie Kinder sich in ihrer Umgebung räumlich zurechtfinden: ideal für die Lerntypen motorisch, kommunikativ, aber auch visuell und auditiv.

3. Wir Fragensteller - mit Projekten, die helfen, Neugier, Wissen und Hintergründe in Fragen zu fassen: ideal für die Lerntypen kommunikativ und auditiv, aber auch visuell und motorisch.

4. Wir Spaßmacher - mit Projekten, die den Humor in den Mittelpunkt des Miteinanders stellen: ideal für die Lerntypen kommunikativ und motorisch, aber auch auditiv und visuell.

5. Wir in unserem Dorf - mit Projekten, die weitere Personen aus dem Wohn- und Lebensumfeld der Kinder einbeziehen: ideal für die Lerntypen kommunikativ und motorisch, aber auch visuell und auditiv.

6. Wir Weltretter - mit Projekten, die Nachhaltigkeit, Natur- und Klimaschutz in den Mittelpunkt des Miteinanders stellen: ideal für die Lerntypen visuell, motorisch, kommunikativ, aber auch für den Lerntyp auditiv.

7. Wir Kreativen - mit Projekten, die die Vorstellungskraft und das Gestalten fördern: ideal für die Lerntypen visuell, motorisch, kommunikativ und auditiv.

8. Wir Motoriker - mit Projekten, die Beweglichkeit, Körpergefühl und -koordination trainieren: ideal für den Lerntyp motorisch, aber auch für die Lerntypen kommunikativ, visuell und auditiv.

9. Wir Menschenversteher - mit Projekten, die Empathie, Beobachtungsgabe und Einfühlungsvermögen schulen: ideal für den Lerntyp kommunikativ, aber auch für die Lerntypen auditiv, motorisch und visuell.

10. Wir Naturforscher - mit Projekten, die naturwissenschaftliche Phänomene und Umweltbedingungen erforschen: ideal für die Lerntypen motorisch, visuell und auditiv, aber auch für den Lerntyp kommunikativ.

11. Wir Digitalmeister - mit Projekten, die digitale Mittel und das Internet einbeziehen: ideal für den Lerntyp kommunikativ, aber auch für die Lerntypen auditiv, visuell und motorisch.

12. Wir Schlagfertigen - mit Projekten, die die Spontanität und die Redegewandtheit mit anderen üben: ideal für den Lerntyp kommunikativ, aber auch für die Lerntypen motorisch, auditiv und visuell.

13. Wir Mozarts - mit Projekten, die musikalische und rhythmische Fähigkeiten schulen: ideal für den Lerntyp auditiv, aber auch für die Lerntypen motorisch, kommunikativ und visuell.

14. Wir Geldverdiener - mit Projekten, die Geld, Kaufen und Handeln begreiflich machen: ideal für den Lerntyp kommunikativ, aber auch für die Lerntypen motorisch, auditiv und visuell.

Obwohl wir hier einige besondere Empfehlungen für Lerntypen geben, sind alle Projekte für alle Lerntypen geeignet. Ihr könnt die unterschiedlichen Lernkanäle ganz einfach zusätzlich anpassen. Dies tut ihr, indem ihr ergänzende Verabredungen für euer gemeinsames Spiel trefft: Wenn ihr zum Beispiel unter der Überschrift „Wir Wortkünstler" einen visuell geprägten Co-Lerner trefft, legt Blatt, Stift oder einen Fotoapparat bereit. Spielt ihr mit einem auditiv geprägten Co-Lerner, so reimt, singt oder lest euch etwas vor. Für motorische Co-Lerner ist es hilfreich, Laufen, Tanzen, auch Malen, Basteln und Handwerken ins Projekt einzubinden. Sind kommunikative Co-Lerner dabei, entwickelt mit ihnen Gedanken im ständigen Austausch weiter oder lasst sie ihre Ideen argumentativ ausprobieren oder darstellen.

Alle Projekte führen euch und eure Kinder auf einen gemeinsamen Weg in die Zukunft. Die so im Miteinander erlernten Fähigkeiten öffnen Türen für viele neue Anforderungen im Leben eures Kindes, zum Beispiel die in der Schule.

Hat das überhaupt was mit Schule zu tun?

Sehr viel. Denn eure Kinder erfahren und erlernen genau das, was sie im Leben brauchen: Indem ihr sie fit für die Welt macht, macht ihr sie auch fit für die Schule. Ihr fördert ihre Fähigkeiten, indem ihr ihnen helft, ihre Erfahrungen im geschützten Rahmen eurer Familie und im Miteinander mit vielen anderen selbstwirksam zu entwickeln. Ihr prägt ihr Selbstbewusstsein, ihr Fühlen und Handeln positiv mit. All diese grundlegenden Entwicklungsschritte werden eure Kinder natürlich auch beim Lernen in der Schule zugutekommen. Und ganz nebenbei erreicht ihr auch, dass ihr eine gute Lernbeziehung mit ihnen habt – wenn etwas in der Schule „brennt", seid ihr einfach schneller und besser informiert ...

Wir können euch nur ermutigen: Lasst eure Kinder ihre unzähligen biologisch angelegten Möglichkeiten ausschöpfen. Ohne Druck, ohne Lernstress, sondern mit Neugier, Offenheit und in familiärer Sicherheit. Denn wenn eure Kinder all diese vielfältigen kognitiven, emotionalen, sozialen und motorischen Lernprozesse eines frühen Kinderlebens zu Hause nicht durchlaufen haben, können sie in der Schule nur schwer bestehen. Dort werden all diese Fertigkeiten erwartet und vorausgesetzt. Mit der Hand einen Stift sicher zu halten und so kontrolliert schreiben zu lernen oder im Klassenraum aufmerksam, neugierig und präsent sein zu können, das sind nur einige der vielen Fertigkeiten von Schülerinnen und Schülern, die die Kinder zuvor zu Hause erlernen sollten. Zum Beispiel kann die Entwicklung der Feinmotorik einer Kinderhand durch viele unterschiedliche Tätigkeiten erlernt und geübt werden: Malen ist eine, Schneiden, Bänder knüpfen, Kleben, Werken, Schrauben oder Kochen sind weitere, die diese und viele unterschiedliche Fertigkeiten im Kindesalter immer wieder trainieren. Diese Vielfalt ist sinnvoll und hilfreich, denn jeder Mensch, jedes Kind ist anders. Jeder und jede hat Vorlieben und Schwächen. Sucht euch die Projekte aus „Gemeinsam Schlauspielen" heraus, mit denen euer Kind mit euch zusammen entspannt lernen kann. Wählt die Projekte, mit denen ihr in einen Spielfluss kommt, der euch gemeinsam große Freude macht. Auch Fertigkeiten, die euer Kind noch nicht so gut kann, trainiert ihr gemeinsam spielend mit diesen Projekten. Denn im spielerischen Austausch eurer Möglichkeiten wird Co-Learning zu einem echten Gewinn für alle Beteiligten.

Das fördert bei euch allen Kreativität, ihr lernt auch das kritische Hinterfragen und feilt an eurer Problemlösefähigkeit. Ihr eignet euch zusammen mit euren Kindern auch immer mehr soziale und kommunikative Kompetenzen an. All das erreicht ihr mit dem Co-Learning zu Hause: Es bereitet eure Kinder auf eine Welt von morgen vor, in der sie all die gemeinsam erlernten und positiv erfahrenen Kompetenzen weiter üben und vertiefen.

Alle Lehrenden in den Schulen werden auf das Erlernte zurückgreifen. Die Erfahrungen im Miteinander fördern Prozesse im Klassenverband und in den Schülergruppen. Da eure Kinder gelernt haben, im Miteinander anzukommen, stehen sie sicher und mit Selbstvertrauen in ihrer Welt, die sie schlau weitergestalten. Alle weiteren Spezialisierungen des Lernens bauen auf diesen Grundlagen bestmöglich auf.

Im folgenden Kapitel gucken wir uns all die vielen kindlichen Entdeckungen genauer an, die wir im Laufe unseres frühen Lebens machen. Dort betrachten wir besonders, welche Fertigkeiten und Kenntnisse uns in der Kindheit prägen und in welchen Entwicklungsschritten wir sie machen.

Achtung Spoiler: Es sind Lernprozesse, die schon vor der Geburt beginnen, uns individuell zu formen.

Kapitel 2

So entwickelt sich mein Kind, das Lernwesen

Jeder von uns ist einzigartig und besonders. Aber wie werden wir das? Klar, dies hängt mit unserer Entwicklung zusammen, und zwar schon von Anfang an: vom Laufen lernen bis zum Lernen lernen und noch weit darüber hinaus. Eltern möchten, dass ihre Kinder einerseits ganz „normal" sind, sich also wie alle anderen Kinder entwickeln. Andererseits möchten sie aber auch, dass ihre Kinder ihre ganz individuellen Fähigkeiten zum Strahlen bringen und eine eigene Persönlichkeit entwickeln. Doch was bedeutet in diesem Zusammenhang eine „normale" Entwicklung? Und welche Besonderheiten sind tatsächlich individuell?

Um dies zu verstehen, geben wir euch in diesem Kapitel einen kurzen Überblick über die wichtigsten Ereignisse während des Heranwachsens eures Kindes. Dies soll euch helfen, die aktuelle und auch die bisherige Entwicklung zu verstehen und zu reflektieren. Gleichzeitig möchten wir euch ein paar wichtige Aspekte des Lernens nahebringen. Aber bitte lest die folgenden Seiten nicht mit der bangen Frage im Hinterkopf „Kann mein Kind schon dieses oder jenes ...", sondern blickt voller Bewunderung auf das einzigartige kleine Wesen, das ihr geschaffen habt, und auf all das, was es (schon) kann.

Da dies kein Fachbuch über neurowissenschaftliche oder lerntheoretische Forschung ist, geht es uns in diesem Kapitel vor allem darum, ein paar Grundbegriffe zu erklären und die wichtigsten Zusammenhänge zu schildern. Vermutlich kennt ihr schon vieles davon, aber wir hoffen, wir können euch dennoch das eine oder andere Neue mitteilen oder zumindest Altbekanntes wieder ins Gedächtnis rufen. Und vielleicht lasst ihr euch ja auch anstecken von unserer Begeisterung für die kindliche Entwicklung und wie diese mit dem Lernen zusammenhängt.

Wir gehen zunächst chronologisch vor: Nach einem Blick auf das, was vor der Geburt geschieht, schauen wir uns die Kindheit in drei verschiedenen Altersstufen an. Dabei sind für uns jeweils drei Themenbereiche interessant: die sprachliche beziehungsweise kommunikative, die motorische und die emotional-soziale Entwicklung von Kindern.

Was bisher geschah: von der Empfängnis bis zur Geburt

Ab dem Moment der Befruchtung entwickelt sich der Embryo in einem rasanten Tempo. Schon wenige Wochen nach der ersten Zellteilung werden die verschiedenen Organe und Körperteile ausgebildet. Eines der lebenswichtigsten Organe ist das Gehirn, das nicht nur unsere Körperfunktionen steuert, sondern auch unser Lernen. Es ist eines der ersten Organe, die angelegt werden und das einzige, das sich noch weit bis in das Erwachsenenalter weiterentwickelt: Der Frontallappen, der unter anderem zuständig ist für langfristiges Planen und für das Abwägen, ob eine Entscheidung sinnvoll ist oder nicht, wird erst um das 25. Lebensjahr herum vollständig ausgebildet.

Bei der Geburt verfügt das Gehirn bereits über 100 Milliarden Neuronen, also Nervenzellen, die alles in unserem Körper steuern: die basalen Funktionen wie das Atmen oder den Herzschlag genauso wie Sinneswahrnehmungen, Bewegungsabläufe und (später) komplexes Denken. Um auf diese enorme Zahl zu kommen, bilden sich während der Schwangerschaft rund 250 000 Neuronen pro Minute. In unserem genetischen Bauplan ist genau festgelegt, wo und wie sie sich entwickeln müssen, um bestimmte Aufgaben zu übernehmen.

Das erklärt aber noch nicht, wie wir es schaffen, verschiedene Abläufe miteinander zu verbinden, also zum Beispiel ein Stück Schokolade zu sehen, es als etwas Leckeres zu identifizieren, es zu greifen und zu essen.

Dahinter steckt ein kleines Wunder: Die Neuronen bilden ein Netzwerk - und was für eins! Jede aktive Nervenzelle verfügt über bis zu 10 000 Verbindungen zu anderen Nervenzellen, und über diese kommunizieren die Zellen miteinander. Ihr könnt es euch so vorstellen, dass die Neuronen ständig elektrische Impulse aussenden, die sie in die Weiten des Gehirns schicken. Wenn ein anderes Neuron darauf antwortet, bildet sich eine Verbindung, Synapse genannt. Je mehr Vernetzungen ein Neuron hat, umso wahrscheinlicher ist es, dass es am Leben bleibt. Neuronen, die in der Kontaktaufnahme nicht erfolgreich sind, sterben ab. Das Motto der Neuronen lautet: *Use it or lose it!*

Das Spannende an diesem Netzwerk ist, dass es dafür keine festgelegte Anleitung gibt. Stattdessen bildet es sich aufgrund von Erfahrung und Wiederholung. Es gibt zwar einige grundlegende Bereiche, wie zum Beispiel das Sprach- oder das Hörzentrum, die genetisch vorgegeben sind, aber prägend sind für jeden Menschen die eigenen Erfahrungen. Sie sorgen dafür, dass ein *individuelles Netzwerk* ausgebildet wird, und tragen auf diese Weise dazu bei, dass aus uns Individuen werden. So sind zum Beispiel bei einem Pianisten die Bereiche, die für das Musizieren besonders wichtig sind, viel stärker ausgeprägt als bei jemandem, der nicht musiziert. Mit einem Gehirnscan lässt sich dies zeigen.

Es gibt eine Besonderheit, die Neuronen von den Zellen unterscheidet, die beispielsweise die Leber oder das Herz bilden. Eine Leberzelle kann nicht die Aufgaben des Herzens übernehmen oder umgekehrt, Nervenzellen sind jedoch flexibler. Dank hochmoderner Technik kann heute sehr genau lokalisiert werden, welcher Teil des Gehirns welche Aufgabe übernimmt. So gibt es das schon erwähnte Sprachzentrum für den aktiven Gebrauch von Sprache, es existiert aber auch ein Bereich, der für die passive Verarbeitung von Sprache benötigt wird. Wird nun ein Bereich geschädigt, zum Beispiel durch einen vorgeburtlichen Schlaganfall, sind andere Teile des Gehirns unter bestimmten Umständen in der Lage, dessen Aufgaben zu übernehmen. Das Gehirn programmiert sich sozusagen um. Eine beeindruckende Leistung! Dies ist vor allem in den sehr frühen Stadien der vorgeburtlichen Entwicklung möglich. Sind die Nervenzellen bereits gut vernetzt und haben bestimmte Aufgaben übernommen, ist die Fähigkeit zur Umstrukturierung sehr viel geringer und manchmal auch unmöglich. Diese Fähigkeit des Gehirns, sich umzubilden, wird als Plastizität bezeichnet.

Von den verschiedenen Arten von Neuronen konzentrieren wir uns nun auf die Spiegelneuronen, da sie für das Lernen besonders wichtig sind. Wie der Name schon andeutet, helfen sie uns zum Beispiel Bewegungen, die jemand macht, zuerst innerlich nachzuvollziehen und dann auch äußerlich zu wiederholen, sie also zu spiegeln. Wenn ihr zum Beispiel ein Kind anlächelt, lächelt es nach einem Moment zurück. Wenn ihr eure Augenbrauen hochzieht, wird es auch dies nachmachen.

Wir kommen mit einer enorm großen Anzahl von Spiegelneuronen auf die Welt, sehr viel mehr, als wir letztendlich im Verlauf unseres Lebens benötigen. Auch für sie gilt: Was nicht genutzt wird, verschwindet. Was ja auch sinnvoll ist, denn je älter Kinder werden, umso seltener erfolgt das Lernen durch reine Nachahmung.

Spiegelneuronen helfen uns aber nicht nur, Handlungen nachzuahmen, sondern sie sind auch wichtig, um uns in andere hineinzuversetzen. Wenn es später um Empathie und Einfühlung geht, spielen diese Neuronen im Hintergrund immer eine Rolle.

Das gesamte Netzwerk, das unser Gehirn entwickelt, ist für das Lernen wichtig, denn grundsätzlich gilt, dass jede Erfahrung, die wir machen, in unserem Gehirn verarbeitet wird und eine Spur hinterlässt. Wie stark diese Spur ist, hängt von der Häufigkeit der Erfahrung ab.

Am besten lässt sich das vielleicht so erklären: Machen wir einen Strandspaziergang direkt an der Wasserlinie, dauert es nur wenige Augenblicke, bis unsere Fußspuren wieder verschwunden sind, weil eine Welle darüber geschwappt ist. Gehen wir aber immer an derselben Stelle über eine Wiese, entsteht im Laufe der Zeit ein Trampelpfad. Je häufiger wir ihn benutzen, umso stärker ist er ausgeprägt. Genauso ist es mit einer Erfahrung: Je häufiger wir sie machen, umso tiefer ist sie eingeprägt.

Wann aber setzt dies ein? Machen Kinder schon Erfahrungen, während sie noch im Mutterbauch sind? Es gab und gibt ja immer wieder die Idee, dass der gezielte Einsatz von Musik während der Schwangerschaft die Intelligenz beziehungsweise die sprachlichen und mathematischen Fähigkeiten eines Kindes fördert; oft wird dafür zum Beispiel Mozart empfohlen. Wir sind allerdings der Ansicht, dass man solchen Behauptungen eher mit Skepsis begegnen sollte. Viel von dem, was euer Kind mitbringt, ist Veranlagung und kann sicherlich positiv beeinflusst werden, indem ihr euer Kind begleitet und unterstützt, aber dazu gehört mehr als alles andere eure Beziehung zu eurem Kind und das gemeinsame Erleben nach der Geburt. Unbestritten ist jedoch, dass euer Kind schon im Mutterleib „lernt", und zwar mit allen Sinnen.

Der erste Sinn, den euer Kind ausbildet, ist der Tastsinn, also das Fühlen. Dies geschieht zunächst über die Lippen, denn dort befinden sich besonders viele Nerven. Euer Kind fühlt also anfangs mit dem Mund. Das erklärt auch, warum Babys später noch eine ganze Weile Dinge so gern in den Mund nehmen: Sie erkunden sie auf diese Weise. Noch während der Schwangerschaft entwickelt sich die Fähigkeit zu fühlen immer weiter, sodass euer Kind schon im Mutterbauch Schmerzen und Temperaturunterschiede wahrnehmen kann.

Erstaunlicherweise ist der zweite Sinn, der sich ausbildet, das Sehen. Ungefähr ab der zwölften Woche kann euer Baby durch die noch geschlossenen Lider hell und dunkel unterscheiden. Öffnen kann es die Augen etwa um die 26. Schwangerschaftswoche.

Auch hören kann euer Kind schon während der Schwangerschaft, zunächst nimmt es aber eher Schallwellen als richtige Töne wahr. Durch das Fruchtwasser sind die Geräusche, die von außen an euer Kind herangetragen werden, sehr stark gedämpft, die Stimme der leiblichen Mutter ist dem Kind durch die Resonanz im Körper allerdings schon sehr bald vertraut. Deshalb kann ein Kind nach der Geburt auch die Stimme seiner Mutter wiedererkennen. Übrigens ist ihm nicht nur der Klang, sondern auch die Melodie der Sprache vertraut und es übernimmt diese. Das bedeutet, dass euer Kind, auch wenn es noch nicht sprechen kann, zumindest in dem Sprachmuster schreit, in dem seine leibliche Mutter spricht.

So erstaunlich es scheinen mag: Selbst der Geschmacks- und der Geruchssinn entwickeln sich bereits während der Schwangerschaft. Ab der zwölften Schwangerschaftswoche trinkt euer Kind ungefähr einen halben Liter Fruchtwasser am Tag, und das prägt natürlich seinen „Geschmack". Je nachdem, was die leibliche Mutter zu sich genommen hat, vermittelt sie dem Kind also schon einige ihrer Lieblingsgeschmacksrichtungen. Lediglich das Riechen, auch wenn es schon ausgebildet ist, setzt erst nach der Geburt richtig ein. Es ist der Hauptmotor auf der Suche nach der Nahrungsquelle Brust.

Kurz gesagt: Neuronen bilden unser Gehirn und vernetzen sich. Wenn das Vernetzen bestimmter Bahnen sich wiederholt, lernen wir und erwerben Fähigkeiten. Diese umfassen alles, was wir tun, denken und fühlen. Am Anfang sind insbesondere die Spiegelneuronen wichtig, um Bewegungsabläufe, Sprache und soziale Verhaltensweisen zu erlernen.

Hallo Welt! (0 bis 3 Jahre)

Nach der Geburt nimmt die Entwicklung des Kindes Tempo auf. War euer Kind vor der Geburt in einem geschützten Raum, strömen jetzt unzählige Eindrücke auf den neuen Weltbürger ein, die es zu verarbeiten gilt. Das Vernetzen im Gehirn, das schon während der Schwangerschaft begonnen hatte, kommt jetzt richtig in Schwung. Äußere Reize regen zu Aktion und Reaktion an. Jede Erfahrung, die sich wiederholt, wird zu einem Muster, das im Gehirn abgespeichert und damit gelernt wird. Kinder kommen übrigens schon mit allen notwendigen Gehirnzellen auf die Welt, trotzdem vervierfacht sich das Gewicht des Gehirns, bis es vollständig ausgewachsen ist. Das liegt daran, dass bei der Vernetzung von Neuronen Bahnen entstehen, die je nach Intensität auch messbar dicker werden.

Übrigens geschieht auch enorm viel in den Gehirnen der Mütter[1] und Väter: Diese bauen sich um, um mit der neuen Situation zurechtkommen zu können. Auch wenn es sich während der Schwangerschaft und nach der Geburt oft eher so anfühlt, als ob sich euer Gehirn ausgeschaltet hätte – in Wirklichkeit wird es neu vernetzt, um mit den neuen Anforderungen mithalten zu können.[2]

Sprich mit mir!

Ab seinem ersten Atemzug kommuniziert euer Kind mit euch, auch wenn dies zunächst sehr elementar geschieht, nämlich als Reaktion auf Bedürfnisse oder Empfindungen. Insbesondere in den ersten Wochen besteht die verbale Kommunikation des Kindes hauptsächlich aus Schreien: Volle Windel, Hunger, Blähungen, was immer gerade zum Unwohlsein beiträgt, wird durch Meckern und Schreien mitgeteilt. Ihr als Eltern könnt sicher bestätigen, dass Schreien nicht gleich Schreien ist. Aber auch ein fröhliches Glucksen und andere Laute kann euer Kind bald von sich geben.

Eure Kinder sind zum Glück nicht auf die verbale Kommunikation allein angewiesen, sondern treten schon mit der Geburt durch Bewegung und Mimik mit euch in Kontakt. Wenn sie dann nach wenigen Wochen Gesichter sehen und unterscheiden können, lässt sich besonders schön beobachten, dass Kinder Einfühlung und Kommunikation auf dem Weg der Nachahmung lernen: Sie beginnen auf eine Veränderung des Gesichtsausdrucks zu reagieren. Ihr erinnert euch: Hier sind die Spiegelneuronen im Spiel. Wenn ihr ernst schaut, tut das auch euer Kind, und wenn ihr lächelt, ist die Wahrscheinlichkeit sehr groß, dass euer Kind das auch tut – es sei denn, es hat Hunger, ist müde oder will eine neue Windel.

Schon wenige Wochen nach der Geburt fängt die verbale Kommunikation langsam, aber sicher an, differenzierter zu werden und sich zu entwickeln. Glucksen, Brabbeln oder auch Schreien ist wichtig, um die ersten Lautkombinationen und Worte zu formen und so die Sprachwerkzeuge zu trainieren. So, wie wir von einer Auge-Hand-Koordination sprechen, gibt es auch eine Ohr-Mund-Koordination. Kinder erlernen ihre Familiensprache(n) durch Nachahmung, weil sie ständig davon umgeben sind. Bereits mit sechs Monaten können Kinder grammatikalische Strukturen unterscheiden und erinnern. So gibt es viele Grammatikregeln, die ihr in eurer Entwicklung quasi mit der Muttermilch aufgesogen habt, ohne sie heute benennen zu können. Woher wisst ihr zum Beispiel, wann ihr der, die oder das verwenden müsst? Oder welche Vergangenheitsform mit „haben" und welche mit „sein" gebildet wird? Ihr habt es durch wiederholtes Hören gelernt, und auch wenn ihr die grammatikalischen Regeln nicht kennt, benutzt ihr sie doch richtig.

B Baby-Geheimnisse

Ich gelte im Freundeskreis als „Babyflüsterer". Ich mache das so: Erst nehme ich Augenkontakt auf und gehe recht nah an das Kind heran. Allerdings achte ich darauf, dass das Baby keine Angst bekommt. Ich lächle, bis das Baby auch anfängt zu lächeln.

> Sobald es einen Glückslaut von sich gibt, sage ich „Erzähl mal" und schaue das Baby erwartungsvoll an. Meistens kommen dann noch weitere Glückslaute. Dann sage ich, weiterhin erwartungsvoll: „Wirklich? Und was ist danach passiert?" – Ich weiß auch nicht warum, aber meistens machen die Babys weiter. Und so „unterhalte" ich mich mit ihnen. Sie brabbeln, ich werfe immer wieder Sachen ein wie „Das gibts ja nicht! Hat sie das wirklich gesagt?" und „Das finde ich ganz schön frech, das würde ich mir nicht gefallen lassen!" und so weiter. Das geht gut und gern zehn Minuten. Ich verrate allerdings nie, was mir die Babys gesagt haben! Das ist streng vertraulich!

Béas Beispiel zeigt, dass es ganz einfach sein kann, mit einem Baby ins Gespräch zu kommen. Ganz nebenbei fördert ihr auf diese Weise auch die Sprachentwicklung eures Kindes. Diese ist aber, wie jede andere Entwicklung eures Kindes, sehr individuell und dauert bei dem einen länger als bei dem anderen. Besonders wenn ihr mehr als ein Kind habt, werden euch sicherlich immer wieder Unterschiede auffallen. Das ist vollkommen normal und ein Teil der persönlichen Entwicklung eines jeden Menschen.

Das folgende Beispiel zeigt, wie einzigartig jedes Kind ist und wie wichtig es ist, sein eigenes Tempo zu respektieren in Sachen Sprachentwicklung und Sprachförderung.

B Die perfekte Rede

Ein tolles Beispiel dafür, wie individuell die Sprachentwicklung ist, ist folgendes Erlebnis einer befreundeten Familie mit drei Kindern. Die beiden älteren Töchter reden schon sehr früh, erste Worte im ersten Jahr, ab dem zweiten Lebensjahr plappern sie beide unentwegt – untereinander, mit den Eltern, mit anderen Kindern und wenn sonst keiner zuhört, auch mit den Kuscheltieren.

Nesthäkchen Max ist ein stilles Kind, um nicht zu sagen: schweigsam. Er hört zu. Alle Erwachsenen haben den Eindruck, er versteht alles, was er verstehen will. Er selbst sagt nur „Mama", „Papa", „Da!", „Nein!" und kommt im Extremfall mit lautem Geheul, Stampfen und dem Durch-die-Gegend-Schleudern von Gegenständen zurecht. Als Max seinen zweiten Geburtstag erreicht und sein Vokabular nur um die Worte „Auto" und „Ball" erweitert hat, machen sich alle Sorgen. Die Kinderärzte, die die älteren Schwestern kennen, raten, einfach erst mal abzuwarten.

Erst kurz vor dem dritten Geburtstag von Max macht sich morgens am Frühstückstisch eine bislang unbekannte Stimme bemerkbar: „Papa, ich hätte gern ein Brot mit der salzigen Butter und mit Marmelade. Aber bitte die rote Marmelade, nicht die gelbe." Allen klappt die Kinnlade runter. Max strahlt. Er hat gesprochen, und zwar in vollständigen Sätzen.

Im ersten Lebensjahr reden Kinder meist in Ein-Wort-Sätzen wie „Mama", „Papa", „Auto" oder „Ball". Ungefähr ab dem 18. Lebensmonat erweitern sich diese auf zwei und drei Wörter. Kinder fangen nun auch an, gezielt nach Wörtern zu fragen, bis die Grammatik halbwegs sicher ist. Ab dem dritten Lebensjahr entstehen dann vollständige und zum Teil schon sehr komplexe Satzkonstruktionen. Oft spricht ein Kind nun auch nicht mehr von sich in der dritten Person, sondern beginnt, „Ich" zu sagen, denn langsam wächst in ihnen das Bewusstsein, eine eigene Person zu sein.

Zeitgleich beginnen Kinder nun, andere Menschen zu „lesen", also ihre Stimmung, ihre Absichten, ihre Gefühle zu erfassen. Diese Fähigkeit wurde im Rahmen der Erforschung von Autismus beobachtet und wird als *Theory of Mind* bezeichnet.[3] Da wir Menschen in der Lage sind, uns gedanklich in andere hineinzuversetzen, können wir uns meist ziemlich gut zusammenreimen, was in unserem Gegenüber vor sich geht. Davon ausgehend, schließen wir darauf, was der andere wohl tun wird. Das Ergebnis können wir dann anhand der tatsächlichen Handlungen unseres Gegenübers überprüfen und so nach und nach unsere Annahmen verbessern.

Kinder entwickeln diese Fähigkeit ungefähr ab dem vierten Lebensjahr und bauen sie mit zunehmendem Alter weiter aus. Davor ist es für sie fast unmöglich zu verstehen, was in anderen Personen vor sich geht.

Die Welt des Sprechens ist eine Bühne und Eltern sind bei der Sprachentwicklung ihrer Kinder als Showmaster und Gestalter gefragt. Je mehr ihr mit euren Kindern kommuniziert, desto wahrscheinlicher ist es, dass sie einen ausgeprägten Wortschatz entwickeln und sich später differenziert und artikuliert ausdrücken können.

Dabei solltet ihr die vier folgenden Aspekte im Blick behalten.

1. Seid ein Vorbild
Alles, was eure Kinder lernen, lernen sie in den ersten Jahren durch Nachahmung, und weil ihr diejenigen seid, die im Allgemeinen am meisten Zeit mit ihnen verbringen, ahmen sie eben euch nach. Sie sind also darauf angewiesen, dass ihr mit ihnen redet - je deutlicher und betonter, umso besser. Stellt euch vor, ihr seid ein Showmaster auf der Bühne, der übertrieben deutlich agiert und spricht. Mütter und Väter machen das meist ganz instinktiv, aber Oma, Opa, Tante, Onkel und der Rest des Umfeldes kann ebenfalls gern Freude, Überraschung und Ähnliches etwas überdeutlich ausdrücken. Das ist so wichtig, weil eure Kinder zunächst noch gar nicht inhaltlich verstehen, was ihr sagt. Sehr wohl aber spüren sie, wie es sich anfühlt, denn neben der Nachahmung haben sie eben auch eine angeborene Fähigkeit, Gefühle zu erleben, ohne sie schon benennen zu können. Sie spüren, ob etwas positiv oder negativ ist, lernen durch Sprache und die Art, wie ihr mit ihnen interagiert. Diese

Fähigkeit ist übrigens auch dann wirksam, wenn ihr etwas sagt, das nicht wirklich mit dem übereinstimmt, was ihr fühlt oder meint. Deshalb verstehen kleine Kinder normalerweise auch noch keine Ironie und keinen Sarkasmus. Anders als bei der *Theory of mind*, auf die wir später noch zu sprechen kommen und die erst ab dem vierten Lebensjahr relevant wird, bedarf es für diese angeborene „Empathie" keines kognitiven Prozesses, sie ist ganz natürlich in jedem Menschen angelegt.

Wie sehr der Spracherwerb über Nachahmung läuft, fällt euch spätestens dann auf, wenn ihr plötzlich eure eigenen Ausdrücke und Sprachmuster bei euren Kindern hört. Oder mit Béas Worten: „Dieser Moment, wenn du realisierst, dass deine Kinder ganz genau deinen Humor haben, und du nicht weißt, ob du total stolz oder total erschrocken bist."

2. Führt Gespräche

Gespräche führen, notfalls auch erst einmal Monologe halten, ist enorm wichtig - und zwar von Geburt an! Auch dies machen Mütter und Väter meist intuitiv, aber gerade in diesem Punkt sind explizit beide Elternteile gefragt, da sich ihre Stimmen und ihre Wortwahl voneinander unterscheiden. Je mehr Sprachvorbilder eure Kinder haben, desto besser. Kommentiert alles, was ihr macht, denn dadurch wird der Kontext geschaffen, den eure Kinder brauchen, um später Gegenstände und Handlungen, Gefühle und Gedanken unterscheiden zu können. Beschreibt, wie sich die Sonne auf eurem Gesicht anfühlt, wie warm oder kalt es draußen ist und macht gerne auch die entsprechenden Geräusche, Bewegungen und Gesichtsausdrücke dazu. Erklärt eurem Kind, dass es jetzt ein zusätzliches Paar Socken trägt wegen der Kälte oder dass es barfuß sein darf, weil es so schön warm ist. Alles, was ihr tut und was um euch herum passiert, ist neu für euer Kind, es muss dies alles erst verstehen lernen. Ihr glaubt, euer Baby begreift es noch nicht? Macht nichts, je häufiger ihr es tut, umso schneller wird es den Zusammenhang herstellen.

Wichtig ist auch das abendliche Vorlesen, denn es ist eine wunderbare Gelegenheit, aus einem Monolog einen Dialog zu machen oder ein Frage- und Antwort-Spiel. Jedes Bilderbuch birgt eine Vielzahl von

Möglichkeiten, ein Gespräch zu führen. Für die ganz Kleinen gibt es sehr schöne Tastbücher, die zugleich auch die haptische Entwicklung eures Kindes fördern. Ist in dem Buch eine Ente zu sehen, und ihr wart an diesem Tag Enten füttern? Wunderbar: Greift es direkt auf und durchlebt diesen Moment noch einmal mit eurem Kind.

Bindet also eure Gespräche an die Lebenswelt eurer Kinder an. Besonders dann, wenn ihr nicht mehr so viel Zeit mit ihnen verbringt, weil sie in die Kita gehen. Besprecht mit ihnen den Tag und was sie gemacht und erlebt haben: Was war heute alles schön? Mit wem haben sie gespielt? Und so weiter.

Auch wenn eure Tage voll sind: Nehmt euch Zeit dafür! Das gehört zu dem Kostbarsten, was ihr euren Kindern geben könnt, und ist ein Ausdruck von Liebe.

3. Gebt der Sprache Raum

Oft sieht man in der U-Bahn Mütter und Väter, die über das Mobiltelefon in der Hand mit anderen kommunizieren, während die Kleinen im Kinderwagen verloren in der Gegend herumschauen und darauf warten, dass sich ihnen jemand zuwendet. Wenn ein Kind wach und nicht knötterig ist, dann ist es im absoluten Aufnahmemodus und braucht Input, um seine Gehirnzellen so richtig feuern zu lassen. Jede Erfahrung ist ein Input, der mehr Vernetzungen schafft, und je mehr Vernetzungen umso besser, denn wir erinnern uns: Neuronen, die nicht benutzt werden, sterben ab. Stellt eurem Kind Fragen, lest etwas vor, spielt Wortspiele mit ihm, egal ob in der U-Bahn oder beim An- und Ausziehen. Ihr kennt doch bestimmt Fingerspiele wie „Das ist der Daumen, der schüttelt die Pflaumen ..." oder „Kommt die Maus die Treppe rauf ...". Diese kommen bei kleinen Kindern in der Regel gut an. Kann euer Kind schon ein bisschen sprechen, bringen Zungenbrecher viel Spaß - von „Fischers Fritze" über „Blaukraut bleibt Blaukraut" bis „Die Katze tritt die Treppe krumm" ist alles möglich. Ritualisiert den Austausch und die Kommunikation, richtet zum Beispiel einen Zeitpunkt am Tag ein, an dem ihr miteinander redet: über den Tag im Allgemeinen, über ein besonderes Ereignis, ein Buch oder vielleicht eine Begegnung. Wählt dafür eine Zeit, die möglichst selten anderen Dingen zum Opfer fällt, und schafft einen Rahmen, der für alle angenehm ist: am Küchentisch, beim Hundespaziergang, vor dem Zubettgehen auf dem Sofa oder beim Aufwachen im Bett. Je älter euer Kind wird, desto mehr könnt und solltet ihr die Gesprächsführung ihm überlassen. Auch das Zuhören lernt man durch Nachahmung, und wenn ihr eurem Sprössling für diese zehn oder fünfzehn Minuten aufmerksam lauscht - das Mobiltelefon beiseitegelegt - und ihm und seinen Ideen und Gedanken Raum gebt, dann legt ihr damit den Grundstein zur Fähigkeit des Zuhörens in eurem Kind. Habt dabei Geduld! Gerade Kleinkindern fällt es zunächst nicht ganz leicht, eine zusammenhängende Geschichte zu erzählen. Béa rät für solche Momente, einfach im Stillen denken: „Lieber Gott, gib mir Geduld, und zwar *sofort*!", durchatmen, lächeln, aushalten. Ihr seid als Eltern das erste und wichtigste Publikum eures Kindes. In solchen Momenten entscheidet es sich, ob dieser kleine Mensch später selbstbewusst auftreten wird oder sich ständig in Frage stellt.

Später, wenn eure Kinder nicht mehr so mitteilungsbereit sind, helfen euch solche Rituale zudem, den Kontakt zu halten.

Im dritten Buchteil „Gemeinsam Schlauspielen" findet ihr viele Sprachspiele, die euch die Freude an der Sprache und ihrer Vielfalt nahebringen wollen. Einige davon könnt ihr bestimmt als Ritual nutzen.

4. Vergesst nicht die Musik

Sowohl gespielte Musik als auch das eigene Singen sind nachgewiesenermaßen bedeutsame Impulse für die kleinen Gehirne. Ihr könnt nicht singen? Keine Sorge, Kinder verzeihen es euch, wenn ihr den Ton nicht trefft. Zur Not macht ihr einfach Kinderlieder-Karaoke: Ihr singt gemeinsam zur CD. Aber bitte nicht einfach nur die Musik laufen lassen, dann hören eure Kinder zwar die Wörter, verstehen aber noch lange nicht, worum es geht. Singt gemeinsam laut mit und begleitet das Lied mit Bewegungen und Mimik. Oder tanzt ausgelassen mit euren Kleinen zu „Ein Vogel wollte Hochzeit machen", dann fällt es gar nicht auf, wenn ihr schief singt. Vergesst auch die Kinderreime nicht: „Hoppe, hoppe Reiter" und noch viele mehr! Sie sind großartige kleine Möglichkeiten für Kinder, den Wortschatz zu erweitern und durch die Reime ihr Sprachgefühl zu verbessern. Bei „Hoppe, hoppe Reiter" können eure Kinder zum Beispiel auch ein Gefühl für Gleichgewicht bekommen, andere solcher Spielchen, Reime oder Lieder können hingegen den Tastsinn oder die Auge-Hand-Koordination ansprechen.

Das große Krabbeln

Bewegung ist für uns Menschen eine Lebensnotwendigkeit, und Neugeborene genießen ihre neue Bewegungsfreiheit. Stellt euch vor, was das für ein Unterschied für ein Neugeborenes sein muss: Nach Monaten in der kuschlig dunklen Fruchtblase gibt es plötzlich so unendlich viel Platz. Durch Bewegung erleben Neugeborene sich und die Welt. Sie lernen, wo sie selbst aufhören und wo etwas anderes anfängt, und sie trainieren ihren Körper und ihre Muskeln, um eines Tages selbstständig die Welt erkunden zu können.

Die motorische Entwicklung eurer Kinder geschieht Schritt für Schritt oder besser gesagt: Bewegung um Bewegung, Neuronenvernetzung um Neuronenvernetzung. Grundsätzlich ist es so, dass euer Kind zunächst einen einfachen Bewegungsablauf einübt, der dann nach und nach komplexer wird. Das können wir sehr schön an der motorischen Entwicklung zum Laufen hin beobachten.

Euer Kind kann sich nicht einfach auf seine süßen kleinen Füßchen stellen und losrennen. Es muss mit seinem Körper erst eine ganz Menge verschiedener Bewegungsabläufe erlernen und üben, bis es seine ersten Schritte tun kann. Im Folgenden geben wir euch einen Überblick zur motorischen Entwicklung. Die Zeiträume, die wir dabei nennen, sind immer nur ungefähre Zeitangaben, denn wie Stephanie weiter unten in ihrem Beispiel sagt: Jedes Kind hat sein eigenes Tempo. Es ist in seiner Entwicklung sehr individuell.

Am Anfang strampeln Babys wild und unkontrolliert, doch nach und nach zappeln sie zielgerichteter. Mit ungefähr zwei Monaten kann euer Kind zum ersten Mal seinen Kopf alleine heben. Im Verhältnis zum Körper des Babys ist dieser ziemlich groß und schwer, darum dauert es seine Zeit. Sobald es seinen Kopf heben und auch von allein oben halten kann, kommt die nächste Stufe auf dem Weg in die Senkrechte: das Sitzen. Im dritten bis vierten Monat schafft euer Kind dies mit Unterstützung, ab dem fünften bis siebten Monat kann es das ohne Hilfe. Während dieser Zeit kommt eine weitere Komponente dazu: Kinder beginnen mit Hilfe zu stehen. Jeder kennt diesen zauberhaften Anblick, wenn so ein kleiner Fratz juchzend und begeistert mit dickem Windelpaket auf und nieder wippt und sich dann auf den Po plumpsen lässt. Dieses Plumpsen ist unglaublich wichtig! Bitte bewahrt eure Kinder nicht davor, weil ihr Sorge habt, sie könnten sich weh tun. Es ist für Kinder notwendig zu lernen, wo ihr Schwerpunkt liegt, um das nötige Gleichgewichtsgefühl fürs Stehen und später fürs Gehen zu entwickeln. Erfreut euch lieber an der extrem hohen Frustrationstoleranz, die den Kleinen in die Wiege gelegt wurde: Sie üben Bewegungen immer und immer wieder, und dann noch mal. Diese Ausdauer geht uns später leider zu schnell verloren.

Kein Tempolimit

Vor einiger Zeit hat meine Nachbarin Alice eine gesunde, zauberhafte Tochter auf die Welt gebracht. Wann immer wir uns treffen, freue ich mich, die Süße zu sehen. Vor einer Weile musste ich jedoch mit Schrecken feststellen, dass Alice langsam, aber sicher nervös wurde.

„Marie kann noch nicht krabbeln", sagte sie eines Tages mit besorgtem Gesicht.

„Ja, und?", fragte ich erstaunt, denn die Kleine war gerade mal sechs Monate alt.

Kapitel 2 / So entwickelt sich mein Kind, das Lernwesen

> „Der Sohn einer Freundin fängt aber schon an", antwortete Alice, die Stirn in Falten gelegt.
>
> Ich schaute zu Marie, die fröhlich glucksend und mit einem breiten Grinsen auf meinem Schoß saß. Selten habe ich ein so ausgeglichenes und freundliches Kind erlebt, zufrieden und glücklich mit der Welt, ohne Stress und liebevoll in ihrer Umwelt eingebettet.
>
> „Also, ich wäre an deiner Stelle ganz entspannt", erwiderte ich. „Marie hat ihr eigenes Tempo, und das wird sich nicht ändern, weil du dir Sorgen machst oder sie mit anderen vergleichst. Es gibt Zeitfenster in der Entwicklung, und da ist sie vollkommen drin. Solange deine Kinderärztin nicht besorgt ist, lass sie ihr eigenes Tempo finden." Und siehe da: Kaum drei Monate später robbte Marie wie die wilde Wutz durch die Wohnung.

Zwischen dem achten und zehnten Lebensmonat fangen Kinder meist an zu krabbeln. Wie sie das machen, ist bei jedem Kind anders: Manche robben auf beiden Armen in bester Mission-Impossible-Manier durch die Wohnung, andere rutschen aufrecht auf ihrem Hosenboden, die nächsten entdecken die Welt erst mal rückwärts, und dann gibt es noch die traditionellen Vierfüßlerkrabbler. Aber allen ist gemeinsam, dass sie die Welt für sich entdecken und immer besser lernen, ihre Muskeln zu kontrollieren, zu koordinieren und zu trainieren. Mit ungefähr zwölf bis vierzehn Monaten ist es dann meist so weit, dass sie alleine stehen und wenig später auch ohne Hilfe gehen können. Und bald ist euer Kind schon so unabhängig, dass es ohne (viel) Hilfe von A nach B gelangt.

Mit dem Laufen haben sich eure Kinder einen wichtigen Schritt in die Selbstständigkeit erarbeitet. Je sicherer sie im Gehen werden und je besser sie die Balance halten können, umso mehr Möglichkeiten stehen ihnen offen: Rennen, Klettern, Balancieren auf Wippen, Baumstämmen und Mauern sind gute Möglichkeiten, am Gleichgewichtssinn zu arbeiten, aber auch Laufräder und Roller sind prima Hilfsmittel.

Nicht nur die Motorik der Füße und Beine entwickelt sich, sondern natürlich auch die der Arme und Hände. Bereits als Neugeborenes hat euer Kind eine rudimentäre Auge-Hand-Koordination, die aber zunächst noch sehr ungelenk erscheint. Meist geht es darum, die eigene Hand im Blickfeld zu behalten. Ungefähr ab dem vierten bis fünften Monat können Kleinkinder kontrollierter nach Objekten greifen. Ist der Sehsinn bereits so weit ausgeprägt, dass euer Kind den Blick fokussieren kann, wird auch das Greifen (und begeisterte Wegwerfen) von Dingen zielgerichteter.

Kleine Kinder greifen zunächst mit der ganzen Hand, später wird dieser Bewegungsablauf immer feingliedriger. Um den zehnten Lebensmonat herum können Kinder Gegenstände zuverlässig mit dem Daumen und Zeigefinger fassen. Damit steht ihnen der Pinzettengriff zur Verfügung und somit eine wesentliche motorische Fähigkeit, die den Menschen von den Tieren unterscheidet. Versucht mal einen ganzen Tag (oder auch nur eine Stunde) ohne diesen Griff auszukommen … Ihr werdet schnell sehen: Ohne die „Pinzette" geht eigentlich gar nichts, und schon wird es deutlich, wie wichtig die Entwicklung von Feinmotorik ist.

Ein beliebtes und sinnvolles Spielzeug für diese Entwicklungsperiode sind Boxen mit unterschiedlichen Öffnungen, durch die die entsprechenden Bausteine hindurchpassen. Damit können eure Kinder nicht nur wunderbar das räumliche Denken trainieren, sondern verfeinern auch die Genauigkeit ihrer Auge-Hand-Koordination sowie das Greifen und Loslassen. Aber auch Bauklötze aus Holz sind prima, da die Kinder hier auch noch Grundsätze der angewandten Physik kennenlernen können, denn sie haben sehr schnell raus, dass es einen bestimmten Punkt gibt, an dem der Turm anfängt zu kippen, und das vorsichtige Aufschichten bis zu diesem Moment verlangt eine Menge Aufmerksamkeit.

Eine gute Motorik und Feinmotorik sind die Grundlagen für erfolgreiches Lernen, denn Lernen findet nicht nur im Kopf statt, sondern hat viel mit „be-greifen" zu tun.

Hilf mir, mich sicher zu fühlen

Kinder sind von ihrem ersten Tag an auf ihre Umwelt angewiesen, um zu überleben. Damit ist nicht nur das Füttern, Windelwechseln und das Dach über dem Kopf gemeint: Kinder brauchen für eine gesunde emotionale und soziale Entwicklung Zuwendung, Aufmerksamkeit und Konstanz. Die Psychologie beschäftigt sich mit diesem Thema unter dem Stichwort Bindungstheorie oder Theory of Attachment; es hat in den letzten Jahren an Bedeutung gewonnen. Unter anderem geht es um die Frage, wie Kinder zu glücklichen, stabilen und resilienten Erwachsenen werden.

Kinder haben zwar wegen der Schwangerschaft eine enge Beziehung zu ihren Müttern, aber eine richtige Bindung entwickelt sich erst im Laufe der Zeit. Sie ist nicht zwangsläufig an die Person der leiblichen Mutter gekoppelt, sondern entsteht vielmehr zu den Menschen, die in den ersten Lebensjahren die Pflege und Sorge um das Kind übernehmen. Bindung erwächst also zu den Menschen, die eine einfühlsame und sichere Versorgung des Kindes gewährleisten und das sowohl dann, wenn das Kind sich wohlfühlt – indem sie durch positive Äußerungen, Berührungen und verbale Interaktion mit dem Kind kommunizieren –, als auch in Bedarfslagen, wenn es hungrig oder müde ist, sich unwohl fühlt und Zuwendung benötigt, um diesen Zustand zu beenden. „Einfühlsam" meint hier auch intuitiv, achtsam oder vorausschauend. Ihr erinnert euch an die *Theory of Mind*? – Hier kommt sie unter anderem zum Einsatz. Ihr kennt es von euch selbst, dass ihr oft schon antizipiert, was euer Kind als Nächstes möchte oder braucht und ihr manchmal sogar schon präventiv einschreiten könnt.

Damit euer Kind sich sicher und geborgen fühlt, ist nicht nur die Beseitigung eines unangenehmen Zustands oder die Verstärkung einer positiven Situation wichtig, sondern auch die Kommunikation darüber. Wir hatten beim Spracherwerb schon angesprochen, dass der kontinuierliche Sprachfluss für Kinder notwendig ist, um die Familiensprache(n) zu erlernen. Für die soziale und emotionale Interaktion ist dies genauso unerlässlich: Euer Umgang mit den Situationen und wie ihr mit dem Kind darüber sprecht, selbst wenn es noch ganz klein ist, hilft ihm, später seine Emotionen verbalisieren zu können. Ihr unterstützt auf diese Weise eure Kinder darin, ihre Gefühle und Handlungen selbst regulieren zu lernen. Und, klar - ihr erinnert euch -, je häufiger eine neuronale Bahn genutzt wird, desto sicherer ist sie.

Durch das konstante und damit erwartbare Verhalten ihrer Umwelt, insbesondere ihrer Bezugspersonen, erlernen bereits Kleinstkinder soziale Strukturen, die ihnen später Orientierung bieten. Je verlässlicher diese Verhaltensmuster sind, desto schneller werden sie aufgenommen. Sie geben dem Kind die Sicherheit, die es benötigt, um seine Welt zu erkunden.

Die Fähigkeit, sich selbst zu regulieren, also sich und seine Bedürfnisse zu verstehen, zu artikulieren und der Situation entsprechend zu befriedigen, müssen Kinder erst entwickeln. Dazu gehören zwei Aspekte: Zunächst ist es wichtig, dass Kinder in Stresssituationen nicht alleingelassen werden, sondern dass sie Beruhigung und Unterstützung erfahren. So helft ihr ihnen, diese Situationen zu bewältigen. Mindestens genauso wichtig ist, ihnen ein positives Selbstbild zu vermitteln. Das hat es allerdings in sich.

🟠 Die Bürde des Lobens

Als ich in England an einer Schule arbeitete, gab es dort eine Familie, die ihre Kinder immer überschwänglich lobte. Eines der Kinder trug seinen Ranzen alleine: fabelhaft! Eines hatte seinen Namen geschrieben: großartig!! Mehr schlecht als recht trug ein Kind einen Vierzeiler vor: außergewöhnlich!!! Und alle selbst gemalten Bilder waren natürlich wunderschön und superstark.

Sobald die Eltern aber nicht da waren und sich die Kinder in der Klasse zurechtfinden mussten und sich mit anderen verglichen, wurde schnell deutlich, wie schwer es für die Kinder war, sich richtig einschätzen zu können. Für die Kinder war es oft verwirrend und oft auch beängstigend, weil ihnen die Sicherheit und der Bezugspunkt fehlten.

Auch in der Tollabea-Community diskutieren wir natürlich über Ermunterung und Zuspruch.

C Lobt genau, nicht pauschal

In der Tollabea-Community sprechen sich viele Menschen dafür aus, den Kindern ein gut dosiertes Lob zukommen zu lassen. Kinder merken unserer Meinung nach sofort, wenn ihr nur so tut, als wäret ihr begeistert.

Wenn ihr eure Kinder für alles, was sie tun, lobt und bejubelt, verliert die Anerkennung ihren Wert. Dann lohnt es sich für sie kaum noch, sich anzustrengen. So kann Lob zu einem Motivationskiller werden. Auf der anderen Seite demotiviert ihr sie natürlich, wenn nichts gut genug ist. Unser Tipp: Lobt sie konkret für die Dinge, die sie schon gut können, und dafür, dass sie sich angestrengt haben, auch wenn sie im Endergebnis noch nicht erfolgreich waren. Das Zauberwort ist hierbei „noch": So wird aus einem „Ich kann das nicht" ein „Ich kann das noch nicht."

Kinder, die kein erwartbares Verhalten und keine stabile emotionale Zuwendung erfahren, denen also diese Sicherheit der Verlässlichkeit fehlt, zeigen im Extremfall sehr auffällige Verhaltensmuster.

🆘 Hilfeschreie

Die Eltern einer guten Freundin haben vor vielen Jahren ein dreijähriges Pflegekind zu sich genommen. Die Kleine hatte schreckliche Erfahrungen gemacht. Unter anderem hatte ihre Mutter sie in ihr Gitterbett gesetzt und dort gelassen, oft nicht nur stundenlang, sondern mitunter einen ganzen Tag oder länger. Sie schrie und schrie – und das Schreien hat ihr das Leben gerettet, denn irgendwann wurden die Nachbarn darauf aufmerksam und riefen das Jugendamt. Mehr als ein Jahr hat es gedauert, bis die Kleine ins Bett gebracht werden konnte, ohne dass sie über eine Stunde voller Angst schrie und weinte.

Dieses Kind hatte in einer prägenden Phase seines kleinen Lebens kein verlässliches Handlungsmuster, geschweige denn konstante Pflege oder emotionalen Halt erfahren. Es brauchte die Hilfe seiner Pflegeeltern, um die alten Verhaltensweisen aufzulösen und neue neuronale Bahnen zu erschaffen.

In seinen ersten Monaten erfährt sich euer Kind nur selbst, indem es mit seiner Umwelt in Kontakt tritt. Es hat noch kein Bewusstsein dafür, dass es ein Individuum, ein „Ich", ist. Es nimmt die Verhaltensmuster seiner Umwelt auf und auch die mimischen Rückmeldungen seiner Bezugspersonen. Sie werden Bestandteil des Selbstbildes, das in dieser Zeit entsteht. Im zweiten Lebensjahr kann euer Kind sich schon in bestimmten Kategorien verorten, es kann also unterscheiden, ob es ein Mädchen ist oder ein Junge, kann sich selbst als Kind im Unterschied zu Erwachsenen erkennen. Der nächste große Schritt ist die Entwicklung des Ich-Bewusstseins. Anzeichen dafür sind die Selbstwahrnehmung, wenn es zum Beispiel anfängt, sich selbst im Spiegel zu erkennen. Oder es reagiert verlegen, weil es zum Beispiel etwas getan hat, das es nicht hätte tun sollen. Verlegenheit oder ein schlechtes Gewissen bedeuten, dass sich euer Kind bewusst wird, dass sein Tun eine Wirkung hat.

Um das dritte Lebensjahr herum findet zudem ein weiterer Schritt in der Ich-Entwicklung statt. Früher wurde das Trotzphase genannt, heute sagt man meist Autonomiephase dazu. Wenn euer Kind anfängt, mit euch wegen Kleidung, Essen, Schlafenszeiten und Süßigkeiten an der Kasse zu streiten und zu kämpfen, dann sind dies die ersten Ansätze, einen eigenen Standpunkt zu vertreten und die eigenen Bedürfnisse zu verdeutlichen. Das ist grundlegend notwendig für die weitere Entwicklung eures Kindes. Allerdings ist es in diesem Alter noch nicht vollständig in der Lage, die Sicht eines anderen einzunehmen. Das muss erst erlernt werden, und genau darum ist die soziale Interaktion mit anderen Kindern so wichtig.

In dieser Phase werden die lieben Kleinen zwar immer willensstärker, sind aber gleichzeitig mit sich selbst so gar nicht im Reinen. Denn ihnen fehlt oft die Präzision, wirklich das zu verlangen, was sie auch tatsächlich wollen. So kommt es, dass die kleinen Wüteriche sich lauthals über die Cornflakes aufregen, die sie kurz vorher energisch verlangt hatten - aber eigentlich hatten sie Müsli gemeint. Oder der Weltuntergang steht bevor, weil die blaue Tasse, die sie unbedingt selbst in die Spülmaschine räumen wollten und die deswegen unter keinen Umständen da wieder raus soll, gerade jetzt das weltweit einzig richtige Gefäß für Kakao ist - der aber weiß wie Milch sein, aber bitteschön trotzdem nach Kakao schmecken sollte. In dieser Zeit fangen Kinder an, das Wörtchen „ich" aktiv zu benutzen: Sie beginnen, sich als ein „Ich" wahrzunehmen und ihren eigenen Willen zu entwickeln. Ein weiterer Meilenstein auf dem Weg in die Selbstständigkeit.

Für Eltern ist diese Phase eine große Herausforderung und Belastungsprobe, aber sie gehört zu der Entwicklung, eine eigene Persönlichkeit zu werden, die sich behaupten und artikulieren kann, nun einmal dazu. Die Fähigkeit, zu erkennen, was sie wollen, was ihnen gut tut - sprich: die Selbstregulierung -, ist noch rudimentär und muss nach und nach weiter ausgebildet werden.

Die Welt entdecken (4 bis 5 Jahre)

Niemand kann die Welt so gut erklären wie Viereinhalbjährige. Eure Kinder sind spätestens mit vier, fünf Jahren wahre Kommunikationsweltmeister. Vermutlich hören sie gar nicht mehr auf zu reden, erzählen die abenteuerlichsten Geschichten und lassen ihrer Imagination freien Raum. Wer Kinder im Kindergarten- und Vorschulalter beim freien Spiel beobachtet, möchte manchmal vor Neid erblassen, denn innerhalb weniger Sekunden kann aus einem Plüschdrachen ein Astronaut und aus einem einfachen Sandkasten ein Dschungel werden.

Quasselstrippen

Mit der verfeinerten Sprachfähigkeit vereinfacht sich nicht nur die Kommunikation zwischen euch und den Kindern, es entwickelt sich auch ein komplexeres Denken. Eure Kinder fangen an, Beziehungen zwischen Dingen herzustellen, auch wenn sie dabei noch nicht den Abstraktionsgrad von Erwachsenen erreichen. In riesigen Schritten ergreifen und erforschen eure Kinder jetzt ihre Welt, die sich mit jedem Tag erweitert. War es vorher schon wichtig, mit ihnen verbal und nonverbal zu interagieren, so ist es jetzt unerlässlich. Vorlesen, reden und singen, sich bewegen und vor allem die Freiheit, eigene Erkundungen machen zu dürfen, sind ein wichtiger Bestandteil für die Entwicklung eurer Kinder. Je größer ihr Vokabular ist, desto besser und genauer können sie sich ausdrücken. Kinder, die ihre Empfindungen und Gedanken teilen können, haben Vorteile in der sozialen Interaktion, weil sie nicht nur auf „schlagende" Argumente angewiesen sind, sondern sich in Konfliktsituationen auch mit Worten wehren sowie differenziert beschreiben können, was passiert ist, und damit besser zu Lösungen beitragen. Indem Eltern mit ihren Kindern darüber sprechen, dass es im Umgang miteinander zu Missverständnissen kommen kann oder dass es passieren kann, dass man jemanden ohne böse Absicht verletzt und auch das sehr schmerzhaft sein kann, lernen diese ihre Gefühle besser zu verstehen. Sie begreifen dann besser, dass und warum sie wütend sind oder sich schlecht fühlen. Sie erkennen so auch ihren eigenen Anteil an Konflikten und lernen nach und nach, diese zu lösen.

Kinder erobern ihre Welt spielerisch, das gilt auch für die Sprache. Deshalb ist Sprachwitz eine wichtige Sache. Seid kreativ mit der Sprache! Lasst euch von nichts ausbremsen: Es gibt keine peinlichen Wörter, und jede niedliche Verballhornung ist gut für die Entwicklung des Sprachgefühls und der Fähigkeit, seine eigenen Worte und Gedanken vielfältig und auch genau auszudrücken, auch wenn es zunächst „falsch" erscheint. Sprache wird assoziativ benutzt und in neue Zusammenhänge gebracht.

S Opa Tick-Tack

Drückendes Wetter war für mich früher zum Beispiel „schwul" (schwül), und mein Onkel war ein „pensionierter" (passionierter) Angler. Meine Cousine fand alles „gemeint", was ihr nicht passte, und eine Möwe war ein Löwe. Luftballons wurden zu „Lumpalums", und aus Stephanie wurde „Düdü". Außerdem war mein Urgroßvater für mich ganz klar „Tick-Tack" (denn das Lied „Große Uhren machen Tick-Tack" war eines meiner Lieblingslieder). Ein Name, der an ihm haften blieb und der in unserer Familie für Urgroßeltern zur Tradition wurde.

C Kindersprüche

- „Das ist frisch erpresster Orangensaft, Mama!"
- „Mein Papa ist Unternehmers-Pirater!"
- „Können wir Arsch-Mallows grillen, Mama?"
- „Lass uns Callboy und Indianer spielen!"

So süß solche Wortschöpfungen und Verdreher sind: Auch hier gilt, je häufiger euer Kind den Weg beschreitet, desto tiefer sind sie im Gehirn verankert. Manchmal ist es notwendig, eure Kinder zu korrigieren. Am besten geht dies, indem ihr bis in die Schulzeit hinein als Vorbild dient und die „falschen" Wörter oder Grammatikstrukturen richtig wiederholt. Zum Beispiel so:

> Kind: „Wann Mama kommen nach Hause?"
> Papa: „Wann kommt Mama nach Hause? Ich glaube, um drei Uhr."

Für euch Eltern beginnt mit dem Sprechen eurer Kinder nicht nur die Zeit der wunderbaren neuen Wörter und Gespräche, manchmal kann der plappernde Zwerg auch zu einer ernstzunehmenden Geduldsprobe werden, zum Beispiel dann, wenn es zum gefühlt tausendsten Mal das eine Bilderbuch vorgelesen bekommen möchte. „NOCH MAL" kann schnell zu einer nervenden Forderung werden. Aber denkt daran: Dieser unermüdliche Wiederholungsdrang hilft eurem Kind, unabhängig zu werden, und leider versiegt diese Ausdauer später oft viel zu schnell. Haltet also einfach durch.

Schon bald können eure Kinder ihre Bücher auch selber „lesen", denn sie kennen sie auswendig. Wehe, ihr verändert auch nur ein Wort, dann mutieren Kinder zur Bilderbuchpolizei.

S Falsch Vorlesen

Ich habe einige Jahre in einer WG mit kleinen Kindern gelebt und sollte ihnen immer dasselbe Buch vorlesen, weil ich den Opa in der Geschichte, die am Meer spielte, immer mit einem norddeutschen Akzent las: Aus „‚Ja, ja', sagt Opa Hansen" wurde „‚Jo, jo', sagt Opa Hansen".

Die Folgen waren fatal. Als eine süddeutsche Freundin uns besuchen kam, wurde sie von einem vierjährigen Kind genötigt, sich auf das Vorlesesofa zu setzen und eben jenes Buch vorzulesen. Bereits beim ersten „Ja, ja" schaute das Kind etwas säuerlich, aber als unsere Freundin es das zweite Mal „falsch" vorlas, schnappte sich die Kleine das Buch und schnaubte: „Du kannst gar nicht richtig lesen!" Autsch.

Gutes Gedächtnis

Immer wieder erzählen uns Eltern und Großeltern, dass ihre Kinder und Enkel sie gerne korrigieren, wenn sie aus den Kinderbüchern vorlesen und ein Wort vertauschen oder einen Satz vergessen. Nach unserer Erfahrung können Kinder oft den Text ihrer Lieblingsbücher auswendig mitsprechen.

Kinder in diesem Alter verfügen über ein immenses Erinnerungsvermögen. Habt ihr mal gegen ein fünfjähriges Kind Memory® gespielt? Vermutlich hattet ihr kaum eine Chance und habt irgendwann aufgegeben oder konntet nur unter größter Konzentration (ein fotografisches Gedächtnis, wie Béa es hat, zählt nicht) den Sieg erringen.

Und dann ist da die Neugierde: Kinder wollen ihre Welt verstehen, darum fragen sie etwa ab dem vierten Lebensjahr für lange Zeit immer wieder nach dem „Warum". Das folgende Beispiel verdeutlicht das:

„Kommst du bitte Zähne putzen?"
„Warum?"
„Weil die bösen Bakterien nicht mit ins Bett dürfen."
„Warum?"
„Weil die sonst deine Zähne abnagen."
„Warum?"
„Puh!"

„Haben die Bakterien selbst Zähne?"
... ihr kennt das ...

Laut einer britischen Untersuchung stellt ein vierjähriges Kind seinen Eltern im Schnitt knapp 360 Fragen pro Tag.[4] Wahrscheinlich ist „Warum" das von Eltern am meisten gefürchtete Wort und wird auch von weniger neugierigen Kindern mehrere tausend Mal gefragt, bis sie in die Schule kommen. Aber das „Warum" ist wichtig, damit euer Kind Referenzgrößen bekommt und sich in der Welt zurechtfindet. Es ist nicht immer einfach für euch, alles zu erklären, was euer Kind wissen möchte. Dennoch bilden eure eigenen Antworten das Gerüst des Weltbildes eures Kindes. Mit euren Antworten lernen sie, die Zusammenhänge in der Welt zu begreifen und Situationen verlässlich einzuordnen.

„Warum weint das Kind?", scheint eine ganz einfache Frage zu sein, aber dahinter steckt eine Vielfalt von weiterführenden Fragen: Hat es sich weh getan? Hat es dann Schmerzen? Wie groß ist der Schmerz? Weint jeder Mensch, wenn er sich weh tut? Auf diese Weise gleicht das Kind sein eigenes Empfinden mit dem der Umwelt ab und entwickelt ein Referenzsystem von Situationen und Emotionen. So wächst nach und nach die Fähigkeit, sich in eine andere Person hineinzuversetzen.

Es kommt gar nicht darauf an, dass ihr immer alle Antworten wisst. Viel wichtiger ist, dass ihr euch mit euren Kindern auf den Weg macht, sie herauszufinden! Die Antwort „Weil es so ist!" tötet den Wissensdurst und die Lernfähigkeit eures Kindes nach und nach ab, bis es irgendwann aufhört zu fragen. Nehmt darum die Fragen ernst und helft eurem Kind dabei, selbstständig zu werden und neugierig zu bleiben.

Akrobaten

Eure Kinder werden nicht nur sprachlich agiler, auch ihre motorischen Fähigkeiten werden zunehmend besser. Kinder haben, besonders im Kindergarten- und Vorschulalter, einen enormen Bewegungsdrang, und der sollte nach Möglichkeit unterstützt werden. Idealerweise wird das im Kindergarten sowohl durch Freispiel drinnen und draußen als auch durch gezielte Bewegungsangebote getan. Denn nur weil wir mit Armen und Beinen und einem Muskelapparat auf die Welt gekommen sind, heißt das noch lange nicht, dass wir alle Bewegungen einfach so können. Das Kindergartenalter ist eine gute Zeit, um verschiedene Bewegungsarten auszuprobieren, ohne gleich Hochleistungssportler oder Primaballerinen heranzuzüchten. Mit Freude und im freien Spielen entdecken eure Kinder sehr viel Neues.

Neben der Grobmotorik sollte aber auch die Feinmotorik immer besser werden. Leider zeigen Untersuchungen, dass zum Beispiel in Berlin gut ein Drittel aller Kinder in dieser Hinsicht unter Defiziten leidet.[5] Das Gute ist: Durch viele verschiedene Übungen kann dem im Kindergarten und auch bei euch zu Hause entgegengewirkt werden. Wenn eure Wohnung von selbst gebastelten Kunstwerken überquillt, ist es ein ganz gutes Indiz. Denn je mehr ihr mit euren Kindern bastelt und baut und feinmotorische Dinge übt, wie zum Beispiel Fingerhäkeln oder Fotos einkleben, Geschenke einpacken, Samen säen, Unkraut rupfen oder mit selbst gemachter Knete oder Bienenwachs modellieren, desto einfacher fallen euren Kinder andere filigrane Bewegungen wie beispielsweise einen Stift zu halten und zu schreiben oder ein Instrument zu spielen. Auch Ausmal-, Rätsel- und Vorschulhefte können dabei unterstützen.

Statt den Stift mit der ganzen Hand zu halten, nutzen Kinder in diesem Alter zunehmend den Pinzettengriff. Auch das Schneiden mit einer Schere wird einfacher, und immer besser können eure Kinder nun einer Linie entlang schneiden und zeichnen oder innerhalb von Linien ausmalen.

„Ich will aber der Bestimmer sein!"

Viele Kinder kommen mit drei Jahren in den Kindergarten. Manche waren vorher schon in einer Kita, andere haben die ersten Lebensjahre zu Hause verbracht. Der Kontakt mit Gleichaltrigen außerhalb der eigenen Familie ist wichtig, auch schon vor der Schulzeit. Im Kindergarten haben Kinder die Möglichkeit, soziale Kontakte außerhalb der Familie zu knüpfen, sie lernen auf diese Weise andere Sicht- und Lebensweisen kennen und sind gleichzeitig aufgefordert, sich unter ihresgleichen zu behaupten oder auch einmal zurückzustecken und nicht ihren Willen durchzusetzen. Sie beginnen auf diese Weise zu verstehen, dass Gefühle von Mensch zu Mensch verschieden sein können.

Gerade in dieser Entwicklungsphase sind Eltern kein Ersatz für Spielgefährten. Denn auch wenn ihr euch gern und bereitwillig auf die Kinderebene begebt (wie das geht, erfahrt ihr im Kapitel 6 „Gemeinsam spielend lernen"), agiert ihr in der Regel doch eher beschützend und erwachsen. Kinder hingegen regeln untereinander alles anders – von der Kontaktaufnahme über die Klärung von Besitzverhältnissen bis hin zum gemeinsamen Anstellen von Blödsinn.

Kindergärten bieten Kindern die Möglichkeit, in einem kindgerechten Rahmen ihre kommunikativen, motorischen und sozialen Fähigkeiten zu verfeinern. Dazu gehört auch, mit Konflikten klarzukommen und diese zu lösen. Alles, was ihr in den Jahren davor durch die Entwicklung einer sicheren Bindung angelegt habt, kann sich jetzt entfalten: Die Unterscheidung von Mein und Dein, das Teilen mit anderen und die Rücksichtnahme auf Dritte sind Qualitäten, die in der Interaktion mit anderen Kindern noch besser erlernt werden können.

Seit vielen Jahren wird immer wieder diskutiert, ob altershomogene oder altersheterogene Gruppen sinnvoller sind. Altersheterogene Gruppen haben den Vorteil, dass kleinere Kinder sich bei den größeren abschauen können, wie man bestimmte Sachen macht, während ältere Kinder lernen, Verantwortung zu übernehmen. Insbesondere für Kinder ohne Geschwister kann es ein sehr positiver Lernaspekt sein, nicht immer der Mittelpunkt zu sein, sondern auch auf Kleinere Rücksicht zu nehmen und auf Größere zu hören. Altershomogene Gruppen dagegen schaffen einen besseren Rahmen, um Kinder ihrem Alter und ihrer Entwicklungsstufe entsprechend zu fördern.

Es ist also bei diesem Thema wie bei vielen Dingen in der Pädagogik: Je nachdem, wie es gehandhabt und durchgeführt wird, kann sowohl das eine wie das andere gut sein. Entscheidend ist, dass Kinder auf positive Art und Weise in ihrer Entwicklung unterstützt und gefördert werden. Es gibt nicht den perfekten Kindergarten, genauso wie es nicht die perfekte Schule gibt. Es gibt nur die jeweils richtigen Bildungseinrichtungen für das eigene Kind, und zu euren größten Herausforderungen zählt es, diese zu finden.

Sobald Kinder entdeckt haben, dass sie eine eigenständige Persönlichkeit sind, fangen sie an, soziale Rollen zu üben, insbesondere im Kindergarten. Sie erschaffen im Spiel nicht nur vollkommen neue Welten, sondern spielen auch erlebte Situationen nach. Auf diese Weise werden soziale Strukturen repliziert und eingeübt: Vater, Mutter, Kind oder wie es wohl in der Schule ist, aber auch Alltagssituationen, wie beispielsweise im Einkaufsladen, werden spielerisch erprobt.

Immer wieder erzählen Eltern aus der Community, dass sie sich „ertappt" fühlen. Wenn das Kind sich zum Beispiel ein Handy aus Papier bastelt und ganz wie Papa damit fotografiert und darauf rumtippt oder wenn es die Mama perfekt beim Telefonieren nachahmen kann, inklusive Gesten und Sprechweise. Solche Dinge werden auch in Kindergarten und Schule getragen. Wir hören oft Erzählungen von Eltern, denen Missgeschicke passiert sind, wie zum Beispiel eine heruntergefallene Pfanne inklusive Abendessen, und die dann am nächsten Tag von den Erziehern erfahren, dass die Kinder Spielzeuge oder gar das Mittagessen auf den Boden werfen und dabei vergnüglich „Ssseisse!" rufen.

Das Verhandeln, wer im Spiel welche Rolle übernimmt, ist ein wichtiger Bestandteil der sozial-emotionalen Entwicklung. Zu Hause kann sich das an alltäglichen Dingen zeigen, wie zum Beispiel daran, dass euer Kind die Kleidungsstücke heraussucht, die es anziehen will, und auf dieser Auswahl dann auch besteht; oder dass es versucht, länger aufbleiben zu dürfen. Manchmal setzen sich Kinder durch, manchmal verhandeln sie miteinander und manchmal treten sie auch zurück und lassen andere machen.

Dafür brauchen Kinder allerdings ein gewisses Alter: Bewusst einen Perspektivenwechsel zu vollziehen, gelingt erst um das vierte Lebensjahr herum. In diesem Alter entwickelt sich auch erst der achtsame Umgang mit den Gefühlen anderer. Das ist etwas, was in Auseinandersetzung mit anderen erfahren und geübt wird. Dabei könnt und solltet ihr als Eltern eure Kinder immer wieder fördern.

Gefühle und Stimmungen zu verstehen und zu begreifen, was sie mit uns machen, hilft Kindern enorm im Umgang mit anderen und auch beim Lernen. Um dies zu üben, könnt ihr zum Beispiel ein Stimmungsbarometer basteln, das am Kühlschrank befestigt wird: Jedes Familienmitglied erhält einen Magneten mit seinem Namen, und auf kleinen Kärtchen notiert ihr Stimmungen oder Gefühlszustände: fröhlich, verärgert, wütend, glücklich, zufrieden, müde, ängstlich und so weiter. Damit auch die Kleineren mitmachen können, könnt ihr auch entsprechende Smileys malen. Zu einer festgelegten Barometerzeit sucht sich dann jeder das Kärtchen aus, das seine Stimmung am besten beschreibt und lässt die anderen wissen, wie es ihm geht. Wer mag, kann auch erklären warum.

Mit dem Ende der Kindergartenzeit hat euer Kind sprachlich, motorisch und emotional-sozial eine große Entwicklung durchlaufen und ist sehr viel selbstständiger als zuvor. Es ist nun bereit, sich in einem neuen Umfeld zurechtzufinden, seinem unstillbaren Wissensdurst nachzugehen und zusätzlich kognitiv zu lernen.

Ein neues Leben: Schulkinder (6 bis 10 Jahre)

Nicht nur eure Kinder haben in den letzten Jahren täglich Neues gelernt, sondern auch ihr: Ihr wisst nun, wie ihr Windeln wechselt, Kinder in Schneeanzüge wurschtelt, Tränen trocknet und das perfekte Frühstücksmüsli kredenzt. Darüber hinaus seid ihr zu wahren Organisationsakrobaten geworden und habt wahrscheinlich mehr über Dinosaurier oder Pferde erfahren, als ihr euch je habt träumen lassen. Und plötzlich stehen eure Kleinen mit riesigen Schultüten vor euch und sollen zur Schule gehen.

Der Schulbeginn ist ein guter Zeitpunkt, um innezuhalten und euch zu fragen, wo euer Kind jetzt steht, was es schon kann und was es noch braucht. Damit ist nicht das Lesen, Schreiben und Rechnen gemeint - dafür geht es ja in die Schule -, sondern der lebenspraktische Aspekt der Entwicklung eines Kindes, wie zum Beispiel sich selbst anzuziehen, auf die Hygiene zu achten, mit Messer und Gabel zu essen und Ähnliches. Dies kann euch eine Schule nicht abnehmen, da seid ihr als Eltern gefragt und gefordert. Das Schöne ist: Ihr könnt dafür eine Menge Dinge machen, die auch noch Spaß bringen. In „Gemeinsam Schlauspielen", findet ihr jede Menge Anregungen, wie ihr die Selbstständigkeit eures Kindes fördert.

Mal Hand aufs Herz, wie selbstständig und selbstbewusst sind eure Kinder? Könnten sie alleine zur Schule gehen oder brauchen sie noch das Elterntaxi? Kann euer Kind sich schon alleine ein Brot schmieren und den Müll runterbringen oder lebt es eher im Hotel Mama beziehungsweise Papa?

„Unser Kind ist doch noch viel zu klein für ..." mag euch jetzt durch den Kopf schießen, aber das stimmt nicht so ganz. Ihr tut natürlich alles, damit euer Kind behütet und sicher aufwächst, aber mit der Schulreife beginnt ein neuer Abschnitt, der noch mehr Unabhängigkeit bedeutet und idealerweise auch ein bisschen Entlastung für euch. Deshalb dürft ihr euren Kindern auch gerne etwas zumuten.

Auch wenn sich die Welt, wenn es um die eigenen Kinder geht, immer sehr groß und gefährlich anfühlt, sind die meisten Schulen doch nur einen Fußmarsch entfernt oder können relativ einfach mit öffentlichen Verkehrsmitteln erreicht werden.

Wir möchten euch Mut machen, eure Kinder zu befähigen, immer mehr alleine zu bewältigen. Wenn es nicht der Schulweg ist, weil eure Kleinen drei stark befahrene Hauptverkehrsstraßen überqueren müssen, dann gebt ihnen eine Aufgabe im Haushalt, ohne gleich zu erwarten, dass sie sie genauso perfekt bewältigen wie ihr. Das ist vielleicht erst einmal anstrengend, aber auf lange Sicht ist es ein wunderbarer Motivations- und Selbstständigkeitsbooster.

Von Lesern zu Autoren

Mit dem Eintritt in die Schule wird die sprachliche Kommunikation eures Kindes um zwei weitere Komponenten erweitert: Lesen und Schreiben. Und als Eltern könnt ihr das Erlernen dieser beiden Kulturtechniken positiv begleiten.

Um sie zu erlernen, gibt es viele verschiedene Methoden: Die einen schwören auf das Lernen mit einer Fibel, die nächsten finden, dass Wörter lieber erst mal lautiert geschrieben werden sollten. Für alles gibt es Pro- und Kontraargumente.

Das Schreiben selbst stellt für viele Kinder eine Herausforderung dar. Oft sind eine ungünstige Stifthaltung und der fehlende flüssige Bewegungsablauf dafür verantwortlich: Sie führen dazu, dass Kinder nicht so schnell oder so ordentlich schreiben können, wie es in der Schule erwartet wird. „Aber das ist doch die Aufgabe der Schule!", denkt ihr jetzt vielleicht. Ja und nein. Wenn die Feinmotorik nur schwach ausgebildet ist, dann ist in der Schule kaum die Möglichkeit oder die nötige Zeit gegeben, intensiv daran zu arbeiten. Ihr erinnert euch, wir hatten vorher den Pinzetten-Griff erwähnt. Hier kommt er zum Tragen. Durch das Basteln, Handwerken und Handarbeiten, das ihr mit euren Kindern von Anfang an übt, helft ihr ihnen dabei, die notwendige Muskulatur aufzubauen, die für die Schreibmotorik notwendig ist – eine ziemlich komplexe Sache, denn über 50 Muskeln sind beim Schreiben involviert.

Hilfreich ist auch das richtige Schreibwerkzeug, also zum Beispiel dickere, dreieckige Stifte mit Noppen, die den Griff einfacher machen, und eure Unterstützung, zum Beispiel, indem ihr eurem Kind zu Hause schriftliche Nachrichten hinterlasst. Dies fördert und motiviert sehr stark.

Grundsätzlich sollte euer Kind gegen Ende der zweiten Klasse einfache Texte lesen und schreiben können, perfekt fehlerfrei muss das noch gar nicht sein. Bei manchen geht dies schneller als bei anderen. Wenn euer Kind zu diesem Zeitpunkt jedoch immer noch Buchstaben und Zahlen verdreht und dasselbe Wort ständig anders schreibt, ist es ratsam abzuklären, woran das liegen kann. Es kann eine Lese-Rechtschreib-Schwäche sein, oder vielleicht hat es mit dem Sehen, Hören oder der Verknüpfung der beiden Gehirnhälften zu tun. Findet es heraus.

Kinder, denen ihr viel erzählt und vorgelesen habt, die ihr viel gefragt habt und die bestenfalls sogar die Möglichkeit hatten, sich mit vielen verschiedenen Menschen zu unterhalten, haben jetzt bereits einen großen Wortschatz aufgebaut. Viele Bausteine, die das System der Sprache im mentalen Lexikon eurer Kinder bilden, sind ebenso bereits da. Wenn Kinder lesen und schreiben können, eröffnet es ihnen eine vollkommen neue Welt. Selbst Bücher zu lesen, ohne darauf warten zu müssen, dass Mama, Papa oder die älteren Geschwister Zeit dafür haben, ist eine ganz neue Unabhängigkeit, die das Entdecken und Weiterdenken anregt. Wer von uns hat nicht heimlich unter der Bettdecke weitergelesen, wenn es hieß „Licht aus!". Inzwischen wurde sogar nachgewiesen, dass es nicht die Augen schädigt, wenn man bei schlechtem Licht liest; man ermüdet nur schneller.[6]

Je mehr euer Kind liest und sich in Geschichten vertieft, desto größer wird sein Wortschatz. Auch wenn unser passiver Wortschatz sicherlich immens ist, unser aktives Vokabular ist wesentlich begrenzter. Deshalb gibt es Wörter, die euer Kind nie von euch hört. Auch gibt es (Fach-)Ausdrücke und Satzkonstruktionen, die man mündlich einfach nicht verwendet. Das ist aber gar nicht schlimm, denn genau dafür lesen eure Kinder ja Geschichten. Durch den ständig wachsenden Wortschatz fällt es eurem Kind auch immer leichter, eigene Gedanken und Empfindungen zunehmend differenziert zu artikulieren. Das kann Streitgesprächen von nun an eine ungeahnte Intensität verleihen. Nicht selten wird euch nun auffallen, dass der noch unverstellte Blick eines Kindes und die oft bestechend konsequente Logik etwas Geniales haben, mit dem die eigenen, „erwachsenen" Argumente einfach aus den Angeln gehebelt werden. Und das ist der Moment, den man einfach mal festhalten und auskosten sollte: Liebe Eltern, ihr habt einen meinungsfähigen Menschen zur Welt gebracht und halb großgezogen. Klopft euch in solchen Momenten mal selbst auf die Schulter.

Raum und Zeit

Bei Eintritt in die Schulzeit können sich eure Kinder in der Regel selbst anziehen, Schleifen binden, auf einem Bein hüpfen, vorwärts und rückwärts gehen. Außerdem fangen sie an, links und rechts zu unterscheiden. Bei den meisten Kindern zeigt sich inzwischen, welche Hand die dominante ist. Rhythmen können wiedergegeben und fortgeführt werden; und der eine oder die andere spielt vielleicht schon ein Instrument.

In den ersten Lebensjahren haben eure Kinder zunächst durch sensorisch-motorische Erfahrungen und Nachahmung gelernt, ab dem dritten Jahr beginnt das sogenannte anschauliche Denken: Kinder beobachten etwas und versuchen, es nach ihren Möglichkeiten zu erklären. In der Grundschulzeit tritt das Lernen durch Nachahmung und Empathie etwas in den Hintergrund, weil eure Kinder nun nach und nach anfangen, über ihr eigenes Lernen nachzudenken. Die Spiegelneuronen haben also ihren Dienst in diesem Bereich erst mal getan, und die Denkstrukturen, die sich entwickelt haben, übernehmen nun. Ab dem Schuleintritt bis ungefähr zum zwölften Lebensjahr sprechen wir von der Phase des logischen Denkens, in der Kinder lernen, selbst Schlussfolgerungen zu ziehen.

Für die Grundschulzeit ist weniger die körperliche Entwicklung als vielmehr die Orientierung in Raum und Zeit bedeutend. Sie stellt eine neue Qualität dar. Kleinkinder haben zwar schon ein Zeitgefühl, aber sie verstehen nicht, was es mit Stunden und Minuten oder gar mit Begriffen wie „übermorgen" oder „vorgestern" auf sich hat. Sie kommen wunderbar klar mit alternativen Zeitmessungen in Form von Eselsbrücken wie „noch drei Mal schlafen", „nachdem Oma hier ankommt", oder ihr benutzt ein Maßband aus Papier, auf das ihr die Zeiteinheiten zeichnet und abreißt.

„Wann sind wir endlich da?" Diese Frage kennt ihr sicherlich. Sie taucht gern auf, wenn ihr gerade einmal die Stadtgrenze hinter euch gelassen habt, noch Stunden in Auto oder Bahn und damit Benjamin Blümchen in Dauerschleife vor euch liegen. Zu verstehen und auch zu erleben, wann etwas war, wie lange etwas gedauert hat oder wie lange es dauert, bis etwas eintritt, muss erst geübt werden. Deshalb ist es für Kinder am Anfang in der Schule so schwierig, mit den 45-Minuten-Einheiten zurechtzukommen. Ihre Konzentration muss erst noch darauf trainiert werden, deshalb ist zunächst ein schneller und häufiger Methodenwechsel angesagt oder manchmal einfach eine Pause. Aber nach und nach gewöhnen sich der Körper und das Gehirn an die Regelmäßigkeit, und Kinder fangen an, ein Zeitgefühl zu entwickeln.

In der Regel lernen Kinder in der zweiten Klasse, die Uhr zu lesen. Das ist sinnvoll, denn bis dahin sollten die Zahlen von eins bis zwanzig sicher verankert sein, und zwar nicht nur als automatisiertes Aufsagen einer Reihenfolge, sondern auch in Dimensionen von „kleiner als" und „größer als". Das Verständnis von Zeit als ein Zahlenstrahl oder eine Abfolge von vorher und nachher, also die Grundlage für historisches Verstehen, setzt ungefähr mit Ende der Grundschulzeit ein, weshalb Geschichte als Fach und nicht als Teil der Heimatkunde erst mit dem Eintritt in die fünfte Klasse unterrichtet wird.

Ähnliches gilt auch für die räumliche Orientierung. Kinder erobern sich die Welt in immer größer werdenden Kreisen. Ist es zuerst der eigene Körper und dann das eigene Zuhause, wird mit zunehmender

Mobilität auch der Radius größer. Was Entfernung bedeutet, muss erst erlernt werden; darum werden Maßeinheiten meist ab der dritten Klasse und räumliche Orientierung auf einer Landkarte und Verkehrserziehung ab der vierten Klasse unterrichtet. Erst in diesem Alter haben Kinder zum überwiegenden Teil die Fähigkeit, Mengen und Entfernungen wirklich zu begreifen und einzuschätzen.

Je mehr Erfahrungen euer Kind hat, sich räumlich auch in einem weniger bekannten Umfeld zu orientieren, und je besser es mit den Zeitmessungen in Form von Eselsbrücken zurechtkommt, desto leichter wird es ihm fallen, standardisierte Einheiten zu verstehen.

Ich kann das!

Wir haben das Thema Selbstständigkeit ja schon ein paar Mal angesprochen. Auch durch die Grundschulzeit zieht es sich wie ein roter Faden. Für Eltern ist das nicht immer ganz einfach.

 Trennungsängste

Als ich als Schulleiterin arbeitete, waren die ersten zwei Wochen eines neuen Schuljahres immer die arbeitsintensivsten. Nicht weil wir neue Kinder oder Lehrer hatten, sondern weil wir die Eltern der Erstklässler davon überzeugen mussten, dass ihre Kinder nicht mehr bis an die Klassentür gebracht werden müssen. Die Kinder waren überwiegend stolz und glücklich, endlich in der Schule zu sein und lernen zu dürfen. Dass Mütter und Väter sich tränenreich von ihren Kindern verabschiedeten, kam häufig vor. Oft dauerte es eine Weile, bis wir die Eltern beruhigen und davon überzeugen konnten, dass es ihren Kindern gut ging und diese sich in ihrem neuen Umfeld sehr gut zurechtfanden.

In der Tollabea-Community wird oft hitzig diskutiert über die Unsitte, die Kinder morgens immer in die Schule zu chauffieren. Bemerkenswert ist das Beispiel einer Mutter, die zugab, dass ihr siebenjähriger Sohn sie angefleht habe, die letzten Meter allein laufen zu dürfen, und wie schwer ihr gefallen sei, loszulassen. Der Junge hätte erklärt, dass er sich vor den anderen schäme, weil er als „einer der wenigen" noch gebracht würde. Erst der Elternabend enthüllte, dass sich die Kinder abgesprochen hatten: Beinahe alle hatten diese Argumentationslinie verfolgt. Was auch zeigt: Die Kinder wollten unbedingt selbstständig werden.

Im sozialen Kontext werden jetzt die Gleichaltrigen wichtiger als die eigene Familie, und es ist ein natürliches Bedürfnis, Teil einer solchen Gruppe zu sein. Mit der zunehmenden Bewusstwerdung ihrer selbst, sei es als Individuum oder Teil einer Gruppe, schreitet gleichzeitig die Loslösung von den Eltern voran. Was in einem ersten Schritt die Trotz- oder Autonomiephase um das dritte Lebensjahr war, findet seine Fortführung ab dem achten, neunten Lebensjahr.

Viele Eltern erwischt dies kalt: Eigentlich hatten sie das erst in der Pubertät erwartet. Aber Kinder übertreten um das neunte Lebensjahr herum eine Schwelle und gelangen an einen „point of no return", an dem sie anfangen, ihr Kindsein abzustreifen. In dieser Phase kann es passieren, dass eure Kinder nicht einschlafen können oder nachts aufwachen, weil sie schlecht geträumt haben oder allgemein unruhig sind. Die großen Fragen des Lebens tauchen auf: Gibt es Gott? Was bedeutet unendlich? Was geschieht nach dem Tod? Was ist die Ewigkeit?

Kinder merken, dass sie nicht mehr eins mit der Welt sind, sondern alleine in ihr stehen und sich behaupten müssen. Ein Gefühl, das auch mit Angst und Opposition einhergehen kann. Angst davor, einen geliebten Menschen zu verlieren, Angst davor, nicht gut genug in der Schule zu sein oder dass die anderen einen nicht mögen. Nicht selten werden Kinder in dieser Phase unruhiger, fühlen sich undefinierbar krank oder gehen nicht mehr gern zur Schule. Sie geraten an Grenzen ihres eigenen Könnens und sind sich dessen mehr denn je bewusst. Der Vergleich mit den anderen wird immer wichtiger. So beunruhigend dies für euch als Eltern sein kann, es ist erst mal kein Grund gegeben, eine Schuld dafür zu suchen, sei es bei anderen Kindern, sich selbst oder der Schule.

Es ist eine ganz normale Entwicklung und ein wichtiger Schritt, auch wenn es für alle Beteiligten nicht immer ganz einfach ist. Wichtig ist es, dass ihr genau hinhört und euren Kindern die Sicherheit gebt, dass ihr sie liebt, so wie sie sind, und für sie da seid. Spätestens jetzt steht euch euer Kind als ein eigenständiger Mensch gegenüber, der anfängt, seinen eigenen Stil und seinen eigenen Weg zu suchen. In vielen Bundesländern geht leider genau diese Entwicklung einher mit dem Zensurendruck für den Übergang in die nächste Schulstufe. Für viele Eltern und Kinder ist es eine sehr schwierige Zeit, in der es umso wichtiger ist, uneingeschränkte Liebe zu geben wie auch Vertrauen und Geduld zu haben, um euer Kind auf einen guten Weg zu bringen.

Ihr erinnert euch noch an Max? Max hat erst gesprochen, als er sich sicher fühlte, dass er auch was Vernünftiges von sich gibt. Zum Glück hat ihm seine Familie den notwendigen Freiraum dafür gelassen. Natürlich möchten Eltern für ihre Kinder nur das Beste, aber manchmal schießen sie dabei übers Ziel hinaus. Zum Beispiel ist es keine gute Idee, kleine Kinder aufzusetzen, bevor sie es von alleine machen, und Kinder in jungem Alter können extrem gut Dinge memorieren, auch wenn sie sie nicht immer begreifen. Hier ist es sinnvoll, den eigenen Ehrgeiz zurückzuschrauben und sich zu sagen: Ein jegliches hat seine Zeit! Schneller, früher und mehr ist nicht immer besser. Im schlimmsten Fall vermittelt ihr eurem Kind dadurch sogar, dass es nicht gut genug ist - und das ist ein absoluter Motivationskiller.

Zeit ist keine Hexerei

Jeder hat sein eigenes Tempo. Der Spagat zwischen den Erwartungen, die an die Entwicklung eines Kindes gestellt werden, und der Individualität, die euch entgegentritt und die ihr fördern wollt, ist natürlich schwierig. Doch jedes Kind durchläuft bestimmte Entwicklungen. Wie schnell und wie ausgeprägt dies geschieht, hängt vom Kind und seinen Anlagen ab. Nehmt als Eltern deshalb den Druck heraus und drängt eure Kinder nicht in die Vergleichsfalle.

Um eurem Kind dabei zu helfen, seinen eigenen Weg zu finden, könnt ihr mit ihm über Ziele sprechen. Dies ist sinnvoll ab dem Vorschulalter, also wenn es anfängt, einigermaßen reflexionsfähig zu sein. Was möchte das Kind erreichen? Vielleicht will es zum Beispiel gar nicht bei einem Fußballturnier gewinnen, sondern ihm ist nur wichtig, selbst ein Tor zu schießen? Es hilft allen Seiten, Erwartungen abzugleichen, um Enttäuschungen zu vermeiden. Über Ziele zu reden, ist aber nicht immer einfach. Vielleicht kann das Kind eure Fragen nach seinen Zielen (noch) gar nicht beantworten, weil ihm die Worte dafür fehlen. Aber eventuell kann es sie zeichnen oder Bilder aus Zeitschriften ausschneiden, um daraus eine Collage zu erstellen. Es kann aber auch sein, dass euer Kind sich zu diesem Zeitpunkt noch gar keine Ziele setzen will. Dann vertagt das Gespräch auf später.

Selbst wenn ihr es vermeidet, euer Kind mit anderen zu vergleichen, andere tun es dennoch. Und auch euer Kind wird sich immer wieder an anderen messen, meist mit Menschen, die etwas besser können. Das kann sehr frustrierend sein. Deswegen ist es wichtig, positiv hervorzuheben, was ein Kind schon kann. Die guten Erlebnisse und gelungenen Entwicklungen zu feiern, ist sowieso eine schöne und motivierende Sache. Euer Kind braucht Motivation, um erfolgreich lernen zu können. Dabei könnte ihr ihm helfen. Wenn es noch nicht alle Buchstaben kann, dann freut euch gemeinsam über die Buchstaben, die es schon kennt und schreiben kann. „Zeig mir dein schönstes b" lässt das Kind stolz auf das Erreichte sein und motiviert, auch die anderen Buchstaben zu lernen.

Die Erfolge zu feiern, hilft auch gegen Versagensängste und Minderwertigkeitsgefühle. Niemand, kein Kind, kein Erwachsener sollte sie haben. Wenn euer Kind immer wieder sagt „Das kann ich nicht" oder „Ich bin so schlecht in ...", dann setzt euch zusammen und überlegt gemeinsam drei Dinge, die es richtig gut kann oder die es besonders gerne mag, drei Dinge, die es zu jemand Besonderem machen. Schreibt diese Dinge auf, illustriert sie und hängt sie an einen Platz, an dem ihr sie gut sehen und euch immer wieder daran erinnern könnt.

Ihr könnt das Lerntempo eurer Kinder nicht beschleunigen, aber ihr könnt sie unterstützen, denn Lernen besteht aus vielen verschiedenen Elementen.

ⓢ Unsportlich wie ein Pfannkuchen

Ich war zwar schon immer recht flott im Denken, aber Bewegungsabläufe zu erlernen, die etwas anspruchsvoller sind, war für mich (und meine Sportlehrer) immer ein Graus. Wenn ich die anderen beobachtete, war mir vollkommen klar, wie alles zusammenhing, aber spätestens wenn ich versuchte, meine Erkenntnis in einen Sprung oder Salto umzusetzen, kam ich im besten Fall mit blauen Flecken davon. Deshalb habe ich auch erst mit fast 13 Jahren richtig Fahrradfahren gelernt, sehr zur Erheiterung meines Umfeldes. Heute ist das Fahrrad mein Hauptfortbewegungsmittel und kein Mensch würde bei meinem Fahrstil erahnen, dass ich nicht schon seit Kindesbeinen auf dem Sattel sitze.

Kapitel 3

Schlau werden – aber wie?

Im letzten Kapitel sind wir ja schon auf verschiedene Elemente des Lernens eingegangen: Da sind die Nachahmung, Neugierde und Unermüdlichkeit, verbunden mit der hohen Plastizität des Gehirns, die es ermöglicht, schnell neue Pfade und Vernetzungen im Gehirn zu schaffen. Aber das Ganze funktioniert nur, wenn euer Kind immer wieder die Erfahrung macht, selbstwirksam zu sein. Wenn es sich sicher fühlt und sein Gehirn Lösungen für alles finden kann, was es meistern und lernen möchte. Dazu braucht es Input auf allen Kanälen. Denn alle Aktivitäten und Eindrücke, die euer Kind aufnimmt, helfen ihm, sich zu entwickeln. Der Input muss aber auch irgendwie verarbeitet werden, und das geschieht über die Sinne oder besser gesagt: die Sinnsysteme. Wie ihr nun schon wisst, entwickeln sich die Sinne eures Kindes bereits während der Schwangerschaft. Sie sind aber nicht nur da, um einfach zu sehen, zu hören oder zu riechen: Sie sind auch für erfolgreiches Lernen unerlässlich.

Sinnvolles Lernen

Wir alle lernen am besten, wenn möglichst viele Sinne aktiviert sind. So werden Lerninhalte am effektivsten und nachhaltigsten in unserem Gehirn verankert. Jeder Mensch hat seinen bevorzugten „Lernsinn". Man unterscheidet verschiedene Lernkanäle, die wir im Folgenden vorstellen; diese decken zwar nicht alle Sinne ab, aber sie können euch einen guten Eindruck vermitteln, wie Sinne mit dem Lernen verknüpft sind.

Die vier Lerntypen

Die **visuellen Lerner** können sich Sachen besser merken, wenn sie Bilder sehen oder Zeichnungen von etwas machen. Gut strukturierte und ansprechend gestaltete Inhalte sind für sie ein Genuss, und neben der Tatsache, dass sie gerne lesen, haben sie vermutlich immer etwas zum Zeichnen oder Markieren in der Hand.

Menschen, die **auditive Lerner** sind, verstehen Dinge besser, wenn sie Inhalte hören und selbst sprechen. Texte laut lesen und vielleicht sogar selbst Texte als Audiofiles aufnehmen, sind beliebte Mittel ihrer Wahl. Für sie ist es auch hilfreich, etwas zu hören, es erzählt oder vorgelesen zu bekommen, einem Podcast oder Musik zu lauschen oder einem Rhythmus zu folgen.

Für einen **motorischen Lerner** gibt es nichts Schöneres, als anzupacken und sich beim Lernen zu bewegen. Learning by Moving ist hier die Devise. Menschen dieses Lerntyps „be-greifen" die Inhalte im wahrsten Sinn des Wortes.

Ein weiterer Lerntyp ist der **kommunikative Lerner**, der in der Interaktion mit anderen sein Wissen erweitert und festigt. Er braucht den Dialog, um sein Wissen zu vertiefen. Solche Menschen tauschen gern Gedanken aus: Lerngruppen, Interviews – echte oder gespielte – und Rollenspiele helfen ihnen genauso wie Frage-Antwort-Spiele.

Die Checkliste der Lerntypen

1. Visueller Lerntyp

	Trifft gar nicht zu.				Trifft zu.
Kann sich dein Kind Details auf Bildern gut merken?	☐	☐	☐	☐	☐
Erkennt dein Kind Personen schnell wieder?	☐	☐	☐	☐	☐
Gewinnt dein Kind oft beim Memory®?	☐	☐	☐	☐	☐
Liest dein Kind gerne und merkt es sich das Gelesene?	☐	☐	☐	☐	☐
Kann dein Kind seine Umgebung gut beschreiben?	☐	☐	☐	☐	☐
Malt dein Kind farbenprächtige, detailreiche Bilder?	☐	☐	☐	☐	☐
Mein Kind	☐	☐	☐	☐	☐
Ich selbst	☐	☐	☐	☐	☐

2. Auditiver Lerntyp

	Trifft gar nicht zu.				Trifft zu.
Hört dein Kind gerne Geschichten?	☐	☐	☐	☐	☐
Kann dein Kind sich gut an Melodien erinnern?	☐	☐	☐	☐	☐
Kann dein Kind Gehörtes gut nacherzählen?	☐	☐	☐	☐	☐
Merkt es sich Liedertexte gut?	☐	☐	☐	☐	☐
Hört dein Kind gut zu, merkt es sich das Gesagte?	☐	☐	☐	☐	☐
Spricht dein Kind Hörspiele schnell mit?	☐	☐	☐	☐	☐
Mein Kind	☐	☐	☐	☐	☐
Ich selbst	☐	☐	☐	☐	☐

3. Motorischer Lerntyp

	Trifft gar nicht zu.				Trifft zu.
Redet dein Kind mit dem ganzen Körper?	☐	☐	☐	☐	☐
Bewegt sich dein Kind gerne und viel?	☐	☐	☐	☐	☐
Baut dein Kind gerne Dinge aus verschiedenen Materialien?	☐	☐	☐	☐	☐
Fasst dein Kind gerne Dinge an und untersucht sie?	☐	☐	☐	☐	☐
Kann dein Kind nicht lange stillsitzen?	☐	☐	☐	☐	☐
Mein Kind	☐	☐	☐	☐	☐
Ich selbst	☐	☐	☐	☐	☐

4. Kommunikativer Lerntyp

	Trifft gar nicht zu.				Trifft zu.
Redet dein Kind viel über seine Erlebnisse?	☐	☐	☐	☐	☐
Diskutiert dein Kind gern?	☐	☐	☐	☐	☐
Spielt dein Kind gern Theater oder macht es Rollenspiele?	☐	☐	☐	☐	☐
Erzählt dein Kind lange und bunt ausgeschmückte Geschichten?	☐	☐	☐	☐	☐
Stellt dein Kind detaillierte Fragen?	☐	☐	☐	☐	☐
Mein Kind	☐	☐	☐	☐	☐
Ich selbst	☐	☐	☐	☐	☐

Aber natürlich sind wir alle nicht eindimensional, auch nicht eure Kinder. Das bedeutet, dass sie nicht nur in eine einzige Lernkategorie fallen. Im Gegenteil, sie werden garantiert verschiedene Sinne zum Lernen nutzen. Die vorgestellten Lerntypen beziehen sich auf den Kanal, mit dem das Lernen besonders leichtfällt; das bedeutet nicht, dass euer Kind nur über diesen einen Kanal Wissen aufnehmen kann. Oft sind es mehrere Kanäle, die zusammenfließen.

In „Gemeinsam Schlauspielen" werdet ihr viele Ideen finden, wie ihr mit euren Kindern zusammen die Welt entdecken könnt. Wir haben versucht, möglichst viele verschiedene Ideen einzubringen, die unterschiedliche Sinne ansprechen. Ist euer Kind zum Beispiel eher ein kommunikativer Lerntyp oder bevorzugt es den auditiven Zugang, erreicht ihr es besonders gut mit den Spielen unter der Überschrift „Wir Wortkünstler"; liebt es hingegen Bewegung und lernt am besten übers Zupacken, finden sich viele Anregungen im Abschnitt „Wir Motoriker". Bei jedem Projekt in diesem Kapitel findet ihr Verweise, welche Lernkanäle und Talente besonders angesprochen und gefördert werden.

Aber egal, wie viele Sinne angesprochen werden, wenn eure Kinder müde oder hungrig sind, laufen die besten Ideen ins Leere. Warum Hunger ein echter „Lernkiller" ist, weiß jeder, der schon mal versucht hat, sich mit knurrendem Magen zu konzentrieren. Genauso wichtig ist ausreichend Schlaf.

Wir wissen alle, dass sich das Gehirn im Schlaf regeneriert. Hirnforscher haben mit verschiedenen Messungen herausgefunden, dass die Eindrücke, die wir im Laufe des Tages aufnehmen, durch die unterschiedlichen Schlafphasen geordnet, nachbearbeitet und gespeichert werden. Es gibt drei zentrale Mechanismen, die sich im Schlaf schrittweise abspielen:[7]

1. Manche Gedächtnisinhalte werden im Gehirn wieder und wieder durchgespielt, Forscher nennen das „Replay". So werden Erinnerungen gefestigt.
2. Ein zweiter Mechanismus trennt Wichtiges von Unwichtigem.

3. Zuletzt werden die Informationen, die es ins Langzeitgedächtnis schaffen, mit vorhandenen Erinnerungen verknüpft und erweitern so alles, was wir wissen.

Das Problem ist, dass Schlaf nicht unbedingt das Spannendste für Kinder ist. Außerdem ist er in diversen Lebensphasen mit Albträumen verbunden, das ist für Kinder eher belastend. Wissenschaftsjournalist Stefan Klein setzt sich in seinem Buch *Der Traumwolf* mit den kindlichen Erlebniswelten im Schlaf auseinander.[8] Erwachsene, so Klein, neigten dazu, Albträume von Kindern zu bagatellisieren. „Das war doch nur ein Traum", heißt es dann oft. Doch die Angst, die diese Träume auslösen, ist für Kinder nur zu real. Nehmen wir sie nicht ernst, fühlen sich unsere Kinder alleingelassen. Dies steigert ihre Angst. Am besten hilft Kindern Körperkontakt und Verständnis. Wenn sie dazu bereit sind, ist es gut, mit ihnen darüber zu sprechen und sie erzählen zu lassen. Wenn wir über etwas sprechen, das uns ängstigt, verliert es seinen Schrecken.[9]

Intelligenz ist Vielfalt

Lernen braucht also Wiederholung, die Beteiligung der Sinne und Ruhephasen. Das ist allen Kindern gemeinsam, egal wie schnell oder langsam sie lernen und welche Sinneskanäle für sie die geeignetsten sind. Aber es gibt noch etwas, das das Lernen beeinflusst: Jedes Kind hat einen Bereich, in dem es ihm besonders leichtfällt, zu lernen, etwas, das es besonders gut kann: eine bestimmte Form der Intelligenz.

Bis in die achtziger Jahre des letzten Jahrhunderts hinein wurde Intelligenz nur als eine Bezeichnung für kognitive Fähigkeiten benutzt. Etwas verkürzt gesagt, ging man davon aus, dass Kinder umso leichter lernen können, je intelligenter sie sind. Gemessen wurde und wird diese Form der Intelligenz mit Tests, die als Ergebnis den berühmt-berüchtigten IQ haben.

Der amerikanische Erziehungswissenschaftler Howard Gardner hat sich nicht mit diesem vor allem kognitiv orientierten Intelligenzbegriff zufriedengegeben, sondern entwickelte das Modell der multiplen Intelligenzen. Dank Gardner wird inzwischen ein breiteres Spektrum von Fähigkeiten wertgeschätzt, und in der Konsequenz hat sich vor allem in der Pädagogik nach und nach der Blick auf das Lernen verändert.

Wir alle verfügen nicht nur über eine Intelligenz, wie Gardner herausgearbeitet hat, sondern über alle, nur eben in unterschiedlichen Ausprägungen. Je nach Intelligenz können verschiedene Sinneskanäle bevorzugt werden und erleichtern das Lernen. Wichtig ist allerdings, dass ihr euch nicht auf einen einzigen Kanal oder eine Intelligenz versteift. Besser ist es, die Vielfalt bewusst einzusetzen, um andere Kanäle auch zu trainieren. Denn ähnlich wie Muskeln müssen auch Intelligenzen in Bewegung bleiben, damit sie nicht verkümmern, auch jene, die nicht zu unseren stärksten zählen. Damit ihr eine Idee davon bekommt, worin die Talente, die Stärken eures Kindes liegen, schildern wir euch kurz die wichtigsten Aspekte, die wir auf der Grundlage Gardners für unser Buch weiterentwickelt haben. Wir finden den Begriff „Intelligenz" allerdings etwas sperrig und haben ihn im Folgenden durch das Wort „schlau" ersetzt.

Zehnmalschlau – Talente überall

Wort-schlau bezeichnet die Fähigkeit, Sprache einzusetzen, um Gedanken auszudrücken, zu reflektieren und andere zu verstehen. Dabei muss es sich nicht nur um die eigene Sprache handeln. Menschen, die eine stark ausgeprägte sprachliche Intelligenz haben, finden oft einen leichten Zugang zu anderen Sprachen.

Musik-schlau beschränkt sich nicht einfach nur darauf, Musik zu machen, sondern umfasst auch, in Musik zu denken. Menschen mit einer musikalischen Intelligenz erkennen nicht nur rhythmische Muster, sondern sie erinnern sie, wandeln sie um und geben sie wieder. Musiker zu werden, ist für sie eine ganz natürliche Berufswahl, und nicht selten hat man den Eindruck, dass sie ständig die eine oder andere Melodie im Kopf haben. Gleichzeitig ist Musik aber für jeden Menschen eine Ausdrucksform, die seine tiefsten Emotionen anspricht. Dafür muss man kein begnadeter Musiker sein.

Zahlen-schlau ist nicht einfach die Fähigkeit zu rechnen, sondern beschreibt das Vermögen, abstrakt zu denken und Beweisketten aufzustellen: „Wenn A, dann B." Menschen mit einer ausgeprägten logisch-mathematischen Intelligenz sind oft gute Planerinnen und können in den (Natur-)Wissenschaften, als Computerfachleute oder in der Philosophie gefunden werden. Es sind Menschen, die Dinge durchdenken und Alternativen aufzeigen können.

Bild-schlau umfasst nicht nur die Fähigkeit, Räume in ihren verschiedenen Dimensionen wahrzunehmen, sondern sie in der Vorstellung auch verwandeln zu können. Bildhauerinnen und Architekten sind Paradebeispiele für eine sehr ausgeprägte räumliche Intelligenz. Wer einmal den David von Michelangelo gesehen hat, kann nur vage erahnen, wie Michelangelo diese Statue aus einem Marmorblock herausformen konnte.

Körper-schlau kann man insbesondere bei Tänzern, Sportlerinnen und Artisten sehen. Diese Menschen lernen durch Bewegung und weniger durch reines Lesen oder Zuschauen.

Hand-schlau bezeichnet die Fähigkeit von Menschen, die beispielsweise mit ihren Händen Probleme lösen oder Dinge herstellen können. Diese Menschen lernen durch detailgenaues Fertigen, Zeichnen oder Untersuchen von Dingen. Sie sind Zeichner, Chirurgen, Laboranten oder Uhrmacher.

Ich-schlau kann auch als emotionale Intelligenz bezeichnet werden. Es ist die Fähigkeit, Impulse zu kontrollieren, eigene Grenzen wahrzunehmen und mit den eigenen Gefühlen gut umzugehen. Personen mit einer ausgeprägten intrapersonalen Intelligenz kennen ihre eigenen Fähigkeiten meist sehr gut und ziehen uns oft an. Besonders deutlich wird diese Kompetenz bei Schauspielerinnen, Schriftstellern und Künstlerinnen, die sie für ihren Beruf nutzen. Kinder, die ihre Befindlichkeit besonders gut wahrnehmen und äußern können sowie ihre Stärken und Grenzen erkennen, haben eine ausgeprägte intrapersonale Intelligenz.

Wir-schlau, diese Fähigkeit, die eng mit der intrapersonalen Intelligenz zusammenhängt, bezeichnet das Vermögen, andere Menschen zu verstehen und mit ihnen einfühlsam zu kommunizieren. Diese Veranlagung ist vor allem bei Erziehern, Pflegerinnen, Pädagogen oder Therapeutinnen stark entwickelt. Da die intra- und die interpersonale Intelligenz stark miteinander verbunden sind, kann man sie beide im weitesten Sinne auch unter dem Begriff der emotionalen Intelligenz zusammenfassen.

Umwelt-schlau bezeichnet die Fähigkeit zu beobachten, zu unterscheiden und zu erkennen, gekoppelt mit einer hohen Sensibilität für die Natur und ihre Phänomene. Botaniker und Försterinnen, aber auch Tierärzte oder Umweltexpertinnen zeigen eine sehr ausgeprägte ökologische Intelligenz, um nur einige Beispiele zu nennen.

Welt-schlau bezeichnet die Fähigkeit, die wesentlichen Fragen unseres Daseins zu erkennen und Antworten zu suchen. Spirituelle Führer und philosophische Denkerinnen verkörpern diese Fähigkeit. Der Dalai Lama ist ein Vertreter dieser Intelligenz. Die existenzielle Intelligenz ist eine Ergänzung zum ursprünglichen Modell von Howard Gardner.

Während ihr dies gelesen habt, sind euch bestimmt ein paar Situationen mit euren Kindern eingefallen. Vielleicht habt ihr gedacht: „Ahhh, ja, das macht Lisa immer ..." Dann habt ihr schon eine gute Vorstellung davon, welche Intelligenz bei eurem Kind stark vertreten ist. Wenn ihr das wisst, könnt ihr euer Kind gut beim Lernen unterstützen. Aber wenn ihr euch nicht sicher seid, dann stellt ihr euch sicherlich die Frage: „Welche ist denn die dominante Intelligenz bei meinem Kind, und was bringt es mir, das zu wissen?"

Fangen wir mal damit an, wie ihr herausfinden könnt, welche Intelligenz bei eurem Kind wie stark ausgeprägt ist. Wir haben ein paar Fragen für euch vorbereitet, die euch dabei helfen können. Am besten ist es, wenn ihr euer Kind einfach beobachtet: Seine Stärke wird sich darin zeigen, wie es etwas macht und was es besonders gerne beziehungsweise gut macht. Dabei dürft ihr aber eines nicht vergessen: Kinder sind ständig in Verwandlung! Je nach Entwicklungsphase zeigen sie mal die eine, mal eine andere Stärke. Nehmt die folgende Checkliste also bitte nicht als formales Diagnoseformat, sondern als Hilfestellung, um nachzuspüren, wo die Stärken eures Kindes liegen könnten.

Die Checkliste der Talente

Wort-schlau

	Trifft gar nicht zu.				Trifft zu.
Euer Kind hat einen auffallend großen Wortschatz.	☐	☐	☐	☐	☐
Euer Kind redet gern und viel.	☐	☐	☐	☐	☐
Euer Kind erzählt spannend und differenziert.	☐	☐	☐	☐	☐
Euer Kind schreibt gern und viel.	☐	☐	☐	☐	☐
Euer Kind liest sehr gern.	☐	☐	☐	☐	☐
Euer Kind liebt es zu diskutieren.	☐	☐	☐	☐	☐
Euer Kind merkt sich rasch Wörter und sprachliche Zusammenhänge – auch in anderen Sprachen.	☐	☐	☐	☐	☐
Mein Kind	☐	☐	☐	☐	☐
Ich selbst	☐	☐	☐	☐	☐

Die Checkliste der Talente

Musik-schlau

	Trifft gar nicht zu.				Trifft zu.
Euer Kind singt und musiziert gern.	☐	☐	☐	☐	☐
Euer Kind lernt schnell Lieder.	☐	☐	☐	☐	☐
Euer Kind hört gern Musik.	☐	☐	☐	☐	☐
Euer Kind erkennt Gefühle in Melodien und Rhythmen.	☐	☐	☐	☐	☐
Euer Kind assoziiert Bilder und Aussagen zur Musik.	☐	☐	☐	☐	☐
Euer Kind lauscht Geräuschen bewusst, ahmt sie nach und nimmt Geräuschmuster und Rhythmen wahr.	☐	☐	☐	☐	☐
Euer Kind kann Akzente und Dialekte leicht nachmachen.	☐	☐	☐	☐	☐
Euer Kind begleitet sich selbst beim Spielen oder anderen Aktivitäten mit Summen, Singen und Sprechen.	☐	☐	☐	☐	☐
Mein Kind	☐	☐	☐	☐	☐
Ich selbst	☐	☐	☐	☐	☐

Die Checkliste der Talente

Zahlen-schlau

	Trifft gar nicht zu.				Trifft zu.
Euer Kind sucht logische Begründungen und Beweise.	☐	☐	☐	☐	☐
Euer Kind durchschaut Regeln und Prinzipien schnell.	☐	☐	☐	☐	☐
Euer Kind erkennt Zusammenhänge.	☐	☐	☐	☐	☐
Euer Kind arbeitet gerne mit Formeln und abstrakten Sprachen beziehungsweise Zeichen.	☐	☐	☐	☐	☐
Euer Kind liebt den Umgang mit Zahlen und Maßeinheiten.	☐	☐	☐	☐	☐
Euer Kind erstellt Listen, Diagramme und Schemata.	☐	☐	☐	☐	☐
Euer Kind kann gut organisieren.	☐	☐	☐	☐	☐
Mein Kind	☐	☐	☐	☐	☐
Ich selbst	☐	☐	☐	☐	☐

Bild-schlau

	Trifft gar nicht zu.				Trifft zu.
Euer Kind hat ein gutes Vorstellungsvermögen.	☐	☐	☐	☐	☐
Euer Kind orientiert sich schnell an fremden Orten.	☐	☐	☐	☐	☐
Euer Kind hat Sinn für Farben, Formen und Muster	☐	☐	☐	☐	☐
Euer Kind liebt es, Perspektive und Pläne zu studieren.	☐	☐	☐	☐	☐
Euer Kind liebt Geometrie und technisches Zeichnen.	☐	☐	☐	☐	☐
Euer Kind zeichnet oft.	☐	☐	☐	☐	☐
Euer Kind bastelt, baut gern.	☐	☐	☐	☐	☐
Euer Kind setzt Menschen und Dinge in Szene, macht „Aufstellungen" mit Familienmitgliedern oder Kuscheltieren.	☐	☐	☐	☐	☐
Mein Kind	☐	☐	☐	☐	☐
Ich selbst	☐	☐	☐	☐	☐

Körper-schlau

	Trifft gar nicht zu.				Trifft zu.
Euer Kind liebt und braucht Bewegung.	☐	☐	☐	☐	☐
Euer Kind ist erfolgreich in Spiel und Sport.	☐	☐	☐	☐	☐
Euer Kind lernt schnell neue Bewegungsabläufe.	☐	☐	☐	☐	☐
Euer Kind liebt oder bevorzugt aktives Mittun und Mithandeln.	☐	☐	☐	☐	☐
Euer Kind hat ein ausgeprägtes Körperbewusstsein.	☐	☐	☐	☐	☐
Euer Kind ist geschickt in Fein- und Grobmotorik.	☐	☐	☐	☐	☐
Euer Kind hat eine ausgeprägte Mimik und Gestik.	☐	☐	☐	☐	☐
Euer Kind liebt Sport, Performance.	☐	☐	☐	☐	☐
Mein Kind	☐	☐	☐	☐	☐
Ich selbst	☐	☐	☐	☐	☐

Die Checkliste der Talente

Hand-schlau

	Trifft gar nicht zu.				Trifft zu.
Euer Kind fasst alles mit seinen Händen an.	☐	☐	☐	☐	☐
Euer Kind liebt Basteln, Schneiden und Flechten.	☐	☐	☐	☐	☐
Euer Kind hilft in der Küche beim Schnippeln und Rühren.	☐	☐	☐	☐	☐
Euer Kind repariert gern feingliedrige Dinge.	☐	☐	☐	☐	☐
Euer Kind zeichnet oder schreibt gern schön.	☐	☐	☐	☐	☐
Euer Kind liebt Nähen, Stricken, Häkeln.	☐	☐	☐	☐	☐
Euer Kind achtet auf die Länge seiner Fingernägel.	☐	☐	☐	☐	☐
Euer Kind erfasst viele Materialstrukturen.	☐	☐	☐	☐	☐
Mein Kind	☐	☐	☐	☐	☐
Ich selbst	☐	☐	☐	☐	☐

Ich-schlau

	Trifft gar nicht zu.				Trifft zu.
Euer Kind bildet sich eine eigene Meinung.	☐	☐	☐	☐	☐
Euer Kind beobachtet die eigenen Gefühle und Gedanken.	☐	☐	☐	☐	☐
Euer Kind kennt die eigenen Stärken und Schwächen.	☐	☐	☐	☐	☐
Euer Kind denkt über Beziehungen nach.	☐	☐	☐	☐	☐
Euer Kind erkundet verschiedene Denkweisen.	☐	☐	☐	☐	☐
Euer Kind hat hohe ethisch-moralische Ansprüche.	☐	☐	☐	☐	☐
Euer Kind liebt Ruhe und Zeit für sich.	☐	☐	☐	☐	☐
Mein Kind	☐	☐	☐	☐	☐
Ich selbst	☐	☐	☐	☐	☐

Die Checkliste der Talente

Wir-schlau

	Trifft gar nicht zu.				Trifft zu.
Euer Kind kann gut zuhören.	☐	☐	☐	☐	☐
Euer Kind trifft den richtigen Gesprächston.	☐	☐	☐	☐	☐
Euer Kind kann andere gut einschätzen.	☐	☐	☐	☐	☐
Euer Kind wirkt vermittelnd.	☐	☐	☐	☐	☐
Euer Kind zeigt Mitgefühl.	☐	☐	☐	☐	☐
Euer Kind ist tolerant und hilfsbereit.	☐	☐	☐	☐	☐
Euer Kind pflegt Freundschaften.	☐	☐	☐	☐	☐
Euer Kind übernimmt Führungsaufgaben.	☐	☐	☐	☐	☐
Mein Kind	☐	☐	☐	☐	☐
Ich selbst	☐	☐	☐	☐	☐

Umwelt-schlau

	Trifft gar nicht zu.				Trifft zu.
Euer Kind liebt und pflegt Tiere.	☐	☐	☐	☐	☐
Euer Kind liebt, pflegt beziehungsweise zieht Pflanzen.	☐	☐	☐	☐	☐
Euer Kind interessiert sich für Naturprodukte und Naturschutz.	☐	☐	☐	☐	☐
Euer Kind lebt und arbeitet gern im Freien.	☐	☐	☐	☐	☐
Euer Kind beobachtet die Natur instinktiv und differenziert.	☐	☐	☐	☐	☐
Euer Kind hat großes Sachwissen in diesem Bereich.	☐	☐	☐	☐	☐
Euer Kind hat Interesse an Kreisläufen, Wetter und Klima.	☐	☐	☐	☐	☐
Mein Kind	☐	☐	☐	☐	☐
Ich selbst	☐	☐	☐	☐	☐

Welt-schlau

	Trifft gar nicht zu.				Trifft zu.
Euer Kind hat eine starke intuitive Wahrnehmung.	☐	☐	☐	☐	☐
Euer Kind hat Interesse an irrationalen Theorien.	☐	☐	☐	☐	☐
Euer Kind hat ein Interesse für spirituelle Fragen.	☐	☐	☐	☐	☐
Mein Kind	☐	☐	☐	☐	☐
Ich selbst	☐	☐	☐	☐	☐

Sicherlich fragt ihr euch jetzt, was ihr mit dem Ergebnis der Checkliste tun sollt. In erster Linie soll sie euch helfen, besser zu verstehen, mit welchen Themen euer Kind zu begeistern ist. Gleichzeitig hilft sie euch aber auch, passende Spielideen im dritten Buchteil „Gemeinsam Schlauspielen" zu finden oder auch mal ganz bewusst eine weniger ausgeprägte Seite eures Kindes zu unterstützen. Wie immer gilt auch hier: Nichts ist in Stein gemeißelt, denn eure Kinder lernen fortwährend hinzu und verändern sich dabei.

Und jetzt seid ihr Erziehende dran. Denn auch ihr habt bestimmte Vorlieben beim Lernen und Spielen. Findet sie heraus, indem ihr die Checklisten der Lerntypen und die der Talente noch einmal für euch selbst ausfüllt. Danach habt ihr einen guten Überblick über eure eigenen Vorlieben und die eures Kindes.

Und Eltern lernen anders – aber wie?

Ihr Eltern lernt ebenfalls jeden Tag Neues hinzu. Wir machen noch einmal einen kurzen Ausflug in die Entwicklungspsychologie – und ihr wisst ja, wir sind keine Neurowissenschaftler, darum geht es uns um grundsätzliche Zusammenhänge, nicht um Spezialwissen: Frieder R. Lang, Mike Martin und Martin Pinquart[10] beschäftigen sich mit unterschiedlichen Lernprozessen im Erwachsenenalter: Bei euren Kindern ist, wie wir in Kapitel 2 „So entwickelt sich mein Kind, das Lernwesen" erzählten, der Gehirnaufbau noch in vollem Gange. Bei euch Erwachsenen hingegen sind alle Teile des Gehirns bereits ausgebildet. Euer Gehirn hat unzählbare Verschaltungen gebildet, die eure Lebens- und Denkungsweise abbilden. So habt ihr Sicherheit im Umgang mit der Welt gefunden und steht neuronal gut gewappnet mitten im Familienleben. Die Forscher beschreiben, dass aber auch die Plastizität eures Gehirns erhalten bleibt. Das bedeutet, ihr könnt neue Fertigkeiten hinzulernen, die ihr vorher nicht hattet. Und euer Erwachsenenhirn wird diese mit bereits gemachten Erfahrungen verbinden. Also, liebe Eltern, euer Gehirn ist topfit fürs Co-Learning.

Da wir wissen, dass ihr in eurem Leben alle viel um die Ohren habt, möchten wir euch mit unserer Idee des gemeinsam Schlau-Werdens das Leben leichter machen. Neues lernen und Erleichterung erfahren? Wie passt das zusammen? Es ist eine Entwicklung, die ihr anstoßen könnt und an deren Ende ein entspanntes Miteinander in eurer Familie stehen kann. Fünf Schritte auf dem Weg zum gemeinsamen Schlau-Werden helfen euch dabei:

Schritt eins: Nehmt einen achtsamen Perspektivwechsel bei euch selbst vor, wie wir ihn in Kapitel 4 „Achtsamer Perspektivenwechsel" beschreiben. Dabei könnt ihr eure eigenen Lernerfahrungen „spiegeln" und Belastendes loslassen.
Schritt zwei: Wählt in Ruhe aus den drei Spielarten in Kapitel 6 „Gemeinsam spielend lernen" diejenige aus, die für euch und euer Kind am besten passt.
Schritt drei: Schlüpft in die Rolle, die zu euch und zur gewählten Spielart passt. Lernt eure Rolle in dieser Spielart kennen, Stück für Stück. Übt, macht Fehler und übt weiter. Ihr wachst in eure Rolle hinein, und euer Kind wird euch beim gemeinsamen Lernen mit passenden Reaktionen wie direktem Feedback hilfreich zur Seite stehen. Ihr möchtet die Rolle wechseln? Bitte. Ihr möchtet noch etwas anderes ausprobieren? Super, denn Spielen bedeutet: mitmachen und mitmachen lassen.
Schritt vier: Gemeinsam lernen heißt übrigens auch, dass sich eure Kommunikation mit eurem Kind verändern wird. Wir geben euch im Kapitel 5 „Miteinander reden lernen" Tipps, die euer Zusammensein verbal erleichtern können.
Schritt fünf: Und schließlich sucht ihr euch die Projekte aus dem dritten Buchteil, die eure Spiel- und Lernvorlieben und die eures Kindes treffen. Falls ihr und euer Kind unterschiedlicher Meinung seid, handelt es miteinander aus. Hierzu können die Spiel-Tipps in Kapitel 6 „Tipps für das spielerische Lernen mit euren Kindern" hilfreich sein.

Teil 2

Gemeinsam schlau: die Eltern

Im zweiten Teil erzählen wir euch, wie ihr euch selbst „spiegeln" könnt, damit ihr fit werdet fürs gemeinsame spielerische Lernen mit euren Kindern.

Kapitel 4

Achtsamer Perspektivenwechsel: reprogram yourself!

Auch ihr habt eigene Erfahrungen mit dem Lernen in eurer Kindheit gemacht. Nicht alle davon, manchmal vielleicht nur wenige, waren gut. Wir möchten euch dazu anregen, euer Verständnis von Lernen zu überdenken - na, eigentlich: euren eigenen Lernansatz umzuprogrammieren. So gut wie alle von uns wurden stark durch die eigene Kindheit, die Eltern und die Schule(n) geprägt, die wir besucht haben. Bei unseren Kindern wenden wir diesen Erfahrungsschatz dann an. Ist das schlecht? Ist das gut? Wie immer kommt es auf die individuelle Situation an. Darum sollten wir uns unsere Denkgewohnheiten bewusst machen und diese hinterfragen.

Die Macht der Gewohnheiten

Gewohnheiten sind Aktivitäten und Verhaltensweisen, die wir nahezu automatisch ausführen, sodass Dinge wie Zähneputzen, Duschen, Anziehen, Essen ohne großen Aufwand funktionieren. Wir denken wenig darüber nach. Gewohnheiten laufen größtenteils unbewusst ab. Dies setzt Ressourcen in unserem Gehirn frei, um andere, komplexere Aufgaben wie die Lösung von kurzfristigen („Ich muss noch tanken") und langfristigen Problemen („Der Chef ist doof, ich sollte mir eine neue Arbeit suchen") anzugehen. Bereits in Kapitel 2 „So entwickelt sich mein Kind, das Lernwesen" haben wir beschrieben, dass in den ersten Lebensjahren Gehirn und Körper stark damit beschäftigt sind, Gewohnheiten zu formen durch Übung und Wiederholung.

Als einen Prozess des Erwachsenwerdens beschreibt der Psychologe, Coach und Autor Braco Pobric die Bewertung und Nachjustierung von Gewohnheiten in etwa so:[11] Wir Erwachsene stellen fest, dass es Gewohnheiten gibt, die gut für uns sind beziehungsweise wären und an deren Etablierung wir dann hart arbeiten, indem wir zum Beispiel für mehr Bewegung, gutes Essen oder ausreichend Schlaf in unserem Leben sorgen. Und wir erkennen natürlich auch die schlechten Gewohnheiten, die wir uns mit Mühe abtrainieren, etwa Rauchen, zu viel Fastfood oder das Überziehen unserer Geldkonten.

Am besten ist es, seine schlechten Gewohnheiten zu ändern, indem man sie direkt durch neue ersetzt. Wenn wir andere Wege für unser Verhalten wählen, entstehen neue neuronale Pfade. Im Gegensatz zu den bereits bestehenden sind diese aber noch sehr schwach ausgeprägt. Wir müssen lange daran arbeiten und dieses Verhalten oft einsetzen, damit sich die Bahnen in unserem Gehirn vertiefen können. Doch selbst dann sind die alten neuronalen Wege nicht einfach gelöscht oder überschrieben worden, sie bleiben uns erhalten. Wir alle kennen das: Im Laufe unseres Lebens kehren wir immer wieder zu alten Gewohnheiten zurück.

Was bedeutet das fürs Co-Learning? Wie ihr ja schon wisst, verstehen wir unter Co-Learning, dass Kinder und Eltern ein Team bilden und sich gemeinsam neugierig auf den Weg machen. Ihr werdet dabei für euer Kind zum Spielkameraden, zur Abenteurerin, zur Leseratte und zum Weltenentdecker. Wie ihr aus euren alten Lerngewohnheiten ausbrecht und das Ruder herumreißt hin zum Lernen im Miteinander, das erzählen wir euch in diesem Kapitel. Und ganz nebenbei werdet ihr euch selbst dabei sehr viel Freude schenken.

Um umzudenken ist zunächst ein grundlegender, dreifacher Perspektivenwechsel angesagt. Dabei geht es als Erstes darum, sich auf die Ebene des Kindes zu begeben, um sich dann im zweiten Schritt von der eigenen Gewohnheit zu lösen, wie das Lernen und die Welt funktionierte, als wir selbst Kinder waren. Das klingt zunächst wie ein Widerspruch, ergibt aber Sinn – versprochen! Das Dritte ist dann die Meisterdisziplin, das Tool, um (fast) alles möglich zu machen: Achtsamkeit und bei sich bleiben, die eigene Mitte finden.

Vielleicht widerstrebt es euch, euch als Computersystem zu betrachten und eventuell klingt „sich selbst umzuprogrammieren" wie eine sehr große Aufgabe. Aber lasst euch bitte für einen Moment auf das Gedankenexperiment ein. Um mit euren Kindern gemeinsam zu lernen und die Welt neu zu entdecken, solltet ihr – um im Bild zu bleiben – möglichst wenig Kompatibilitätsprobleme haben.

Allerdings stellt sich die Frage, ob ihr eine komplette Systemumstellung oder einfach nur ein „kleines Update" braucht. Da ihr dieses Buch lest, ist es schon mal sehr wahrscheinlich, dass ihr keine ganz große Systemumstellung benötigt, sonst hätte euch schon der Titel Unbehagen vermittelt. Dass ihr bis hierhin gelesen habt, zeigt: Ihr seid bereit dazu!

Erster Perspektivenwechsel: Haltet euer Eltern-Ich im Zaum!

Der erste Perspektivenwechsel bestimmt die Lernbeziehung zwischen euch und eurem Kind und macht das Agieren als Team und ein gemeinsames Lernen überhaupt erst möglich ist. Um das Konstrukt dahinter gut zu erklären, machen wir einen kleinen Ausflug in die Transaktionsanalyse.

Der Begriff „Transaktionsanalyse" kommt aus der Psychologie. Das etwas nach Wirtschaft klingende Wort sagt aus, dass etwas hin- und hergeschoben wird. Bei einer Bank handelt es sich dabei um Geld, in zwischenmenschlichen Beziehungen geht es eher um Kommunikationseinheiten. Das Konzept hat Mitte des 20 Jahrhunderts der Psychiater Eric Berne begründet.[12] Die Grundlage seiner Transaktionsanalyse sind Annahmen aus der Tiefenpsychologie, der Verhaltenspsychologie und der humanistischen Psychologie. Das Modell wird ständig weiterentwickelt.

Der Ausgangspunkt der Überlegungen ist so überzeugend und schlüssig, dass ihn auch eure Kinder verstehen und empfinden können. Die Grundannahme lautet nämlich: „Ich bin okay, du bist okay." Daraus lassen sich drei Grundsätze ableiten:

1. Der Mensch ist von Geburt an okay, er kommt mit einem guten, sinnvoll angelegten Potenzial zur Welt.
2. Jeder Mensch, auch jemand mit psychischen Problemen, mit körperlichen oder geistigen Beeinträchtigungen, ist eine vollwertige und intelligente Person.
3. Im Menschen selbst sind die notwendigen Werkzeuge angelegt, um das eigene Leben zu gestalten.

Bedeutet das Friede, Freude, Eierkuchen und dass wir uns alle per Definition lieb haben? Schön wäre es, aber ganz so einfach ist es natürlich nicht, besonders nicht mit den lieben Kindern. Die Sache ist ein bisschen komplizierter: Jeder Mensch hat drei verschiedene Verhaltensarten in sich, in der Transaktionsanalyse sind dies die sogenannten drei „Zustände" des Ichs. Jede unserer Handlungen entspringt einer dieser drei Kategorien.[13]

„Das Eltern-Ich"[13]

Laut Eric Berne trägt jeder in seinem Inneren seine Eltern mit sich herum. Unsere Eltern sind unsere ersten Idole, unsere erste Liebe, unsere ersten Vorbilder. Was sie sagen und tun, prägt uns nachhaltig, vor allem in den ersten Lebensjahren bis zum Schulbeginn. Ihre Regeln und Befehle übernehmen wir als Kind ungeprüft, da wir noch nicht in der Lage sind, Anordnungen kritisch zu hinterfragen und wirklich zu reflektieren. Wir übernehmen sie darum in unser Eltern-Ich. Dies ist unser übergeordnetes Reservoir an Lebensrichtlinien - Leitstern und Leitplanke zugleich.

Natürlich befinden sich im Eltern-Ich einer Person nicht nur Aussagen und Verhaltensweisen der eigenen Eltern, sondern es fließt alles mit ein, was ein Kind in den ersten Lebensjahren als Regel und Haltung erfasst. Kein Wunder also, dass es unser Eltern-Ich ist, das zuständig ist fürs Bevormunden, Zurechtweisen oder Umsorgen. Nahezu automatisch katapultiert uns Verantwortung für andere Menschen auf diese Ebene. Und je größer der Stress, desto eher neigen wir dazu, genau die Muster zu wiederholen, die sich hier seit frühester Kindheit verankert haben.

„Das Erwachsenen-Ich"[13]

Der Zustand des Erwachsenen-Ich ist geprägt von Reife und einem sachlichen, objektiven, reflektierten Umgang mit Situationen. Wer aus dem Erwachsenen-Zustand heraus agiert, kennt seine Handlungsmöglichkeiten und nimmt aktiv Einfluss auf Situationen, indem er ausgewogene Entscheidungen trifft auf der Grundlage von überprüften Informationen. In der Kommunikation mit anderen Menschen zeigt sich das Erwachsenen-Ich durch aufmerksames Zuhören und reflektiertes Sprechen.

„Das Kind-Ich" [13]

Während der Phase der frühkindlichen Prägung sammelt das Eltern-Ich brav Regeln und Gesetze. Zeitgleich strömen auf ein Kind alle möglichen Eindrücke und Gefühle ein und füllen das Kind-Ich-Erfahrungsreservoir auf. Wenn alles gut läuft, ist das Kind kreativ, hat Spaß, baut fröhlich Mist. Allerdings ist dies nicht immer und überall der Fall. Berne geht davon aus, dass in den ersten fünf Lebensjahren das Gefühl der Hilflosigkeit dominant ist, da Kinder stark von ihren Eltern abhängig und in der Regel unselbstständig sind. Wie stark dies ausgeprägt ist, hängt vom Elternhaus ab: Zu viel oder zu wenig Autorität und Richtungsklarheit können bewirken, dass ein Mensch zunächst tief in sich die Haltung „Ich bin nicht okay" oder „Ich kann einfach nix" beziehungsweise „Was gehen mich die andern an, ich mach, was ich will" mit sich herumträgt. Ist das Verhältnis von Autorität und Freiraum (annähernd) ausgeglichen, entwickelt sich ein gesundes Kind-Ich, das uns hilft, fantasievoll, kreativ und neugierig der Umwelt zu begegnen.

Warum solltet ihr diese Ebenen kennen, wenn ihr euch fürs Co-Learning umprogrammieren wollt? Weil man erst anhand dieses Konzeptes überhaupt versteht, warum so viele Dinge beim „klassischen" Lernen gar nicht funktionieren können.

Die Eltern-Ich/Kind-Ich-Falle bei der Nachhilfe

Eltern sind meist lausige (Nachhilfe-)Lehrer für den eigenen Nachwuchs. Dabei würde es helfen und bares Geld sparen, wenn sie das besser könnten. Eine Studie der Bertelsmann-Stiftung, die für infratest dimap im Schuljahr 2014/15 bundesweit 4300 Elternteile befragt hat, ergab: Eltern, deren Kinder Nachhilfe bekommen, geben monatlich im Schnitt 87 Euro aus, insgesamt fließen jährlich 879 Millionen Euro in den Nachhilfesektor.[14] Das ist eine Menge Geld – aber auch der einzelne Betrag für eine Familie ist hoch! Daher liegt es auf der Hand, dass viele Eltern das lieber selbst übernehmen wollen. Doch oft endet Lernunterstützung in einem Fiasko, denn die kleinen und großen Menschen begeben sich damit, psychologisch gesehen, in eine komplex verheddert Eltern-Ich- und Kind-Ich-Konstellation.

Auf der einen Seite besetzen die Eltern die Eltern-Ich-Rolle und die Kinder die Kind-Ich-Rolle, das ist so weit klar. Aber das ist nicht die einzige Ebene, denn gleichzeitig ist es auch so, dass das Kind sich selbst für seine schulischen Belange verantwortlich fühlt: Das Kind erkennt, dass Schule und Hausaufgaben sein Job sind, weshalb es darüber am liebsten die Kontrolle hätte. Es beansprucht also in diesem Punkt die Eltern-Ich-Rolle auch für sich – oder zumindest eine Erwachsenen-Ich-Rolle. Doch Eltern kommen meist damit nicht zurecht, dass sie nicht „im Lead" sind, sondern dies dem Kind überlassen sollten. Meistens knallt es dann, und alle sind frustriert.

Beim Co-Learning geht es für Eltern darum, die Eltern-Ich-Ebene möglichst auszuschalten und sich entweder auf Erwachsenen-Ich (gut!) oder auf Kind-Ich-Ebene (noch besser, aber dafür braucht ihr Übung!) zu begeben.

Am einfachsten wäre es, wenn Eltern sich auf eine Lern-Entdeckungsreise mit dem Kind begäben. Das ist das Gegenteil von dem, wenn Mama und Papa so viel Wissen wie möglich ins arme Kind „hineinkippen" wollen. Sinnvoller ist es, wenn sie dabei auch für sich Wissen entdeckten.

B Béas Beispiel: So knallt es bestimmt

Zu Schulzeiten habe ich mein Taschengeld aufgebessert, indem ich Nachhilfe gegeben habe. Deshalb war es naheliegend, dass ich Jahre später auch meinem eigenen Kind bei den Schulaufgaben helfen wollte. Die Erfahrungen, die ich mit meiner Tochter in den diversen Phasen ihrer Schulentwicklung gesammelt habe, waren jedoch recht durchwachsen. Ich habe eine Weile gebraucht, um zu verstehen, wie meine Rolle dabei aussieht.

Zum Beispiel habe ich mich aufgedrängt in Situationen, in denen es gar nicht nötig war. Einmal wollte ich ihr Bruchrechnung anhand von Knete erklären. Meine Tochter quittierte das mit einem Augenrollen und erklärte: „Okay, Mama, wenn du das brauchst, kannst du das so machen. Mir reicht es völlig, die Brüche mit Zahlen hinzuschreiben, ist ja nicht so schwer. Ist ja nur Mathe."

In anderen Fällen habe ich sie – wenn sie mich um Hilfe bat – mit meiner Begeisterung regelrecht überrollt: Während sie nur eine einfach Hilfestellung wollte, habe ich versucht, ihr die Welt zu erklären – bis sie genervt abwinkte. Und etwas Drittes fiel mir schwer: zu verstehen, dass an manche Aufgaben heute anders herangegangen wird als zu meiner Zeit. Statt zu akzeptieren, dass sie in der Schule andere Lösungswege lernte, habe ich versucht, ihr meine alten überzustülpen. Das konnte nicht gut gehen!

Zum Glück gelang es mir irgendwann, das Ruder herumzureißen, indem ich ganz bewusst die Eltern-Ich-Ebene verlassen habe. Ich habe aufgehört, es besser zu wissen. Der Weg zu einem besseren Miteinander – und zu besseren Schulleistungen – war für uns die „Faul-und-klug"-Strategie. Ich habe meiner Tochter erklärt, dass die Schule „die Matrix" sei, sie zu „surviven" ihre Mission! Damit hatte ich ihre zarten Öhrchen.

Die „Faul-und-klug"-Strategie besteht darin, mit möglichst wenig Aufwand möglichst gute Ergebnisse zu erzielen. Diese Idee fand meine Tochter cool. So kam es, dass wir zu Verbündeten wurden. Wir nahmen uns vor, ihre Lehrerinnen und Lehrer zu durchschauen und zu verstehen, was sie gern hören und lesen wollten. Meine Tochter entdeckte zum Beispiel, dass sie mit einer schlauen Frage am Ende der Stunde brillierte – denn das Letzte, was Lehrer hörten, war das Erste, woran sie sich erinnerten. Sie fand ebenso heraus, dass man mit Schwerpunkt Mathe und Sport ein entspanntes Schulleben hat, denn: Wer Mathe kann, gilt als intelligent. Wer zusätzlich in Sport gut ist, gilt nicht als Streber. Der Rest kommt von alleine. Darauf hatte sie „total Bock, voll geiler Sch***, Mama, und überhaupt: jau!!!" Es hat geklappt. Und zusätzlich hatten wir viel Zeit, Kind-Ich zu sein: Spaß und Freude.

 Balanceakt

In unserer Tollabea-Community haben wir den Eindruck, dass sich viele Eltern an ihre eigenen Erlebnisse mit ihren Eltern erinnern, die sie selbst damals als zu hart oder zu spießig empfunden hatten.

Das sind die Momente, in denen Eltern sich von ihrem Eltern-Ich lösen und gemeinsam mit ihren Kindern neue Wege ausprobieren können. Wir glauben, dass viele Eltern auf einem Mittelweg zwischen konsequent und nachgiebig sind, und so ihre eigenen Grenzen wie auch die ihrer Kinder austesten.

Zweiter Perspektivenwechsel: Blick nach vorn

Auch wenn wir es schaffen, uns von unserem Eltern-Ich zu lösen, bedeutet dies noch lange nicht, dass es uns gelungen ist, uns von der Prägung durch unsere eigenen Eltern zu distanzieren. Aber müssen wir das überhaupt? Zumindest nicht in jeder Hinsicht: Was unsere Eltern toll gemacht haben, kann uns gern ein Leben lang begleiten. Was sie uns an Gutem,

Wertvollem, Ermunterndem mitgegeben haben, ist ein Schatz fürs ganze Leben, und den sollten wir an unsere Kinder weitergeben.

🅱 Sie geben einem so viel zurück!

Meine Eltern haben immer gesagt: „Was du nicht kannst, liebes Kind, das lernst du noch." Sie haben mir das Vertrauen gegeben, dass alles erlernbar ist und dass ich die Fähigkeiten habe, mir es anzueignen. Ich bin als Frühchen auf die Welt gekommen und mein Gleichgewichtssinn ist deswegen nicht sehr gut. Mit viel Mühe und Not habe ich trotzdem Radfahren gelernt. Wenn es heute um Finanzbuchhaltung, Reifenwechsel oder die Gebrauchsanweisung für ein Elektrogerät geht, spreche ich den magischen Satz aus, winke nach oben zu der Wolke, auf der mein Papa und meine Ma sitzen und bekomme meinen Kram in den Griff. Meistens.

Die Überzeugung, dass Kinder all das erlernen können, was ihnen wichtig ist, habe ich auch an mein Kind weitergegeben – und zwar so felsenfest, dass sie mir neulich, als ich um Hilfe bei einem Computerprogramm bat, antwortete: „Mama, du kannst das selbst, und wenn du es noch nicht kannst, dann lernst du es eben!"

Es gibt aber auch viele Leute, die weniger ermutigt worden sind, im Gegenteil: Manche wurden eher entmutigt. Wenn die Lernbeziehungsmuster unserer Kindheit demotivierend waren, neigen wir in der Regel dazu, diese entweder zu reproduzieren oder uns derart von ihnen zu distanzieren, dass wir ins andere Extrem umschlagen. Mit anderen Worten: Entweder machen wir es genauso wie unsere Eltern oder ziemlich verkrampft das Gegenteil. Meistens reicht es, sich das klarzumachen, um sich davon zu lösen, Stück für Stück.

Wenn Erwachsene an Lernen denken, haben sie in der Regel die Schule und sonstige Bildungseinrichtungen vor Augen. Die Schulerfahrung der heutigen Erwachsenen liegt jedoch meist zehn bis dreißig Jahre zurück. In der Zwischenzeit hat sich eine Menge in der Welt getan! Denkt daran, wie das Internet und die Mobiltechnologie die Arbeitsmodelle verändert haben. Alles ist schneller, anspruchsvoller, flexibler, globaler, eben digitalisiert, und manchmal auch stressiger. Wie gut hat uns die Schule von damals vorbereitet auf das, womit wir heute klarkommen müssen?

Die Schule von heute muss allerdings Kinder auf die Welt vorbereiten, wie sie in zehn bis dreißig Jahren sein wird. 2011 hat Cathy N. Davidson, Expertin für Kulturgeschichte und Technologie, prognostiziert, dass 65 Prozent aller Grundschüler, die heute zur Schule gehen, später in Jobs arbeiten werden, die heute noch gar nicht erfunden sind.[15] Wie können wir unter diesen Vorzeichen Schule mit einem Maßstab beurteilen, der zehn bis dreißig Jahre alt ist? Unsere Erfahrungen mit dem Lernen von „damals" lassen sich in keiner Weise mit denen unserer Kinder vergleichen. Darum sollten wir die Finger davon lassen.

Eigene Ängste aus der Vergangenheit loslassen

Viele Menschen haben Angst vor Mathematik, Französisch oder einem anderen Fach, das für sie einfach das Schlimmste war in ihrer Schulzeit. Manchmal scheint es, als würde diese Angst innerhalb von Familien von Generation zu Generation weitergereicht werden.

In der *Washington Post* ist zu diesem Thema ein sehr interessanter Artikel von Valerie Strauss erschienen, der sich mit Schülern und der Angst vor Mathe befasste. Ihre These lautet: Der seltsame Mythos, dass dieses Fach sowohl schwer und hart ist, demotiviere selbst die sehr klugen Schüler und sorge für regelrechte Denkblockaden.[16] Dafür ist oft die Erwachsenenwelt verantwortlich: Wir leben in einer Welt, in der wir umgeben sind von Ziffern, Statistiken, Wahrscheinlichkeitsberechnungen und vor allem von einem Wirtschaftssystem, das im Prinzip nur von Zahlen gesteuert wird. Da kann sich der eine oder andere schnell überfordert fühlen und schimpft dann laut drauflos. Das bekommen Kinder mit. Sie bekommen sogar noch viel mehr mit, wenn es um sie selbst geht: Forscher, so Valerie Strauss, haben beobachten können, dass Kinder, die Hilfestellung für die Schule von Eltern mit „Mathe-Phobie" erhalten, deutlich schneller Matheängste und Unsicherheiten aufweisen als die Vergleichsgruppe. Die Autorin spricht in ihrem Artikel daher von einem regelrechten „Virus", der quasi „übertragen" wird.

Was gegen die Angst vor Mathe und anderen unliebsamen Fächern hilft, ist die richtige Perspektive. Betrachtet Mathe oder Französisch einfach wie eine Sportart. Genauso wie man im Basketball Körbewerfen übt, begreift man Matheaufgaben und französische Konjugationen, indem man sie immer wieder ohne Druck wiederholt. Selbst der beste Sportler muss üben, üben, üben. Mathematik ist keine angeborene Fähigkeit, sie ist eine Lernsache. Ein schwieriges Schulfach kann sich jeder erschließen, manche mit mehr Übung, manche mit weniger.

Ihr helft euren Kindern am sinnvollsten, indem ihr sie ermuntert: „Ich war keine der Besten in Physik, aber ich bin klargekommen. Und ich habe den Eindruck, du bist da deutlich begabter!" oder „Ich habe viel zu spät gemerkt, dass Latein einfacher ist als sein Ruf."

Was wir generell sagen wollen: Bleibt offen und verdammt die Fächer nicht. Definiert eure eigenen Ziele und wie ihr mit dem Thema umgehen wollt – und seid stolz darauf, wenn ihr sie erreicht! Richtet euren Blick in die Zukunft!

Neue Glaubenssätze!

Uns als Eltern von unseren Schulerfahrungen zu lösen, fällt nicht leicht, es bedarf dazu der Reflexion und Verarbeitung. Besonders problematisch ist es, wenn man versucht, die Vergangenheit zu vergessen und zu verdrängen. Dann holt sie einen gnadenlos wieder ein. Deshalb ist das Verarbeiten – also erinnern, erzählen, reflektieren – so wichtig. Dieser Weg hilft uns und unseren Kindern am besten.

> **B Mehr Vertrauen, weniger Sorgen**
>
> Der Tipp eines Kinderpsychologen hat mir sehr geholfen, die richtige Haltung zur Zukunft meines Kindes zu entwickeln. Es ist schon lange her, dass ich die Ehre hatte, auf einer Bildungsveranstaltung Dr. Michael Thompson kennenzulernen, einen der anerkanntesten Kinderpsychologen in den USA.[17] Gegen Ende der Veranstaltung fragte jemand, was er uns Eltern ans Herz legen würde, wenn er uns nur einen einzigen Rat geben dürfte. Der Kinderpsychologe musste nicht lange überlegen, sondern ermunterte uns, unseren Kinder – egal welchen Alters – mehr Vertrauen und weniger Sorgen hinsichtlich ihrer Zukunft und ihrer Fähigkeiten entgegenzubringen.

Mit der Geburt eines Kindes werden wir für ein neues Wesen voll und ganz verantwortlich. Wir wollen ihm das Beste mitgeben und wünschen uns, dass es ein besseres, glücklicheres, erfüllteres Leben hat als wir. Gleichzeitig schleicht sich die Unsicherheit ein. Machen wir es richtig? Wird uns das auch gelingen? Wir leben in einer Wettbewerbsgesellschaft und erleben selbst, dass es nicht jedem gut geht. Wir wollen partout nicht, dass das Nichtgutgehen gerade unsere kleinen Küken erwischt. Und zu oft packt uns die Angst, dass genau das passieren wird und wir nichts dagegen tun können.

Michael Thompson empfahl bei der oben erwähnten Veranstaltung, es bewusst zu vermeiden, Kinder mit solchen Sorgen zu überschütten. Stattdessen sollten wir ihnen ganz andere Glaubenssätze vermitteln, Glaubenssätze, die Kraft und Selbstvertrauen geben. Allerdings, so Thompsen, wäre ein typisches US-amerikanisches „positive thinking", das mit dem Brecheisen agiert, ebenfalls kontraproduktiv, Kinder spürten

Unaufrichtigkeit und unterdrückte Enttäuschung. Er empfahl stattdessen, durchaus zu thematisieren, dass etwas nicht gut ist, aber zu versuchen, das nicht in die Zukunft zu projizieren, sondern sich am besten auf die aktuelle Situation zu fokussieren.

Wir sollten also nicht ausrufen: „Was, du hast das Tor vergeigt? So wirst du nie Mannschaftsführerin! Du musst dringend mehr üben." Sondern: „Schade, dass du diesmal nicht getroffen hast. Aber du hast es nicht ohne Grund in die Mannschaft geschafft, du kannst das!"

Nicht: „Du reagierst immer so unwirsch, ich frage mich, ob du irgendwann ganz ohne Freunde da stehst!" Sondern: „Das war eben ganz schön unwirsch. Kann es sein, dass du jemanden verletzt hast? Was meinst du, wie fühlt sich deine Freundin jetzt? Wie ist das bei ihr angekommen?"

Und auch nicht: „Wenn du so viel am Tablet bist und dich so wenig bewegst, wirst du irgendwann völlig verfetten!" Sondern: „Mein Schatz, ich bin sicher, dass das Tablet das Spannendste auf der Welt ist. Aber Bewegung brauchst du auch! Ich möchte für die nächste Woche einen Deal mit dir aushandeln: Ich möchte, dass du für jede Stunde am Tablet eine Stunde Bewegung zum Ausgleich machst. Und Schulsport zählt nicht. Was möchtest du dafür im Gegenzug? Gibt es eine Sportart, die dich interessiert? Oder würde es dir gefallen, wenn wir zusammen schwimmen oder laufen gehen oder etwas ganz Neues ausprobieren?"

Kinder brauchen auch weitere gute Glaubenssätze! Und zwar solche, die nichts mit Problemthemen zu tun haben, sondern solche, die ihnen Wertschätzung vermitteln - natürlich nicht pauschal reingeworfen, sondern in konkreten Fällen und in Situationen, die sich dafür anbieten. Lobt eure Kinder aus vollem Herzen! Das spüren sie! Und versucht, Prophezeiungen zu unterlassen. Denn auch ein „Aus dir wird was Großes werden" kann ganz schön Druck aufbauen. Zudem - wie bei allem - muss sich das Lob persönlich, richtig und gut anfühlen. Ein Elternteil, das eher verhalten und grüblerisch ist, wirkt nicht überzeugend, wenn es plötzlich High Fives verteilt. Ehrlichkeit und Authentizität sind unsere Favoriten beim Umgang mit Kindern. Eine im Moment ausgesprochene Wertschätzung und Anerkennung kommt immer gut an.

Natürlich können wir euch keine Sätze in den Mund legen – hier aber einige Beispielsätze aus unserem Repertoire, die uns leicht über die Lippen gehen. Dies ist nur als Anregung gedacht. Was ist für euch natürlich und authentisch?

„Mir gefällt es, wie du an dein Musikprojekt rangegangen bist!"
„Das ist ein super Gedanke! Mach weiter!"
„Als du das traurige Mädchen vorhin angesprochen hast, hast du ein gutes Gespür für Menschen gezeigt!"
„Ich mag deine Ehrlichkeit!"
„Toll, wie mutig du vorhin warst!"

Liebevolle Führung

Vielleicht fragt ihr euch gerade, ob man sich nicht auf eine höhere Stufe stellt, wenn man die Kinder lobt. Errichtet man damit nicht eine Hierarchie? Lobt man nicht eher aus der Eltern-Ich-Warte heraus? Ja und Nein: Loben geschieht aus einem Führungsanspruch heraus. Auch beim Co-Leaning-Ansatz ist eines nicht zu vergessen: Eltern zu sein ist eine Führungsaufgabe. Das kann euch niemand abnehmen. Wir möchten euch für diese Aufgabe eine andere Perspektive und wirksamere beziehungsweise zeitgemäßere Tools an die Hand geben.

Manche Eltern haben regelrecht Angst vor ihrem Nachwuchs. Das fängt morgens mit der Wahl des „richtigen" Müslis an, das im „richtigen" Schüsselchen gereicht werden muss, und reicht bis zum leisen Schleichen aus dem Zimmer, wenn der Nachwuchs nach Stunden des Einlullens endlich eingeschlafen ist. Es gibt aber auch andere, die ihre Kinder vernachlässigen oder gar misshandeln: von Eltern, die aus purer Verzweiflung und Übermüdung Säuglinge schreien lassen, bis hin zu solchen, die es nicht einmal für schlimm erachten, wenn mal „die Hand ausrutscht". Beide Seiten sind wirklich schlecht und zeigen vor allem eines: schlechte Führung.

Die Arbeitswelt und das Elternsein liegen gar nicht so weit auseinander: Schlechte Führung verursacht Probleme. Als Mutter und als Chefin hat Béa elf Prinzipien entwickelt, auf denen liebevolle Führung beruht. Im Folgenden seht ihr, wie sie sich auf das Umprogrammieren anwenden lassen:

1. Bedürfnisse verstehen – wahrnehmen, zuhören, nachfragen

Beziehungen sind eine tolle Sache, aber nicht anstelle von guter Erziehung, sondern als deren Basis. Was braucht euer Kind gerade? Oft können die Kinder nicht auf den Punkt sagen, was sie haben. Gerade bei den Allerkleinsten kann „Bauchweh" alles sein, wie Erzieher und Erzieherinnen aus der Community immer wieder berichten: Angst vor einem größeren Kind, große Sehnsucht nach Mama, eine unüberwindbare Abneigung gegen Spinat oder eine handfeste Mittelohrentzündung.

2. Beispiel ist alles – sie machen alles nach

Kinder kopieren unser Verhalten. Aber nicht nur unseres, sondern auch das der älteren Kinder in Kita und Schule oder auch das der Helden in Büchern und TV. Denkt immer daran, dass ihr ein Vorbild für eure Kinder seid – und handelt entsprechend. Seid allerdings auch nicht zu streng zu euch, wenn euch zum Beispiel mal in einer schwierigen Situation ein handfester Kraftausdruck ausrutscht. Schmunzelt einfach darüber, wenn ihr ihn später zu hören bekommt, vielleicht süß gelispelt: „SSSeisse!"

3. Humor hilft

Humor ist wichtig. Sogar die Bildung unserer Kinder wäre besser, wenn es mehr gute Laune im System gäbe. Nervige Reaktionen oder stressige Situationen mit Humor abzulenken, nimmt ihnen oftmals die Schwere und schafft Distanz, um Wege für ein besseres Miteinander zu finden. Es lohnt sich, einen richtig albernen Satz parat zu haben, wenn Kinder aggressiv oder nörgelig sind: „Huch, da ist ein siebenköpfiger Affe mit Blaubeereis!"

Behaltet dabei im Hinterkopf, dass Humor nicht Sarkasmus bedeutet. Sarkasmus verstehen und vertragen die meisten jüngeren Kinder nicht.

4. Grenzen setzen und Nein sagen sind Teil des Jobs
Kinder sind überfordert, wenn sie zu viele Optionen haben; und nicht alles, was sie wollen, ist gut und wertvoll für sie. Es ist nötig und wichtig, dass es Leitplanken für sie gibt, damit sie sich in den richtigen Bahnen entwickeln können. Viele, die eine bindungsorientierte Elternschaft leben wollen, tun sich damit schwer, weil sie glauben, dass sie das Kind in seiner Entwicklung ausbremsen. Macht euch jedoch klar, dass wir als Eltern für die Bedürfnisbalance unserer Kinder zuständig sind (dazu etwas später mehr).

5. Entscheiden und Entscheidungen klar kommunizieren
Führen heißt, Entscheidungen zu treffen – und auch zu erklären, warum: kurz, knapp, präzise. Bestrafungen sind eigentlich so gut wie nie sinnvoll. Wenn jedoch ein Kind zum Beispiel so aggressiv ist, dass es zuschlägt, kann eine Konsequenz sein, die aktuellen Pläne zu ändern. Das kann bedeuten, dass eine geplante Aktivität ausfällt oder verschoben wird. Es sei denn, das Kind kann glaubhaft versprechen, dass das unerwünschte Verhalten aufhört. Dazu mehr beim nächsten Punkt.

6. Vertrauen und Zutrauen – auch in die Allerkleinsten
Vertrauen in Menschen ist eine gute Sache, und oft bewirkt dies eine Resonanz: Je mehr wir vertrauen und zutrauen, desto mehr wollen sich kleine und große Menschen dieses Vertrauens würdig erweisen. Deswegen: Vertraut auf Entschuldigungen. Nehmen wir den Fall aus Punkt 5: Kommt das Kind zur Einsicht, dass seine Reaktion nicht okay war, und es so etwas nicht wiederholen will, dann glaubt ihm. Das Kind glaubt es selbst dann umso mehr.

Vertrauen heißt eben auch, den Kindern etwas zuzutrauen: Euer Kind will seine Strumpfhose partout allein anziehen? Gut, dann lasst es das probieren. Oft greifen wir Eltern viel zu schnell ein, weil wir fürchten, unsere Kinder sind mit einer Aufgabe überfordert und dann frustriert, wenn sie es nicht hinbekommen. Aber ehrlich: Das macht uns zu Hemmschuhen. Vertrauen ist Zutrauen. Vermitteln wir unseren Kindern, dass wir nicht an sie glauben - indem wir vorschnell eingreifen, ständig Ratschläge geben oder immer wieder „Vorsicht!" rufen, obwohl die größte Gefahr ist, dass ein Knopfloch nicht gefunden wird -, dann entwickeln sie kein Vertrauen in ihre Fähigkeiten und auch kein Selbstbewusstsein und keine Resilienz. Im Gegenteil: Sie spüren unser Misstrauen. Wenn wir glauben, sie schaffen etwas nicht, dann ist das wie eine Selffulfilling Prophecy: Das Kind reagiert gestresst - und dann klappt erst recht nichts.

Also: einatmen, ausatmen, Kind machen lassen. Was kann schon passieren? Vielleicht ist die Strumpfhose falsch herum angezogen - na und? Das nächste Mal wird's besser.

7. Fehler sind willkommen - eigene Fehler zulassen und zugeben
Wir Menschen machen Fehler, und aus ihnen lernen wir! Gerade ganz kleine Kinder sind bei jeder Form auffälligen Verhaltens eigentlich im „Jugend-forscht"-Modus. Deswegen ist es gut, ihnen zu helfen: zum Beispiel, indem man klare Grenzen setzt und Entscheidungen eindeutig kommuniziert. Und am besten hilft es, wenn sie erleben, dass auch Mama oder Papa mal einen Fehler machen, reflektiert damit umgehen und sich dafür auch mal entschuldigen.

Lasst mal alle sechse ungerade sein! Klar, wir zeigen uns alle lieber erfolgreich und von unserer besten Seite. Das hinterlässt bei Kindern Spuren: Sie haben das Gefühl, immer und überall alles richtig machen zu müssen. Das funktioniert aber nicht und führt manchmal zu Frustrationen und Minderwertigkeitsgefühlen.

Dabei sind unsere Fehler der eigentliche Motor von Lernprozessen. Wir können uns nur weiterentwickeln, wenn wir etwas Neues probieren - und es immer und immer wieder üben. Das gilt für euch, die ihr Kinder erzieht, ganz besonders. Denkt nur daran, wie konzentriert eure Kinder sind, wenn sie Fahrradfahren lernen - sie probieren es immer und immer wieder, steigen wieder auf, wenn sie mal hinfallen, bis sie es schließlich schaffen und ganz allein fahren können. Diesen Mut und diesen Ehrgeiz gilt es zu erhalten.

8. Offenheit und Transparenz helfen

Wie soll ein Kind lernen, seine Gefühle einzuordnen, zu verbalisieren und zu reflektieren, wenn die Eltern stets die Contenance bewahren? Natürlich machen uns manche Dinge wütend (die Steuererklärung!, das Finanzamt!), aber wir leben das nicht aus. Hilfreich für unsere Kinder ist es, wenn wir mit ihnen über Wut sprechen und ihnen zeigen, wie wir sie auf angenehme Weise (Sport, Tanz, Kunst) abbauen können. Ebenso ist es mit Gefühlen wie Trauer: Sprecht mit euren Kindern über Krankheit oder Tod, wenn dies im Verwandtenkreis passiert oder auch wenn der geliebte Hamster gestorben ist. Haltet mit Gefühlen - angenehmen wie unangenehmen - nicht hinterm Berg, sondern thematisisert sie. So entsteht das Vertrauen, das euch zu einem Team macht.

9. Mit anderen Führungskräften kooperieren

Vergesst nicht, dass ihr nicht allein seid! Euer Partner, eure Partnerin, Freunde, Oma oder Opa, sogar ein Nachbar, können Gold wert sein, um die Situation zu besprechen, in der ihr nicht weiterwisst. Probiert es aus. Von der Babyphase bis hin zum Teenie-Alter berichten Eltern oft, dass der Versuch, alles möglichst allein zu schultern, nur zu Stress führt. „It takes a village to raise a child", heißt es - es braucht ein Dorf, um ein Kind groß zu ziehen. Wir nennen es lieber Clan oder Netzwerk - und empfehlen allen Eltern, dies für ihre Kinder zu bilden.

10. Aus der Angst nach dem Scheitern wird Mut zum Weitermachen

Als Eltern sind wir auch Vorbilder im Muthaben und im Mutmachen. Und nur den Mut, den wir selbst schon draufhaben, können wir unseren Kindern vermitteln. In der Tollabea-Community sind sich die Eltern einig: Wenn euer Kind Angst hat, zu scheitern oder sich zu blamieren, redet ihm gut zu, ermuntert es und lasst es machen. Und wenn dann doch mal etwas daneben geht, sind wir Eltern da, um ihm wieder auf die Beine zu helfen.

Mut hilft auch und gerade dann, wenn mal etwas so richtig schiefläuft. Wie reagieren wir, wenn wir selbst etwas falsch gemacht haben, oder dann, wenn unsere Kinder Mist bauen, etwas kaputt machen, bei einer Prüfung durchfallen oder beim Sport verlieren? Den einen richtigen Weg, die eine richtige Reaktion gibt es nicht – wir können als Eltern nur darauf achten, dass wir die Situation für unsere Kinder nicht noch schlimmer machen, als sie sowieso schon ist. Oft fällt es Eltern aus der Tollabea-Community sehr schwer, diese Enttäuschung und den Schmerz ihrer scheiternden Kinder auszuhalten. Doch das kann den Sprösslingen niemand abnehmen. Dabei hilft unseren Kindern unser Mut zur Anerkennung ihrer Schmerzen, ihrer Enttäuschung und unser Trost.

Ist etwas schiefgelaufen, ist es für uns Eltern auch wichtig, sie danach anzuleiten, über die Gründe zu sprechen, damit sie ihre eigenen Anteile erkennen und lernen – „Wie kannst du es das nächste Mal besser machen?", „Klar, so schaffst du das!".

C Gemeinsame Lernangelegenheiten

Wir finden, dass sich die Community einig ist: Scheitern ist wichtig und gehört nun mal zum Leben und Lernen dazu. Dabei werden Drohungen und Schuldzuweisungen als nicht hilfreich empfunden. Wichtiger ist für die Eltern, mit den Kindern gemeinsam das Geschehene durchzusprechen und zu überlegen, was das nächste Mal besser gemacht werden könnte.

Den eigenen Anteil zu erkennen, ist wichtig, um daraus zu lernen, doch es kann für Eltern schwer sein, das Scheitern der eigenen Kinder und die daraus enstehende Enttäuschung auszuhalten.

11. Schlauer Scheitern

Wenn Schaden entstanden ist – ein kaputtes Fenster, ein Kratzer im Auto der Nachbarn oder Ähnliches –, sind wir Eltern emotional aufgewühlt. In den Momenten, in denen Gefühle die Führung übernehmen, fallen wir leicht in unsere alten Gewohnheiten und Rollenbilder aus der Familie zurück – ihr erinnert euch: Die alten Trampelpfade der Gewohnheit sind immer noch in unseren neuronalen Netzen angelegt. In solchen angespannten Situationen ertappen wir Eltern uns dabei, dass wir Floskeln von früher wiederholen: „Hab ich dir doch gleich gesagt ..." oder „Hättest du mal mehr gelernt/trainiert/gearbeitet ..."

Macht euch eine Liste aller Floskeln, die euch früher verletzt und entmutigt haben. Hängt sie an einem gut sichtbaren Platz auf, damit ihr diese Sätze bewusst vermeiden könnt. Ergänzt die Liste durch eine zweite: Welche Reaktion auf eine Enttäuschung, einen Fehler, ein Scheitern hat euch früher gutgetan? Dies Listen entlasten euch, und sie helfen euren Kindern, da ihr sie so nicht unnötig unter Druck setzt.

In der Tollabea-Community haben viele Eltern sich bereits umprogrammiert. Ihnen ist wichtig, ihre Kinder überhaupt etwas ausprobieren zu lassen, egal ob sie am Ende erfolgreich damit sind oder nicht. Sie haben gelernt, dass es für sie als Eltern persönlich wichtig ist, sich selbst etwas zuzutrauen, aber auch achtsam und offen in schwierigen Situationen zu bleiben. Unabhängig davon, ob's am Ende ganz nach Wunsch klappt oder nicht.

Dritter Perspektivenwechsel: Achtsamkeit hilft

Achtsamkeit ist in aller Munde. Aber was genau ist damit gemeint? Achtsamkeit bedeutet, sich auf Situationen ganz einzulassen und mit ihnen umzugehen, sie nicht vollständig kontrollieren zu wollen, sondern das Beste aus ihnen zu machen.

Der Mediziner Jon Kabat-Zinn definiert Mindfulness als „paying attention in a sustained and particular way: on purpose, in the present moment, and non-judgementally"[18], also als „in einer bestimmten und nachhaltigen Art absichtsvoll und unvoreingenommen in diesem Moment aufmerksam sein". Kabat-Zinn unterrichtet Achtsamkeitsmeditation, um Menschen zu helfen, besser mit Stress, Angst und Krankheiten umzugehen. Die Lebensqualität, die dadurch entsteht, ist sehr persönlich und für jeden Menschen ein bisschen anders.

Wie aber funktioniert das für Eltern und Erzieherinnen und Erzieher?

Stephanies Weg zur Achtsamkeit

Vor ein paar Jahren merkte ich, dass mein Leben anfing, an allen Ecken und Enden auszufransen. Ich hatte keine Zeit mehr, keine Ruhe, habe ständig Dinge verloren und hatte das Gefühl, nichts mehr richtig zu schaffen. Ein Job, der extrem vom Tagesgeschäft und von ständiger Alarmbereitschaft geprägt war, machte das Ganze nicht einfacher. Es war kein Burn-out, aber ich war auch nicht mehr im Gleichgewicht.

Mir war klar, dass ich etwas machen musste. Yoga war ein Anfang, aber das reichte nicht. Durch Zufall stieß ich auf den Namen Jon Kabat-Zinn, den Begründer der Entspannungsmethode, die „Mindful based stress reduction" (MBSR) genannt wird. Auf der Suche nach Material stieß ich auf sein Hörbuch *Mindfulness for Beginners*.[19] Eine Stunde, die mein Leben grundlegend verändert hat, indem sie mich zurück zu meinen Wurzeln führte. Zwei Sätze begleiten mich seitdem: „As long as you breathe there is more right with you than wrong with you" und „you have this moment, and this moment, and this moment..." Ich übersetze diese Sätze für mich so: „Solange du atmest, ist sehr viel mehr in Ordnung für dich als in Unordnung" und „Dieser eine Moment ist deiner – und dieser Moment auch – und auch dieser Moment ist erneut deiner."

Die sieben wichtigen Grundlagen, die man benötigt, um „mindful" sein zu können, sind nach meiner Interpretation Jon Kabat-Zinns folgende:

1. „Beginners mind"[20] – Anfängermodus:
Schaut immer und immer wieder auch auf Bekanntes neu, selbst dann, wenn ihr glaubt, dass ihr es schon kennt. Besser noch: Gerade dann, wenn man etwas kennt, sollte man es immer wieder neu ergreifen, als wäre es unbekannt. Besonders bei euren Kindern sind die Veränderungen und Entwicklungen, die sie durchlaufen, manchmal so schleichend, dass ihr sie gar nicht wahrnehmt. Ihr bemerkt sie erst, wenn Tante Trudchen kommt und verzückt ausruft: „Kind, wat biste jewachsen!" Betrachtet jeden Tag aufs Neue den Menschen, der euch da begegnet. Das gilt natürlich auch für den Rest der Familie.

2. „Patience"[21] – Geduld:
Alles braucht seine Zeit, und wenn etwas heute nicht gelingt, dann vielleicht morgen oder übermorgen. Ihr seht das an euren Kindern: Sie üben und üben und üben, bis sie endlich krabbeln oder laufen können. Nehmt euch Zeit und lasst euch und euren Kindern Zeit, damit Dinge entstehen können.

3. „Non-Judging"[22] – nicht urteilen:
Das ist vielleicht eine der schwersten Grundlagen. Wir beurteilen ununterbrochen. Beobachtet euch einmal für eine Stunde und macht jedesmal einen Strich, wenn ihr etwas beurteilt; es ist dabei vollkommen egal, ob dabei ein positives oder ein negatives Urteil herauskommt. Versucht, das sein zu lassen. Denkt daran: Jeder Mensch tut, was er kann. Ich muss ihn dafür nicht be- oder gar verurteilen, er muss damit klarkommen.

4. „Trust"[23] – Vertrauen:
Die Kernfrage ist, wem oder was können wir vertrauen? Unseren Sinnen? Die lassen sich leicht mal irreführen, denkt nur an optische Täuschungen. Unserem Denken? Ach, das wird vollkommen überbewertet, vor allem, wenn wir in einer Denkspirale festsitzen, die den Blick nach links und rechts nicht mehr zulässt. Also? Jon Kabat-Zinn ermutigt uns dazu, unserer Intuition zu vertrauen und nicht dem, was andere vermeintlich besser

wissen. Wenn wir genau in uns hineinhören, dann wissen und spüren wir, was uns schadet und was uns gut tut.

5. „Non-striving"[24] - nicht streben:

Wir sind immer schon mit unseren Gedanken bei den nächsten Aufgaben, die anstehen, und vergessen darüber häufig zu betrachten, was jetzt gerade ist und wie wichtig es ist. John Lennon hat einmal gesagt: „Das Leben passiert, während du eifrig dabei bist, Pläne zu machen." Wie wahr das doch ist! Genießt den Augenblick, besonders mit euren Kindern. Genießt, was jetzt da ist, ohne darüber nachzudenken, wo ihr in zwei Monaten den nächsten Urlaub macht. Seid mit euren Gedanken im Hier und Jetzt, und sei es nur für einen Moment.

6. „Acceptance"[25] - Akzeptanz:

Mit eines der schwierigsten Dinge ist zu akzeptieren, dass etwas so ist, wie es ist. Noch schwieriger ist es, aus der Akzeptanz heraus in die Veränderung zu kommen. Etwas zu akzeptieren bedeutet nicht, stehen zu bleiben und es fatalistisch hinzunehmen, sondern mit den Gegebenheiten zu arbeiten und etwas Neues zu gestalten. Dafür bedarf es Kraft und Willen.

7. „Letting go"[26] - Loslassen:

Das Loslassen ist vermutlich am schwersten. Loslassen ist vielfältig zu verstehen: Es geht darum, von Dingen zu lassen, manchmal auch von Menschen oder von Gefühlen. Jeder von uns hat vielleicht einen Menschen, der sein persönliches Feindbild ist und den wir am liebsten auf den Mond oder noch weiter wegwünschen. Habt ihr euch schon mal gefragt, wie viel Kraft solche Antipathien kosten? Ein Feindbild loszulassen, wird so viel Raum schaffen, dass ihr wahrscheinlich erst mal gar nicht wisst, womit ihr diesen füllen sollt.

Als ich das Hörbuch zum ersten Mal hörte und anhand dieser Aspekte mein Leben Revue passieren ließ, war mir nach kurzer Zeit klar, dass ich lernen wollte, wie das geht: Mindfulness. Darum habe ich begonnen zu meditieren. Jeden Tag nur 10 bis 15 Minuten, egal wo ich war. Ich habe mich auf meinen Atem konzentriert und bewusst gelernt, die anderen Dinge auszublenden, bei mir anzukommen und Kraft zu tanken. Dies war der Beginn einer lebenslangen Pilgerreise. Ich bin immer noch auf meiner inneren Reise und werde es auch bleiben. Meditation und Mindfulness nach Kabat-Zinn helfen, den - insbesondere für eine Lehrerin - lebensnotwendigen Perspektivenwechsel vorzunehmen und sich nicht die ganze Zeit auf die eigenen Probleme zu konzentrieren.

Auch wenn ich es mir jeden Tag vornehme, es gibt dennoch Tage, an denen ich es nicht schaffe zu meditieren. Aber auch das kann zu einer Achtsamkeitsübung werden, denn eine der großen Prämissen lautet: *Be gentle to yourself* - gehe liebevoll mit dir selbst um. Statt mich also über mich zu ärgern und in die Perfektionismusfalle zu laufen („ich muss aber jeden Tag meditieren"), versuche ich, gütig mit mir umzugehen. Manche Tage sind so, da geht einfach gar nichts.

Was aber immer geht, ist einen Moment des Innehaltens einzubauen, und das allein ist schon viel wert. So achte ich zum Beispiel auf dem Weg zur Arbeit darauf, bewusst unterwegs zu sein. Wie riecht die Luft heute? Wie fühlt sich das Licht an? Begegnen mir Menschen mit einem Lächeln? Welche Farbe hat der Himmel?

Es gibt kein universelles Rezept für Achtsamkeit. Wer sich damit beschäftigen und es ausprobieren möchte, braucht dafür auch kein teures Sportequipment oder 30 Bücher zum Thema. Ihr könnt einfach hier und jetzt beginnen. Sucht euch zum Beispiel eine Pflanze in eurer Wohnung, die ihr eine Woche lang jeden Tag anschaut, beobachtet, wie sie wächst. Nehmt die Veränderungen wahr. Am Anfang reicht eine Minute. Denkt nicht groß darüber nach, fangt einfach an!

B Meditation für Ungeduldige

Wenn mich andere beschreiben, fallen schnell Wörter wie „Energie" und „Optimismus", und ich identifiziere mich gern damit. Der Nachteil dieser Eigenschaften ist Ungeduld. Meine Hausärztin stammt aus dem angelsächsischen Raum und nennt mich „the impatient" – ein Wortspiel aus Patient und Ungeduld. Will ich so richtig meditieren, mit Musik und App und an einem ruhigen und bequemen Ort, passiert Merkwürdiges: Ich bin dann grundsätzlich so blitzentspannt, dass ich einschlafe, und zwar in weniger als einer Minute – selbst mit einem doppelten Espresso intus.

Doch einmal, und zwar mitten in Bangalore, an dem am lautesten und ungeeignetsten Platz überhaupt, hat einer der ortsansässigen Gurus eine sogenannte „Blitzmeditation" angeboten, und ich habe sie wahrgenommen. Auf einem wackeligen Plastikstuhl keine drei Meter entfernt von der Mittelachse des Ortes mit den Touristenbussen, zusammen mit rund fünf anderen Interessierten, habe ich meine Augen geschlossen und einfach alles zugelassen, was um mich herum war. So wie der bärtige Guru es sagte. Ich kann nicht sagen, wie lange das ging, geschätzt nur fünf Minuten. Ich habe aufgehört zu denken, ich war in einer bunten Blase inmitten des ganzen Chaos, der Geräusche, der Gerüche ... und danach war ich erfrischt. Wach. Klar im Kopf. Ich hatte ein Aha-Erlebnis. Ich hatte es geschafft zu meditieren.

Manche Menschen kombinieren Alltagsaktivitäten mit Achtsamkeit, das kann sehr gut funktionieren: Bei mir ist es zum Beispiel das Kochen. Wie andere Menschen Yoga machen, so koche ich. Ich nehme mit allen Sinnen wahr, ich schmecke, fühle, rieche. Ich bin im Moment. Ebenso bin ich achtsam, wenn ich barfuß am Strand laufe ...

Findet heraus, was für euch gut funktioniert – manchen fällt es besonders leicht, bei Gartenarbeit achtsam zu sein, andere treiben lieber Sport. Für wieder andere ist Spazierengehen die größte Entspannung überhaupt.

> **C Heilige Zeiten**
>
> Für viele in der Community liegt der Schlüssel zu achtsamen Auszeiten darin, sie gezielt für sich selbst einzuplanen und die Unterstützung des Umfelds oder des Partners zu nutzen. Allein schon zu wissen, dass es jemanden gibt, der einspringen kann, wenn man mal krank oder anderweitig verhindert ist, ist Gold wert.
>
> Die meisten empfinden die Zeit abends zwischen 20 und 22 Uhr, nachdem die Kinder im Bett sind, als reine Erholungszeit.

Legt los, probiert herum, ihr entdeckt bestimmt, was euch am besten tut.

Eltern, die es schaffen, achtsam mit sich und mit ihren kleinen oder pubertierenden Kindern umzugehen, berichten, dass sie auf diese Weise nicht mehr, sondern bessere Zeit mit ihren Kindern verbringen. Allerdings ist dies ein Prozess und eine Entwicklung, es geschieht nicht von heute auf morgen.

Ob es sich ums Wecken oder Frühstückmachen handelt oder um Aktivitäten während des Tages oder das Ins-Bett-Bringen als Tagesabschluss, eines gilt für jedes achtsame Angehen des Geschehens: Der Fokus der Gedanken ist im Moment. Die Herausforderung für die meisten Eltern besteht darin, dem Planungsdrang zu widerstehen: nicht voranpreschen und Einkaufslisten oder Fahrpläne im Geiste durchgehen, während ihr noch beim Frühstück seid; nicht das Abendessen geistig vorkochen auf dem Spielplatz; und nicht beim Gute-Nacht-Ritual schon den nächsten Tag minutiös planen. Einfach wahrnehmen, sehen, riechen, schmecken und fühlen, was gerade ist. Die vielen offenen Tabs im Gehirn schließen und nur das Jetzt-Programm laufen lassen. (Wenn das kein Umprogrammieren ist!)

Je mehr ihr euch in das Thema Achtsamkeit hineinfühlt, desto besser wird zudem eure Streitkultur. Ein Familienleben ohne Meinungsunterschiede gibt es nicht, und das ist auch gut so. Denn aus Dissens entwachsen reifere und bessere Meinungen – oder passende Lösungen für alle Seiten. Leider gehen viele Menschen mit Dissens sehr emotional um. Kennt ihr Eltern, die brüllen? Seid ihr Eltern, die brüllen? Knallen bei euch im Haus auch mal Türen und werden unschöne Worte in den Raum geschleudert? Falls ja: Ihr seid damit nicht allein, denn das ist eher die Regel als die Ausnahme.

Achtsamkeit hilft in Konfliktsituationen. Wer sich selbst und den Moment ehrlich reflektieren kann, merkt, dass die Nerven mit ihm durchgegangen sind – und kann sich entschuldigen. Kinder machen das auch, wenn man es ihnen vorlebt. Achtsamkeit hilft, die eigenen Reaktionen zu hinterfragen und aus Streitspiralen auszusteigen. Und sie hilft, herauszufinden, welches Bedürfnis und welche Emotionen hinter unseren Reaktionen oder hinter denen unseres Kindes stecken; zudem unterstützt sie dabei, die Erkenntnisse daraus respektvoll und wertfrei zu artikulieren.

Béas Weg: Balance der Bedürfnisse

Viele Eltern neigen dazu, in ein Extrem zu verfallen: Einige üben sehr viel Kontrolle aus und coachen und managen ihr Kind permanent. Oftmals werden sie als Helikopter-Eltern bezeichnet, weil sie ständig um ihr Kind herumschwirren. Das andere Extrem gibt es auch: Familien, die – aus welchen Gründen auch immer – ihre Kinder im Übermaß sich selbst oder elektronischen Medien überlassen. Beides ist nicht gut für Kinder, das versteht sich von selbst.

Ist die Idee, bedürfnisorientiert zu erziehen, eine gute Alternative dazu? Sie ist ein sehr guter Ansatz, denn die Bedürfnisse der Kinder sind extrem wichtig. Was aber, wenn die eigenen Bedürfnisse mit denen des

Kindes kollidieren? Was, wenn man selbst Erholung braucht, während die Kinder am liebsten Action hätten? Da beginnt die Suche nach dem goldenen Mittelweg zwischen Überversorgung und Vernachlässigung, zwischen den Bedürfnissen der Kinder und denen der Eltern.

Als meine Tochter auf die Welt kam, war ich 21 Jahre alt, also noch recht jung. Ich habe mir nicht allzu viele Gedanken gemacht, welchen Erziehungsstil ich verfolgen soll oder was meine Umwelt von mir erwartet. Ich habe einfach aus dem Bauch heraus gehandelt. Mein Ausgangspunkt war: Mein Kind ist in mein Leben gekommen, nicht umgekehrt. Ich möchte alles, was ich für mein Kind tue, mit der Überzeugung machen, dass es gut für uns beide ist, dass es kein Opfer ist. Wenn ich „zurückgesteckt" habe, habe ich das als Investition verstanden, nicht als Mangel. Und ich habe versucht, möglichst eindeutig herauszufinden, was meine Tochter wirklich braucht und was als Erwartung von außen herangetragen wurde. Gleichermaßen habe ich auch meine Bedürfnisse sichtbar gemacht, in der Überzeugung, dass nur eine zufriedene Mutter auch ein zufriedenes Kind hat. Meinen Erziehungsstil würde ich also durchaus als „bedürfnisorientiert" bezeichnen, aber: für beide Seiten. Hier ein paar Beispiele, was das in der Praxis bedeutet:

Mit im Elternbett oder im eigenen Bett schlafen? Einschlafen? Durchschlafen?

In diesen Fragen gab es keine einheitliche Linie, wir haben das mal so, mal so gehandhabt. Wenn ich gespürt habe, dass Carina Nähe brauchte, durfte sie in mein Bett und auch mal die ganze Nacht darin schlafen. Es war aber klar: Das ist eine Ausnahme. Allerdings: Ein Kind schreien zu lassen, geht für mich gar nicht. Das elementare Bedürfnis meiner Tochter nach Nähe und Geborgenheit habe ich nie ignoriert.

🅒 Die Bettchen-Frage

In der Tollabea-Community wird das Thema Familienbett sehr unterschiedlich gehandhabt. Für manche ist es eine bequeme Lösung, um nachts nicht aufstehen zu müssen, wenn die Kinder zum Beispiel schlecht träumen, andere brauchen ihre Ruhe, ihnen ist es lieber, die Kinder schlafen im Kinderzimmer.

Gemeinsam spielen

Ich habe immer gern mit meiner Tochter gespielt, allerdings nicht mit Puppen, die haben mich schon als Kind nicht interessiert, als Erwachsene noch weniger. Wir haben darum ausgehandelt, was uns beide anspricht: Lego, Mikrowellenexperimente und Basteln waren der gemeinsame Nenner. Wollte sie dennoch, dass ich mit ihr mit ihren heiß geliebten Barbies spiele, habe ich dafür eine gemeinsame Tätigkeit eingefordert, die mir Spaß macht. Ein Museumsbesuch zum Beispiel (Bedingung: kein Nörgeln).

Ausschlafen

Ich bin eine Langschläferin, und gerade am Wochenende ist es für mich Folter, früh aufzustehen. Schon in den ersten Lebensjahren meiner Tochter habe ich Folgendes versucht: Ich habe mich aufgerafft und sie gewickelt und gefüttert. Als sie noch klein war, konnte ich sie problemlos in den Laufstall mit vielen spannenden und ungefährlichen Spielsachen setzen, während ich wieder ins Bett gegangen bin ohne schlechtes Gewissen. Als sie dann vier oder fünf Jahre alt war, ersetzte das Kinderprogramm im Fernsehen den Laufstall. Gegen 10 Uhr war ich dann eine ausgeruhte Mutter, bereit zu wunderbaren Aktivitäten und Wochenend-Ramba-Zamba.

Fußball- oder Tennismama
Als meine Tochter älter wurde und verschiedene Sportarten ausprobierte, stand auch die Frage an: Soll ich sie zu allen Trainings und Turnieren begleiten? Ich habe versucht zu verstehen, wann es ihr wichtig war, dass ich am Spielfeldrand stehe und mit einheize, und wann sie darauf verzichten konnte. Schnell fand ich heraus, dass es Carina vor allem um die „echten" Spiele ging: Da sollte ich laut sein und pfeifen und das gegnerische Team einschüchtern. Dagegen war meine Präsenz während reiner Übungs- und Trainingsstunden sogar eher unwillkommen. Da wollte sie sich lieber ausprobieren können, auch mal Fehler machen – und das alles, ohne dass es beobachtet und kommentiert wurde.

Unterbrechungen
Wie oft habe ich eingefordert, dass meine Tochter mich nicht unterbricht, wenn ich mit jemandem spreche. Ich habe sie ermahnt und versucht, ihr klarzumachen, dass sie warten soll, bis ich das Gespräch beende. Dann habe ich mich allerdings selbst dabei ertappt, wie ich mitten in ihr Spielen platzte und etwas von ihr wollte – weil wir dringend weg mussten, weil ich eine Frage hatte und so weiter. Danach habe ich es dann anders gehandhabt: Ich habe mich neben sie gesetzt und gewartet, dass sie mich wahrnimmt. Ich habe sie ihr Spiel beenden lassen und erst dann mein Anliegen vorgebracht. Und siehe da: Sie hat sich das abgeschaut und es nach einer Weile genauso bei mir gemacht.

Ich könnte noch viele weitere Beispiele anführen, aber ich denke, es wird deutlich, was ich sagen möchte: Mutter oder Vater zu sein ist keine Selbstaufgabe, es ist ein ständiger Balance-Akt, um die Bedürfnisse aller Beteiligten im Gleichgewicht zu halten. Es hilft, sich in jeder Situation klarzumachen, wer was genau braucht.

C Kleine Verhandlungen

Wir glauben, dass viele Menschen in der Tollabea-Community in ihrem eigenen Interesse dafür sorgen, dass das Kind durch Babysitter, Freunde, Nachbarn, Oma oder Opa gut betreut wird. Und dann gönnen sie sich regelmäßig eine eigene Auszeit. Aber sich selbst nicht aus den Augen zu verlieren, tut nicht nur den Eltern, sondern auch dem Kind gut, denn nur ausgeglichene Eltern sind auch entspannte Eltern. Ist die Babyzeit vorbei, lassen sich Auszeiten und Grenzen mit etwas Zeit und Muße und vor allem Kommunikationswillen ganz gut verhandeln: Wenn euer Kind unbedingt möchte, dass ihr ihm das dicke Buch bis zum Ende vorlest, ihr aber nicht so viel Zeit habt oder etwas anderes anliegt, dann könnt ihr mit eurem Kind zum Beispiel besprechen, dass ihr zu einem anderen Zeitpunkt weiterlest. Oder ihr findet einen Kompromiss: noch fünf Minuten oder drei Seiten oder eine andere Lösung.

Dank Verhandlungen kommt man nicht nur gut mit seinen Kindern zurecht, sondern gibt ihnen auch ein großes Geschenk mit: Sie lernen Bedürfnisse zu erkennen und Lösungen auszuhandeln – das ist die Grundlage für gute Beziehungen zu anderen Menschen.

In diesem Kapitel haben wir die mentalen Grundlagen des Co-Learnings geklärt. Um das zu vertiefen und auf die Praxis anzuwenden, darum findet ihr hier frei nach Eric Bernes Modell der Transaktionsanalyse eine Checkliste, um zu sehen, wo ihr gerade steht.

Die Checkliste des Ichs

Die Sache mit dem Eltern-Ich,
Erwachsenen-Ich und Kind-Ich   ☐ Finde ich für mich relevant.
   ☐ Finde ich für mich nicht relevant.

Wenn relevant:
Ich bin schon mal in eine
Eltern-Ich/Kind-Ich-Falle mit
meinem Kind hineingeraten: ☐ ja   ☐ nein

Der Blick nach vorn statt zurück

Ich bewerte das Lernen meines
Kindes durch die Brille meiner
Lernerfahrungen als Kind   ☐ stark   ☐ schwach   ☐ gar nicht

Folgende Lernphobien aus meiner Schulzeit werde ich nicht auf mein Kind übertragen:

Folgende positive Gaubenssätze möchte ich mit meinem Kind aktiv nutzen:

Mein Führungsansatz
- ☐ Ich kann Bedürfnisse verstehen – wahrnehmen, zuhören, nachfragen.
- ☐ Ich bin ein gutes Beispiel für meine Kinder.
- ☐ Ich nutze Humor.
- ☐ Ich kann Grenzen setzen und auch Nein sagen.
- ☐ Ich kann entscheiden und Entscheidungen klar kommunizieren.
- ☐ Ich kann meinem Kind vertrauen und etwas zutrauen.
- ☐ Ich kann eigene Fehler zulassen und zugeben.
- ☐ Ich bin offen und transparent.
- ☐ Ich kann gut Mut zeigen und Mut machen.

Meine Co-Führungskräfte sind:

Achtsamkeit

„Beginners mind" – Anfängermodus:
- ☐ Habe ich verstanden, fällt mir leicht.
- ☐ Habe ich verstanden, fällt mir schwer.
- ☐ Bereitet mir noch Kopfzerbrechen.

„Patience" – Geduld:
- ☐ Habe ich verstanden, fällt mir leicht.
- ☐ Habe ich verstanden, fällt mir schwer.
- ☐ Bereitet mir noch Kopfzerbrechen.

„Non-Judging" – nicht urteilen:
- ☐ Habe ich verstanden, fällt mir leicht.
- ☐ Habe ich verstanden, fällt mir schwer.
- ☐ Bereitet mir noch Kopfzerbrechen.

„Trust" – Vertrauen:
- ☐ Habe ich verstanden, fällt mir leicht.
- ☐ Habe ich verstanden, fällt mir schwer.
- ☐ Bereitet mir noch Kopfzerbrechen.

„Non-striving" – nicht wetteifern:
- ☐ Habe ich verstanden, fällt mir leicht.
- ☐ Habe ich verstanden, fällt mir schwer.
- ☐ Bereitet mir noch Kopfzerbrechen.

„Acceptance" – Akzeptanz:
- ☐ Habe ich verstanden, fällt mir leicht.
- ☐ Habe ich verstanden, fällt mir schwer.
- ☐ Bereitet mir noch Kopfzerbrechen.

„Letting go" – Loslassen:
- ☐ Habe ich verstanden, fällt mir leicht.
- ☐ Habe ich verstanden, fällt mir schwer.
- ☐ Bereitet mir noch Kopfzerbrechen.

Bedürfnis-Balance heißt für mich in der Beziehung zu meinem Kind:

Ihr habt es bestimmt schon bemerkt: Co-Learning kommt nicht ohne ein gewisses Maß an Kommunikation aus. Jetzt steigen wir noch tiefer ein in das Thema Sprache: Reden wir übers Reden.

❞

Etwas nicht zu können, ist der Anfang einer Reise in das Land der unbegrenzten Möglichkeiten. Ⓢ

Kapitel 5

Miteinander reden lernen

Im vorigen Kapitel ging es um das Umprogrammieren unserer Einstellungen durch den dreifachen Perspektivenwechsel, in diesem Kapitel liegt der Schwerpunkt auf der Kommunikation zwischen euch und euren Kindern. Auch die Art, wie wir miteinander reden, ist wichtig für ein gelingendes Co-Learning im Alltag.

Bewusste Sprache

Wir haben bereits darüber gesprochen, wie wichtig Vertrauen in die Fähigkeiten der Kinder ist. Thema war auch schon, welche Art von Feedback Kinder anspornt und ihnen eine positive Grundhaltung zu ihrem eigenen Potenzial verleiht. Nun wollen wir etwas genauer unsere Sprache unter die Lupe nehmen, die wir gegenüber Kindern verwenden. Sehr oft sind es winzige Details, die einen großen Unterschied ausmachen. Dank Achtsamkeit werdet ihr sowieso selbst auf vieles kommen. Die Beispiele, die hier folgen, sollen euch sensibilisieren.

Das Zauberwort *noch*

Über das schöne und wichtige Wörtchen „noch" hatten wir schon im Kapitel 2 „So entwickelt sich mein Kind, das Lernwesen" gesprochen, darum hier nur eine kurze Erinnerung an dessen enorme Wirkung. Wenn wir zu unseren Kindern sagen „Das kannst du *noch* nicht", dann ist das ein Blick in die Zukunft - und damit auch etwas, das dem zweiten Perspektivenwechsel in Kapitel 4 „Achtsamer Perspektivenwechsel" entspricht. Während „Das kannst du nicht" frustriert und demotiviert, ist „Das kannst du *noch* nicht" wesentlich vertrauensstärkender. Wir empfehlen darum allen Eltern, auch bei Gefahrensituationen wie dem Hantieren mit dem schweren Wasserkocher, großen Schneideinstrumenten oder beim Überqueren von mehrspurigen Straßen das kleine Zauberwörtchen zu nutzen:

- „Den Wasserkocher bitte nicht allein stemmen, der ist *noch* zu schwer für dich!"
- „Nimm bitte nicht die große Schere, die ist *noch* zu gefährlich für dich!"

Auch dann, wenn euer Kind von sich aus sagt: „Das kann ich nicht", entgegnet erst einmal: „Noch nicht." Und dann sucht doch mal Dinge, die ihr gemeinsam noch nicht könnt: von eins bis hundert auf Vietnamesisch zählen vielleicht? Handstand? Bestimmt entdeckt ihr ein gemeinsames Lernziel, das euch alle motiviert.

Kein *aber* nach dem Lob

Kennt ihr den typischen Verlauf von beruflichen Feedback-Gesprächen? Zuerst wird viel gelobt und eine Menge Gutes aufgezählt. Und dann geht es weiter mit: „Aber …". Das ist ganz schön frustrierend. Leider machen wir dies mit unseren Kindern oft genauso: „Über euren Sieg beim Fußball freue ich mich sehr, *aber* das Klavierspielen solltest du unbedingt mehr üben!" Und zack: Die ganze Freude und der ganze Stolz, die das Kind für die gute Leistung empfindet, bröckeln augenblicklich wegen der negativen Aussage, eingeleitet durch das Wörtchen *aber*.

Der Psychologe Aaron Ben-Zeév hat dargelegt, dass nahezu alle Menschen von negativen Emotionen stärker beeinflusst werden als von positiven.[27] Das geschieht aus Selbstschutz: Unsere Gehirne sollen auf Gefahr stärker reagieren als auf Vergnügen, das ist noch ein Überbleibsel aus unseren frühen Tagen, als wir Menschen als Jägerinnen und Sammler durch die Welt zogen. Damals hat uns unsere Aufmerksamkeit das Leben gerettet. Leider wirkt dies immer noch nach. Deshalb hinterlassen negative Aussagen einen stärkeren Eindruck. Ein Kind, das im Anschluss an ein Lob hört, dass es *aber* noch besser werden muss, bekommt den Eindruck, es hätte etwas nicht richtig gemacht. Besser ist, positiv zu werten, was es geschafft hat: „Über das geniale Tor freue ich mich sehr!"

Wollt ihr es zu weiterer Anstrengung motivieren, könnt ihr später hinzufügen: „Und wenn du die gleiche Begeisterung für dein Team zeigst, wirst du eine unschlagbare Stürmerin!" Aber bitte erst, nachdem das Tor ausführlich gefeiert wurde!

ⓢ Kein Aber!

Eine meiner Schülerinnen war eine unglaubliche Perfektionistin. Nichts was sie machte, war ihr gut genug. Für ein Geografie-Referat hatte sie sich vorgenommen einen Animationsfilm zu machen, der dann wirklich alle Erwartungen übertraf. Ich war begeistert und sagte ihr das. „Aber?", sagte sie und schaute mich fragend an. „Kein aber!", antwortete ich, was sie komplett aus der Fassung brachte.

Das zeigte mir einmal mehr, wie wichtig es ist, Kindern echtes und konstruktives Lob zu geben, damit sie sich später besser einschätzen können.

Abschied vom *müssen*

„Nöööö, MUSS ich nicht! Ich WILL nicht!", so maulen unsere Kinder, wenn wir sie ermahnen, was sie alles noch machen müssen. *Müssen* hat immer etwas von Zwang, und dagegen gehen junge freie Geister meistens auf die Barrikaden. Das Wörtchen *müssen* suggeriert, dass eine gewaltige Macht am Werk ist und etwas fordert, und je nach Charakter reagieren unsere Kinder mit Auf- oder Ablehnung. Sind unsere Kinder in der Pubertät, können wir mit Sicherheit davon ausgehen, dass sie sich dagegen wehren.

Besonders problematisch ist es, wenn Eltern ihren Kindern erklären, dass sie keine Zeit für sie haben, und zwar mit den Worten: „Ich muss arbeiten!" Das kann Kindern das Thema Arbeiten gänzlich vergällen, weil sie es als doppelte Strafe empfinden: für das Elternteil und für sich selbst. Wie kann man da noch erwarten, dass sie zu ihrer „Arbeit", sprich zur Schule, gehen?

Wir beide arbeiten gern und vermitteln das auch unseren Kindern. Aber dabei bleiben wir auch ehrlich: „Mein Schatz, ich finde meine Arbeit wichtig, und sie macht mir Spaß. Ich habe mich verpflichtet, die Präsentation bis morgen fertig zu machen. Jetzt, in diesem Moment, hätte ich eigentlich größere Lust, mit dir zu spielen. Aber ich möchte meine Kollegen nicht enttäuschen und werde mein Versprechen halten, meinen Teil der Arbeit fertig zu machen!"

Positive Aussagen machen und auf die Stimmlage achten

Gute Trainer empfehlen: Wenn etwas nicht funktioniert, mach es *anders*. Ändere den Tonfall und formuliere positiv statt negativ. Das kann einen großen Unterschied ausmachen: von Kampf und Genervtheit hin zum kooperativen Verhalten. Das gilt auch in der Kommunikation mit Kindern. Machen wir es also anders.

Das erste *anders* betrifft, was wir sagen. Bietet Kindern positive Alternativen an. Statt also zu sagen, was sie *nicht* dürfen, sagt ihnen, *was sie dürfen*. Zum Beispiel:

- Statt „Nicht hier drinnen mit dem Ball spielen!", könnt ihr sagen: „Spielt mit dem Ball bitte draußen!"
- Statt „Nicht das Baby hauen!", könnt ihr sagen: „Das Baby ganz sanft anfassen!"
- Statt „Hört auf zu streiten!", könnt ihr sagen: „Löst das bitte friedlich!" Außerdem könntet ihr helfen, das Problem zu lösen, indem ihr Fragen stellt.
- Statt „Nicht so laut!", könnt ihr sagen: „Lass mal hören, wie leise du das sagen kannst, und ob ich dich trotzdem verstehe!"

Das zweite *anders* betrifft, wie wir es sagen. Kinder anzuschreien und anzuherrschen ist weder schön noch fair. Im Prinzip üben wir damit Gewalt aus! Und mal ganz ehrlich, als Tochter eines Cholerikers weiß ich, Béa, dass sich auch Schreckeffekte abnutzen. Ich habe mich als Kind völlig daran gewöhnt, dass mein Vater mehrfach am Tag herumbrüllte. Pfft, ging ja irgendwann vorbei. Meine Mutter explodierte nur zwei Mal pro Jahr, und dann war es *ernst*! Da habe ich pariert.

Macht Ansagen am besten in klarer und selbstsicherer Stimmlage, das hilft euch, euch durchzusetzen. Wenn ihr dazu neigt, in angespannten Situationen gepresst oder mit hoher Piepsstimme zu sprechen, oder euch gar ganz der Atem wegbleibt, übt zu Hause, in solchen Stressmomenten durchzuatmen und bewusst zu sprechen. So tretet ihr nicht nur vor euren Kindern bestimmter auf, ihr könnt auch direkt für das nächste Geschäfts-Meeting üben. Ein weiterer Vorteil, wenn ihr das gegenüber den Kindern macht: Sie finden so in euch ein selbstbewusstes Vorbild, dank dessen sie lernen können, später ihren Platz zu behaupten.

Kinder brauchen Klarheit

Als Eltern kommen wir oft in nervenbelastende Situationen mit unseren Kindern. Wenn so ein kleiner Mensch nicht mehr weiß, wohin mit sich, und auch wir gestresst und orientierungslos sind, dann knallt es meist. Co-Learning wäre in einer solchen Situation prima, aber oft haben wir genau dann ein Brett vor dem Kopf. Meistens geht es dann nur noch darum, wer lauter schreit.

 Kinder sind Disku-Tiere

Wir finden, dass in der Community viele Eltern sich mit ihren Kindern intensiv auseinandersetzen, wenn es darum geht, sie von notwendigen und wichtigen Dingen zu überzeugen. So nutzen Eltern auch sehr klare Worte, um mit ihren Kindern getroffene Regeln und Absprachen einzufordern. Kurze Sätze mit einer klaren Aussage darin und einem Ausrufezeichen am Satzende verdeutlichen dem Kind die Dringlichkeit, und auch, dass ihr Eltern nicht bereit seid, darüber zu diskutieren.

Wutanfälle
Die Situation: Das Kind möchte ein „Nein!" von uns nicht akzeptieren und weint, tobt, hat einen Wutanfall. Womöglich zerstört es auch Dinge. Jetzt klein beizugeben wäre schwammig und inkonsequent. Verständnis ist in einem solchen Moment nicht verkehrt, aber am besten zeigt ihr es in Kombination mit Klarheit, zum Beispiel: „Ich verstehe dich, dass du jetzt traurig und enttäuscht bist. Das darfst du auch sein …,

- … ich bleibe aber beim Nein."
- … es ist nicht okay, gemein zu werden oder Dinge kaputt zu machen."

Nörgeln am Tisch oder beim Essen

Die Situation: Das Kind mag das Essen nicht und mault herum beziehungsweise macht Würgegeräusche, brüllt „Bäh!". Auch hier braucht es ein eindeutiges Statement: „Du brauchst nichts zu essen, was du nicht essen magst. Aber bitte verdirb den anderen nicht den Appetit. Du bekommst ein Butterbrot oder du kannst einfach nichts essen."

Je nachdem wie ihr es in eurer Familie handhabt, kann es okay sein, dass das Kind vom Tisch aufsteht oder nicht. Béa hat ihrer Tochter immer mal wieder erlaubt, den Tisch zu verlassen, wenn sie weder Interesse am Essen noch an den Gesprächen hatte, und hat damit keine schlechten Erfahrungen gemacht. Nach ein paar Tagen hatte Carina stets wieder Interesse an beidem. Auch hier gilt: Ihr kennt euer Kind am besten und könnt es am treffendsten einschätzen.

Bett- und Schlafverhandlungen

Die Situation: Wir wissen alle, dass Durst, Hunger und Philosophierenwollen nie größer sind als in dem Moment, in dem Kinder ins Bett sollen. Wir reden jetzt nicht von Babys, die man gar nicht „verwöhnen" kann (obwohl Kuschelbedarf da mitunter auch überschätzt wird). Es geht um Kinder, die alles ausprobieren, um nicht schlafen zu müssen. Und wie wir Eltern alle wissen, funktioniert selbstbestimmtes Einschlafen nur im Zusammenhang mit selbstbestimmtem Ausschlafen wirklich. Darum: Irgendwann ist Schluss, und das Kind braucht Bett und Ruhe!

„Zähneputzen!", „Füße waschen!", „Schlafanzug!" - irgendwann ist es müßig zu diskutieren, da helfen nur noch kurze Ansagen. Je knapper, desto klarer wird einem Kind ab drei bis vier Jahren, was zu tun ist.

Rumgenöle und schlechte Laune

Das ist einer der härtesten Fälle! Ein kleiner, müder Mensch, der selbst nicht weiß, was ihm fehlt, und nur noch krakeelt oder nörgelt. Ein Kind ist in dieser Situation mit sich selbst und der Welt unzufrieden und weiß nicht, was es will. Darum maunzt es ständig und kommt nicht zur Ruhe.

„Kind, sag endlich, was du willst!", verhilft dann leider überhaupt nicht zur Klarheit, denn genau diese fehlt ihm ja auch. Hier ist Leadership gefragt!

Béas Klarheitsvorschläge lauten: Entweder die klare Ansage: „Kind, wenn du nicht weißt, was dir gut tut, probieren wir einfach eine Idee von mir. Wir machen jetzt Folgendes ... (hinlegen, kuscheln, ein Spiel spielen - was ihr in diesem Moment für richtig erachtet). Wir machen das erst mal 10 Minuten lang, und dann schauen wir, ob es geholfen hat!"

„Man" und Passivformulierungen vermeiden
Passive und diffuse Formulierungen mit „man" sind meistens Gift für die Wahrnehmung der Welt. Wer unpersönlich spricht oder sich hinter Passivwendungen versteckt, vermeidet es, klare Aussagen zu machen. Worum es tatsächlich geht, bleibt nebulös. Kinder und Heranwachsende können so schnell ein diffuses Gefühl von Machtlosigkeit bekommen. Zudem überzeugt „Das macht man nicht" einfach nicht. Es gibt smarte Kinder, die auf Sätze wie „Man sitzt still beim Essen" antworten: „Schön für Man, aber mein Name ist Jule."

Formuliert im Umgang mit euren Kindern direkt. Begründet eure Ansagen oder Bitten: „Bitte lass das, weil ..."

Verhandeln üben

Eltern reagieren auf Kinderwünsche oft schnell mit einem Ja oder Nein. Doch mal angenommen, wir haben unsere ganze Autorität zusammengekratzt, um eine Situation mit unserem Kind zu meistern. Wir waren unter Druck, wir hatten es eilig oder waren abgelenkt. Und wir waren echt nicht drauf vorbereitet. Es musste schnell gehen, darum haben wir einfach Nein gesagt. Aber dann stellen wir fest, dass dieses Nein viel zu rigide war, dass es eigentlich besser gewesen wäre, Ja zu sagen. Sollen wir jetzt klein beigeben? Womöglich noch, nachdem unser Kind uns mit Wut und Tränen doch noch ein Ja hat abtrotzen wollen? Wäre das nicht äußerst inkonsequent? Merkt sich der Nachwuchs dann, dass er einfach nur lange und heftig genug wüten muss, um uns umzustimmen? Blöd gelaufen, oder?

Ein Nein zu revidieren heißt nicht unbedingt, dass man klein beigibt. Oft bedeutet es einfach nur, dass man seine alten Denkmuster hinterfragt und zu einem anderen Ergebnis kommt, zum Beispiel wenn die Kinder überzeugende Argumente haben. So wird aus einem achtlos hingeworfenen Nein oft ein „Warum eigentlich nicht …". Merkt ihr was? Das Umprogrammieren wirkt schon. Schwieriger kann es werden, wenn wir dem Nachwuchs etwas zugesagt haben, mit dem wir uns nach einer Weile gar nicht mehr wohl fühlen.

Darum ist die Antwort „Überzeug mich!" oft eine gute Alternative für ein zu schnelles Ja oder Nein - wir als Eltern haben dann Zeit, eine begründete Antwort zu finden, und unsere Kinder lernen, ihre Wünsche zu formulieren und in kommunikativer Weise durchzusetzen. Die Kinderpsychologin Barbara Coloroso empfiehlt ebenfalls, erst einmal ein Verhandlungsangebot zu machen.[28] Sagen wir „Überzeug mich!", müssen Kinder sich anstrengen, kreativ argumentieren, charmant agieren und so weiter. Wir erleben auf diese Weise bislang ungeahnte Stärken unserer Kinder und erfahren vielleicht auch selbst neue gute Argumente und Perspektiven.

 ## Kluge Kompromisse

Viele Community-Mitglieder haben uns von Verhandlungen und den daraufhin geschlossenen Kompromissen berichtet. Wer sehr klug verhandelt, kann sogar eigene ungeliebte Tätigkeiten, die das Kind aber gerne mag, delegieren. Als generell hilfreich werden Deals empfunden, bei denen eine Auswahl zwischen zwei Möglichkeiten getroffen wird.

B Pass auf mein Kind auf!

Ich habe Carina ab dem Grundschulalter aufgefordert, mich zu überzeugen, wenn sie etwas will, und habe nur gute Erfahrungen damit gemacht. Anfangs war es ungewohnt für sie. Aber diese Herausforderung hat sie dazu gebracht, verantwortungsvoll mit ihren Wünschen umzugehen und sich wirklich zu überlegen, was sie will.

Gerade in der Pubertät, als sie flügge wurde und Partys anstanden, war das Argumentieren von großem Nutzen: Ich bekam schon vorab auf Zetteln Partydetails wie Location, Teilnehmerinnen und Teilnehmer, die genaue Uhrzeit zur „Genehmigung" überreicht. Meine Sorgen und Ängste, dass sie bei Nacht allein durch die Straßen oder mit U-Bahnen unterwegs sein könnte, hat sie verstanden und für entsprechende Sicherheitsmaßnahmen gesorgt. Irgendwann meinte sie sogar: „Ich passe gut auf deine einzige Tochter auf, Mama!"

Einmal mit dem Verhandeln angefangen, kommt dann irgendwann der Moment, da macht ihr den Vorschlag: „Kind, lass uns zu Oma fahren!", und sie entgegnen: „Überzeug mich!" Tja, das Vorleben hat immer zwei Seiten. Aber wenn Argumentieren sich eh als Familiensport etabliert hat, macht es Spaß, auch einmal auf der anderen Seite zu stehen!

Streiten, aber richtig

„Du bist nicht mehr meine Freundin!", „Du blödes A****!" Menschen, auch und gerade die, die sich sehr lieben, geraten aneinander – weil Meinungen nun einmal unterschiedlich sind. Das ist normal. Aber wie gehen wir beim Streiten miteinander um? Oft wiederholen wir unbewusst typische Streitmuster aus unserer Vergangenheit, verfolgen immer wieder die gleichen neuronalen Trampelpfade. Weil Streit die Gefühle hochkochen lässt – und weil wir oft auch Angst vor Streit haben.

B Die Null-Schimpfwort-Regel

In unserer Familie gibt es eine Grundregel beim Streiten: Wir verzichten auf gegenseitige Beschimpfungen und Kraftausdrücke in Streitsituationen. Darüber kann man sich nur verständigen, wenn Harmonie herrscht. Um diese Kultur aufrechtzuerhalten, hilft nur, mit gutem Beispiel voranzugehen. Darum verzichten wir Erwachsenen auf alles von „blöde Kuh" bis „Idiot" inklusive Fäkalausdrücken. Diese haben einfach nichts in unseren Gesprächen verloren.

C Die Null-körperliche-Gewalt-Regel

Innerhalb der Tollabea-Community haben nahezu alle Eltern mit mehreren Kindern explizit die Regel eingeführt, dass keine körperliche Gewalt und keine Handgreiflichkeiten toleriert werden. Kinder untereinander sind in dieser Hinsicht mitunter das absolute Gegenteil von zimperlich. Darum braucht es solche klaren Regeln durch die Eltern.

In vielen Familien gelten außerdem als Grundregeln: keine Türen knallen und nicht die Kommunikation abbrechen, indem einer den Raum verlässt oder das Telefongespräch abbricht.

Erst wenn dies etabliert ist, lassen sich weitere Richtlinien einführen, die die gewaltfreie Kommunikation untereinander deutlich verbessern. Zum Beispiel

- einander ausreden lassen,
- nicht verallgemeinern, sondern ganz konkrete Dinge benennen (nicht „immer machst du das", sondern „gestern hast du ..."),
- von sich und seinen Gefühlen sprechen und erklären, warum man wütend oder verletzt ist,
- den andern nicht verurteilen.

Zudem hat sich bei einigen Familien der Grundsatz etabliert, nicht ins Bett zu gehen, ohne sich zu versöhnen.

Es hilft Eltern und Kindern, sich klarzumachen: Streiten ist wichtig, damit jeder von uns lernt, seinen Standpunkt sinnvoll zu verteidigen und seine Interessen respektvoll auszudrücken. Streiten kann und sollte gelernt werden – und die Familie ist der erste und beste Ort, um von kleinen Kabbeleien bis zum ungehemmten Wutausbruch alles erleben zu können. Laute und deutlich rügende Worte – auch von Mama und Papa – sind dabei normal. Auch Eltern haben Gefühle, und diese wahrzunehmen und zu berücksichtigen trainiert Kinder im Umgang mit anderen Menschen. Wenn ihr wütend seid, bedenkt bitte: Für Kinder ist es enorm wichtig, zu verstehen, dass solche Gefühle auch wieder vergehen. Sagt zum Beispiel zu ihnen: „Jetzt gerade bin ich wütend und sauer. Ich brauche etwas Zeit. Spätestens heute Abend vertragen wir uns wieder." Sie brauchen das, um sicher zu sein, dass ihr ihnen nicht eure Liebe entzieht! Liebesentzug gehört zu den schlimmsten Dingen, die einem Kind passieren können, darum sollte kein Kind je davor Angst haben müssen!

Ist es nicht schrecklich, wenn unsere Kinder uns nicht mehr erzählen, was mit ihnen los ist - sei es aus Angst vor Liebesentzug oder davor, dass sie uns zu arg belasten und uns die Wahrheit nicht zumuten wollen?

B Die Kronzeugen-Regel

Ich habe meiner Tochter immer wieder versichert: „Mein Kind, ich möchte, dass du mir immer erzählst, was mit dir los ist. Wenn du Mist gebaut hast, werde ich dich da rausholen. Ich kann nicht versprechen, dass ich nicht sauer werde. Aber ich verspreche dir, dass ich dir immer helfen werde, auch wenn ich total sauer auf dich bin!"

Am schönsten ist es, dass sie mir vertraut und sich auch dann an mich wendet, wenn sie wirklich großen Mist baut, wie damals, als sie in der vierten Klasse etwas anstellte, dass ihr Ärger mit der ganzen Lehrerschaft einbrachte. Sie kam zu mir und sagte: „Mama, ich erzähle dir was, da wirst du wahrscheinlich so erst mal fünf Minuten schreien. Aber danach musst du mir helfen. Okay?" Das hat mich glücklich gemacht. Ja, ein wenig schreien musste ich schon – aber zwischendrin sogar lachen.

Wertschätzender Umgang miteinander

Wie Kommunikationsexperte Paul Watzlawik so schön sagt: „Man kann nicht nicht kommunizieren."[29] Wenn wir unsere Kommunikation mit unseren Kindern überdenken, sollten wir uns darum auch bewusst machen, was wir nonverbal ausdrücken. Und hierbei geht es nicht nur darum, wie wir unseren Kindern gegenüber auftreten, sondern auch, wie wir mit anderen Menschen umgehen - und was wir unseren Kindern mitgeben wollen. Wie stets gilt: Wir sind ihre Vorbilder, sie machen uns alles nach.

Bei der „bedürfnisorientierten Erziehung", die unter Eltern in Foren und in den Medien kontrovers diskutiert wird, sollte meiner Meinung nach ein Aspekt nicht übersehen werden: Es dürfen die Bedürfnisse unserer Gesellschaft, in der unsere Kinder leben werden, nicht aus dem Blick geraten. Je früher Kinder durch Beispiele lernen, auf andere Rücksicht zu nehmen, umso besser können sie die Gesellschaft von morgen mitgestalten.

Schau mir in die Augen, Liebes!

Jedes Baby und jedes Kleinkind hat eine Phase, in der es anfängt zu fremdeln, und das hat seinen Sinn und ist gut so. In jener Zeit darf man nichts erzwingen! Doch ab dem Kindergartenalter, also ungefähr ab drei Jahren, stellt sich die Frage: Sollten Kinder aktiv andere - Kinder wie Erwachsene - begrüßen und verabschieden?

Körperkontakt ist Eigenentscheidung

In der Tollabea-Community wird das Thema sehr oft und heiß diskutiert. Gerade Begrüßungen und Verabschiedungen handhaben Eltern sehr unterschiedlich. Sehr viele sind dafür, dies komplett dem Kind zu überlassen. Allerdings konnten wir uns alle auf einen Nenner einigen: Beim Anfassen hört es auf, selbst wenn es nur darum geht, jemandem die Hand zu geben. Kinder sollten selbst entscheiden, ob sie das wollen, denn sie sollten lernen, dass es eine persönliche Entscheidung ist, Körperkontakt zuzulassen. Ihnen in diesem Punkt ihren Freiraum zu lassen, ist besser, als sie zur Einhaltung einer gesellschaftlichen Konvention zu zwingen.

 Guck mir in die Augen, Kleines.

Ungefähr ab dem Zeitpunkt, als meine Tochter Carina drei Jahre alt war, habe ich darauf geachtet, dass sie nicht grußlos und ohne sie anzuschauen an Freunden, Bekannten und ihren Kindergartenmenschen vorbeizieht. Ich habe sie in den Arm genommen, bevor es zu einer Begegnung kam, und „gemeinsam" haben wir dann „Guten Tag" oder „Hallo" gesagt – auch wenn sie sich weggedreht hat.

Außerdem habe ich das Spiel „Augenfarbe merken" eingeführt als kleinen Trick, damit sie Menschen anguckt: Wenn wir irgendwo waren, haben wir hinterher darüber gesprochen, wer welche Augenfarbe hat. Das hat sehr gut geklappt!

Bitte, danke und darüber hinaus

Bitte und Danke zu sagen üben wir mit unseren Kindern, weil schon unsere Eltern uns eingebläut haben, dass das wichtig ist. Beide Wörter gibt es in so gut wie allen Kulturen, also sind sie offenbar für das Zusammenleben von Menschen wichtig.

Neben der rein höflichen Reaktion gibt es aber etwas, das wir als noch wichtiger ansehen: Dankbarkeit zu empfinden. Sie macht etwas sowohl mit dem Gebenden als auch mit dem Nehmenden. Dankbarkeit zu empfinden ist ein wunderbares Gefühl, das wiederum für positive Gefühle sorgt. In Worte zu fassen, dass man jemandem wirklich dankbar ist, festigt Beziehungen und macht Freundschaften schöner.

Wir sind Vorbilder

In einem Punkt sind sich die meisten Eltern, die in der Tollabea-Community über dieses Thema diskutieren, einig: Dressur bringt nichts, Vorleben bewirkt am meisten! Allerdings muss man mindestens hundert Mal Danke und Bitte sagen, um eine ähnliche Wirkung zu erzielen wie bei einem rausgerutschten Kraftausdruck.

Kommunizieren, kommunizieren, kommunizieren

Die Sprache ist unser wichtigstes Interaktionsmittel, und erst das Sprechen macht uns zu Menschen, und zwar von Anfang an. Wenn ihr mit euren Kindern redet, fühlen sie sich geborgen - ein unschätzbares Geschenk.

B „Dein Text ist ..."

Meine Eltern und meine Oma haben während meiner Kindheit mit mir viel gesprochen, haben immer erklärt und argumentiert. Mit Schweigen und Ignorieren bestraft zu werden („silent treatment"), kenne ich nur von den Eltern anderer Freunde und einigen Lehrern. Ich habe es mit meiner Tochter so gehandhabt wie meine Eltern mit mir: „Wir reden miteinander, auch über die Dinge, über die wir uns ärgern!" Das führte dazu, dass meine Tochter einmal im Kino bei Missverständnissen auf der Leinwand laut rief: „Warum reden die nicht normal miteinander?"

Mit dem Eintritt meines jetzigen Mannes in unser Leben erfuhren wir beide eine neue Dimension des Erklärens, Erläuterns und – wenn nötig – auch Entschuldigens. Dem Pubertierchen wurde dies zuweilen zu viel, sodass sie Unfug schon deswegen nicht machte, um der anschließenden Diskussion zu entgehen.

Meine Tochter hat nie die Erfahrung machen müssen, dass wir nicht kommunizieren. Darauf bin ich stolz. Da ich jahrelang bei TV und Film gearbeitet habe, gibt es bei uns in der Familie die Formulierung. „Dein Text ist ...", und dann erklären wir, was der andere nun sagen soll. Auf diese Weise teilen wir uns gegenseitig humorvoll unsere Wünsche mit. Das hilft, Missverständnisse zu vermeiden und klärt Bedürfnisse.

,,

Schweigen ist nicht Gold. Schweigen ist ein verdammter Hammer für menschliche Beziehungen – und für Kinder oft eine Strafe. Das braucht kein Mensch! Ⓑ

Die Checkliste des Miteinander-reden-Lernens

Bewusste Sprache

Das Zauberwort *noch*.   ☐ relevant   ☐ nicht relevant

☐ Habe ich bereits berücksichtigt.
☐ Werde ich ab jetzt berücksichtigen.

Kein *aber* nach dem Lob   ☐ relevant   ☐ nicht relevant

☐ Habe ich bereits berücksichtigt.
☐ Werde ich ab jetzt berücksichtigen.

Abschied vom *müssen*   ☐ relevant   ☐ nicht relevant

☐ Habe ich bereits berücksichtigt.
☐ Werde ich ab jetzt berücksichtigen.

Positive Aussagen machen   ☐ relevant   ☐ nicht relevant

☐ Habe ich bereits berücksichtigt.
☐ Werde ich ab jetzt berücksichtigen.

Auf die Stimmlage achten   ☐ relevant   ☐ nicht relevant

☐ Habe ich bereits berücksichtigt.
☐ Werde ich ab jetzt berücksichtigen.

Man und Passiv-formulierungen vermeiden	☐ relevant	☐ nicht relevant
	☐ Habe ich bereits berücksichtigt.	
	☐ Werde ich ab jetzt berücksichtigen.	

In Sache Verhandelnüben nehme ich mir Folgendes vor:

In Sache richtig Streiten nehme ich mir Folgendes vor:

In Sache wertschätzender Umgang miteinander nehme ich mir Folgendes vor:

Ging es bislang um die Grundlagen des gemeinsamen Lernens und um notwendige Umprogrammierungen, dazu auch noch die passende Kommunikation, wenden wir uns mit dem nächsten Kapitel mehr dem Wie des Lernens zu.

Achtung Spoiler: Es hat viel mit Spielen zu tun.

Kapitel 6

Gemeinsam spielend lernen

Gemeinsam schlau zu werden, bedeutet eigentlich ganz einfach: miteinander zu spielen. Wir haben euch jetzt schon mehrfach von unserem dritten Buchteil „Gemeinsam Schlauspielen" erzählt, und vermutlich könnt ihr kaum noch abwarten, endlich loszulegen. Wir haben euch in der Einleitung versprochen, dass alles, was ihr in diesem Buch lest, eine Erleichterung für euch sein soll. Nun kommt jedoch eine Studie aus Großbritannien zu dem Ergebnis, dass viele Eltern von Kindern im Alter ab fünf Jahren angeben, nicht mehr zu wissen, wie man spielt.[30] Vielleicht gehört ihr zu denjenigen, die mit Playmobilfiguren, Bastelbögen und Ähnlichem nur wenig anfangen können. Und vielleicht fasst ihr unsere Vorschläge als zusätzliche Bürde auf, weil ihr denkt, ihr müsst von nun an ständig mit euren Kindern spielen.

Bleibt entspannt! Ihr müsst gar nichts. In der Regel geht es darum, die Kinder machen zu lassen. Allerdings schadet es nichts, ein bisschen mehr vom Spielen zu verstehen.

Die drei Arten des Spielens

Wir unterscheiden drei Möglichkeiten fürs spielerische und gemeinsame Lernen: freies Spiel - das Kind führt, die Erwachsenen führen aus; „Guided Play" - das Kind führt, die Erwachsenen unterstützen und „Game" - alle fügen sich in ein Spielkonzept.

FREIES SPIEL — Das Kind führt, der Erwachsene führt aus.

GUIDED PLAY — Das Kind führt, der Erwachsene unterstützt.

GAME — Beide fügen sich in ein Spielkonzept

Drei Möglichkeiten des spielerischen und gemeinsamen Lernens

Lasst uns gemeinsam anschauen, was diese drei Optionen im Realfall bedeuten. Stellt euch vor, ihr seid mit eurem Kind am Strand. Weil es keine Lust mehr hat, sich allein zu beschäftigen, beschließt es: „Komm wir bauen eine Sandburg!" Und ihr willigt ein. Ein bestimmtes Lernziel habt ihr nicht im Blick, aber es ist euch willkommen, wenn euer Kind etwas lernt - und zwar egal was.

Freies Spiel

 Das Kind verkündet: „Ich bin die Königin und du die Untertanen!" Als Elternteil habt ihr damit eine untergeordnete Rolle und zu euren Aufgaben gehört, Wasser herbeizutragen, die Sandeimerchen auf den gewünschten Platz zu stürzen und Steine zu sammeln. Möglicherweise müsst ihr auch gefährliche Fantasietiere bekämpfen, die die Bauphase gefährden: Das gerollte Handtuch ist ein giftiger Alligator und die Strandtasche ein mächtiges

159

Mammut. Verkneift euch in dieser Situation geschichtliche und geografische Hinweise zum Vorkommen dieser Tiere. Macht einfach widerstandslos, was das Kind sagt.

Mit freiem Spiel ist also eine Form des Spielens gemeint, bei dem die Kinder selbst das Thema wählen und die Regeln aufstellen, sofern sie Regeln wollen. Freies Spiel entwickelt sich meist, ohne dass Erwachsene ihre Ideen einbringen. Die Kinder folgen ihrer Fantasie und ihren Impulsen und probieren aus, ohne dass es Kategorien wie „richtig" oder „falsch" gibt. Das stärkt ihren Mut, neue Wege auszuprobieren. Und es inspiriert uns Erwachsene, mal ganz ohne Plan und Befürchtungen an ein Thema ranzugehen.

Guided Play (geführtes Spiel)

In diesem Fall bekommt ihr einen privilegierteren Status durch das Kind angeboten, beziehungsweise ihr habt den Freiraum zu verhandeln: „Komm, wir bauen zusammen!" Nun sind eure Ideen willkommen. Ihr könnt Vorschläge machen wie zum Beispiel: „Komm, wir graben, bis wir auf Grundwasser stoßen!" oder „Lass uns erst mal ein Fundament aus großen Steinen unten schaffen und dann die kleineren als Deko nehmen." Ihr könnt auch Fragen stellen: „Was meinst du, sollen wir eine Schutzmauer errichten, oder haben wir keine Feinde zu befürchten?"

Geführtes Spiel ist eine Form des Spiels, bei dem Kinder und Erwachsene im Spiel gemeinsam etwas erkunden. Meistens wählen die Erwachsenen die Spielmaterialien oder stellen in Schlüsselmomenten offene Fragen, um die Entscheidungen der Kinder mitzugestalten beziehungsweise die Kinder zum Nachdenken anzuregen. Die Rolle der Erwachsenen ist, die Entscheidungen der Kinder zu unterstützen, ohne sie komplett zu übernehmen. Ihr könnt euer Kind dabei auch sanft in eine Richtung lenken: Wenn ihr wollt, dass es etwas mehr aus sich herausgeht und Selbstbewusstsein entwickelt, könnt ihr zum Beispiel die Kiste mit Kostümen öffnen. Geht es euch mehr darum, dass es Umweltschlau wird, untersucht die Materialien, mit denen ihr hantiert.

Game
Ihr einigt euch darauf, dass ihr keine Sandburg baut, sondern einen Sandburgbau-Wettbewerb veranstaltet. Für diesen gibt es klare Regeln: Jeder darf nur genau eine Schaufel und ein Eimerchen nutzen – und Sand, Steine, Wasser und Muscheln. Ihr legt eine Zeit fest und findet vielleicht in anderen Badegästen eine Jury, die eure Bauwerke benotet – wiederum nach festgelegten Kriterien: Höhe, Menge der Muscheln und so weiter.

Ein „Game" ist also ein geschlossenes Spiel mit klaren Regeln, die für alle gelten. Im Normalfall gibt es Gewinner und Verlierer und ein Punktesystem, um dies zu ermitteln. Kinder tauchen in ein Game-Universum wie in eine eigene Welt ein und üben Verhaltensregeln ein, trainieren strategisches Denken und taktisches Handeln. Jedes Kind entdeckt im Spiel das Leben selbst: Es muss Spielregeln dekodieren, verstehen und anwenden, zusammen mit anderen wetteifern, auf ein Ziel hinarbeiten, auch mal Enttäuschungen einstecken – all das macht stark und selbstbewusst. Kompetitives Denken liegt den Kindern im Blut.

Es ist gut, wenn Kinder ein solches Kräftemessen im sicheren Territorium der Familie erfahren. Gerade die Kleinen können zunächst mit Wutausbrüchen oder Tränen reagieren, wenn sie beim Spielen verlieren. Das macht nichts, denn das ist eine gute Gelegenheit, zu lernen, mit Scheitern umzugehen. Tröstet es dann nicht mit Erklärungen wie „Es ist nicht schlimm, auch einmal die Zweite oder Dritte zu sein". Das wird euch der Nachwuchs nicht glauben. Besser ist es, nach vorne zu blicken und gemeinsam zu überlegen, wie es das nächste Mal besser funktionieren kann. Erklärt eurem kleinen Wüterich, dass es noch viele Gelegenheiten zum Gewinnen gibt, das wird euer Kind beruhigen.

Wählt beim Co-Learning bewusst, auf welche Art ihr mit euren Kindern spielen wollt. Geht dabei achtsam mit drei verschiedenen Ebenen um: mit dem Warum, dem Wie und dem Was.

Das Warum – die Motivationsebene:
Warum entscheidet ihr euch für eine bestimmte Form des Spiels? Was wollt ihr damit erreichen? Folgt ihr dem Wunsch eures Kindes?

Das Wie – die Erlebnisebene:
Behaltet beim Spielen euer Verhalten und das eures Kindes im Blick und fragt euch von Zeit zu Zeit: Wie spielen wir? Wer führt an, wer fügt sich? Sind die Rollen starr verteilt oder wechseln sie? Auf dieser Ebene könnt ihr am besten erkennen, ob ihr in Sachen „Reprogrammierung" (Kapitel 4 „Achtsamer Perspektivenwechsel") Fortschritte macht: Wie stark fühlt ihr euch verpflichtet, anzuleiten und zu sagen, was zu tun ist? Oder anders ausgedrückt: „Wer ist der Bestimmer?"

Das Was – die Ergebnisebene:
Fragt euch hinterher: Was haben wir gelernt? Können wir jetzt etwas besser als vorher? Das klingt vielleicht pedantisch und womöglich kommt ihr euch dabei etwas schlaumeierisch vor. Doch aus eigener Erfahrung können wir euch versichern: Das ist die spannendste Frage – und genau jene, bei der Erwachsene entdecken, was sie selbst bei einem einfachen Spiel lernen. Nur Mut!

Dank des Wissens aus Kapitel 4 „Achtsamer Perspektivenwechsel" könnt ihr zudem bewusst entscheiden, aus welcher Perspektive ihr euch darauf einlasst: aus der des Erwachsenen- oder der des Kind-Ichs. Im Modus des freien Spiels und im „Game" empfiehlt sich die Kind-Ich-Ebene: Spielt einfach, ohne viel nachzudenken. Beim „Guided Play" dürft und solltet ihr eine Erwachsenen-Perspektive einnehmen. Und das Eltern-Ich? Das bleibt schön aus dem Spiel!

Spielen kann man (wieder) lernen – und dabei spielend lernen

Mit dem Spielen ist es wie mit dem Fahrradfahren: So richtig verlernt man es nicht, egal, wie alt man ist. Ihr braucht nur ein bisschen Zeit, um es wieder zu üben. Und das Lernen mithilfe des Spielens geht noch einfacher, als das Spielen zu lernen.

Der Moment des Loslassens ist für uns Erwachsene eine große Herausforderung, gleichzeitig ist das aber auch der Augenblick, in dem ihr anfangt, spielen zu lernen, und zwar von den Spielprofis: euren Kindern.

Tipps für das spielerische Lernen mit euren Kindern:

- Findet echte Gemeinsamkeiten: Sucht nach einer Aktivität, die nicht nur den Kindern, sondern auch euch Spaß macht. Verhandelt miteinander. Macht nichts, worauf ihr keine Lust habt. Es sei denn, euer Kind hat euch einen guten Deal angeboten.

- Macht euch klar, dass Spielen keine Zeitverschwendung ist: Die einzige Aufgabe besteht darin, die Welt zu entdecken und zu erforschen.

- Improvisiert einfach mal! Plant nicht alles durch, denn so entstehen die besten Ideen. Dies gilt nicht nur für das freie Spiel: Auch bei einem Game könnt ihr eine Änderung der Spielregeln verhandeln.

- Stellt euch auch mal ganz dumm beim Spielen an, fragt ständig warum und wieso. Ihr werdet euch wundern, was Kindern für Erklärungen einfallen!

- Setzt auf Verknüpfungen und reflektiert gemeinsam: Zum Beispiel kann euer Kind beim Schreiben einer Rezension bei einem Online-Händler nicht nur seine Lese- und Schreibfähigkeiten trainieren, es übt auch den Umgang mit Wörtern, entwickelt eine Haltung zu dem gelesenen Buch, dem gespielten Videospiel oder dem benutzten Rezept. Es lernt zu hinterfragen und zu argumentieren – und noch vieles mehr.

- Widersteht dem Gruppen- und Sorgendruck anderer Eltern: Nein, es muss nicht noch ein Kurs belegt werden, wenn die Woche schon voll ist. Lasst euren Kindern die wertvollen Freiräume!

- Computerspiele sind besser als ihr Ruf! Spielt gemeinsam, sprecht über die Spiele, überlegt, was ihr als Spieleentwickler anders machen würdet (anderes Punktesystem, bessere Grafik oder was auch immer). Geht bewusst mit Medien um.

- Als Eltern habt ihr einen Führungsjob – und dazu gehört auch zu delegieren! Holt euch Hilfe von Oma, Opa oder dem Babysitter, die je nach Spiel verschiedene Rollen übernehmen können, einer ist zum Beispiel Zauberer, die andere nimmt die Stoppuhr, ein Dritter kümmert sich um Spielmaterial und so weiter.

Worum es beim Lernen wirklich geht: Der Flow hilft!

Was bedeutet Lernen für euch? Denkt ihr dabei an eine große Bibliothek mit meterhohen Bücherregalen, an Menschen, die in alte dicke Bücher vertieft sind?

Oder habt ihr eher das vor Augen:

- ein Baby, das eine Rassel schüttelt und sie quer durch den Raum wirft;
- ein Kleinkind, das seine ersten Schritte macht, ein anderes, das in eine Pfütze springt;
- eine Kitagruppe, die im Herbstlaub nach Kastanien und Eicheln sucht;
- Vorschüler, die Straßennamen entziffern, Buchstabe für Buchstabe;
- Grundschüler, die am Tag der offenen Tür Eltern anderer Kinder durch ihre Schule führen und Fragen beantworten;
- Schülerinnen, die im Chemielabor experimentieren;
- Kinder, die Kochen lernen oder bei einem Ausflug das Gelände erkunden?

All diese Szenen haben einen gemeinsamen Nenner: Die Lernenden sind absolut vertieft in das, was sie gerade tun. Das kann laut sein oder leise. Die Einzelne kann ganz in sich versunken sein oder in der sozialen Interaktion aufgehen. Das Entscheidende ist jedoch die volle Aufmerksamkeit, das Interesse, der Fokus der Lernenden: Zu 100 Prozent sind sie bei dem, was sie tun. Sie sind neugierig darauf und wollen es. Sie sind im „Flow".

„Flow" kommt aus dem Englischen und bedeutet so viel wie „Fließen". Glücksforscher Mihály Csíkszentmihályi[31] übertrug den Begriff in den 1980er-Jahren auf einen Bewusstseinszustand: Flow bezeichnet das als beglückend erlebte Gefühl, das wir spüren, wenn wir restlos aufgehen in einer Tätigkeit, wenn wir so in sie vertieft sind, dass wir Raum und Zeit nahezu vergessen. Wir sind, was wir machen. Befinden sich Kinder im Flow, lernen sie auf ideale Weise, weil sie es selbst wollen. Aber woran erkennen wir, dass unsere Kinder sich im Flow befinden oder besser gesagt: im Flow-Kanal?

Laut Csíkszentmihályi und seinen Glücksforscher-Kollegen verläuft diese Linie zwischen zwei Grenzen. Die untere Grenze ist die Unterforderung: Kinder schalten ab, driften mit den Gedanken weg, suchen nach neuen Herausforderungen oder sind einfach genervt. Die zweite Grenze ist die Überforderung. Wenn Kinder etwas nicht verstehen, nicht mitkommen und sich abgehängt fühlen, dann geht nichts mehr. Zu viele, zu schwierige, zu komplizierte Inhalte können sie nicht verarbeiten, und das frustriert sie. Aber auch eine emotionale Überforderung wirkt bremsend: wenn sie durch vorangegangene Erfahrungen sich nicht mehr trauen, Neues zu erlernen aus Versagensangst. Überforderung kann faktisch sein (Türklinken öffnen bei Einjährigen) oder emotional (wenn ein Kind zum Beispiel vom Klettergerüst gefallen ist und das mit Angst und Schrecken einherging; danach denkt es womöglich: „Das kann ich eh nicht.").

Meckern oder ausbüchsen?

Wie erkennen Eltern eigentlich, ob Kinder nun unter- oder überfordert sind? Wie erkennen sie den Flow? Viele Eltern der Community beobachten bei Überforderung ihrer Kinder deutliche Missmutsäußerungen und lautstarkes Gemecker darüber, dass es nicht läuft wie erwartet.

Bei Unterforderung dagegen suchen die Kinder schnell nach etwas Neuem. Das alte Spiel wird dann häufig ignoriert. Sogar Spielkameraden können dabei schon mal einfach sitzen gelassen werden.

Dass ein Kind im Flow ist, zeigt sich daran, dass das Kind über längere Zeit konzentriert bei einer einzigen Tätigkeit bleibt und darin aufgeht. Nichts scheint das Kind dabei ablenken zu können.

Euer Kind lernt am besten, wenn es im richtigen Ausmaß herausgefordert wird; wenn es an einem Thema Interesse hat und von Neugier getrieben ist; und wenn es die Herausforderung annimmt und für sich als sinnvoll empfindet. Wie beim Spielen!

So einfach ist es - und so schwer. Aber wie kommen Kinder in diesen idealen Zustand? Im Zweifelsfall hilft die Langeweile. Gemeint ist damit aber nicht das Abdriften aus Unterforderung. Sondern die „richtige" Langeweile, die, die dann aufkommt, wenn es nichts zu erledigen, nichts zu tun gibt, wenn Kinder auf nichts warten. Diese echte Langeweile bei Kindern sollte unter Natur- und Denkmalschutz stehen!

Ihr kennt das bestimmt: „Mamaaaaaa, mir ist so langweilig!" Das Kinderzimmer voller Spielsachen, ein ausgeklügeltes Ferienprogramm, und gerade wenn wir Eltern uns hinsetzen und bei einem Kaffee kurz durchatmen wollen, kommt das: Der Nachwuchs langweilt sich. Und wisst ihr was: Lasst ihn einfach!

Werdet nicht schwach! Bietet keine Bespaßung an! Es lohnt sich!

Denn bald verstehen die Kinder: Sie müssen selbst für Abwechslung sorgen. Glaubwürdigen Zeugen zufolge sollen Kinder daraufhin ganze Ritterburgen aus Kissen gebaut oder sogar zu einem Musikinstrument gegriffen haben.

Gebt der Langeweile eine Chance! Und dem Spielen sowieso!

Jetzt geht es noch einmal um euch: Findet mit Hilfe der folgenden Checkliste heraus, wo ihr beim Spielen mit eurem Kind steht.

Checkliste für das spielerische Spielen lernen

Die Arten des Spielens – Ich habe mit meinem Kind erlebt:
- ☐ freies Spiel (Thema, Material und Regeln durch das Kind).
- ☐ Guided Play – geführtes Spiel (gemeinsames beziehungsweise abwechselndes Auswählen von Thema, Material und Regeln).
- ☐ Game (alles ist vorgegeben).

Gemeinsam spielen

Wir haben Gemeinsamkeiten und kommen daher leicht ins Spielen.	☐ relevant ☐ nicht relevant ☐ Habe ich bereits berücksichtigt. ☐ Werde ich ab jetzt berücksichtigen.
Für uns ist Spielen keine Zeitverschwendung.	☐ relevant ☐ nicht relevant ☐ Habe ich bereits berücksichtigt. ☐ Werde ich ab jetzt berücksichtigen.
Wir können improvisieren.	☐ relevant ☐ nicht relevant ☐ Habe ich bereits berücksichtigt. ☐ Werde ich ab jetzt berücksichtigen.

Wir machen uns keinen Druck wegen anderer Eltern und Kindern.	☐ relevant	☐ nicht relevant
	☐ Habe ich bereits berücksichtigt.	
	☐ Werde ich ab jetzt berücksichtigen.	
Wenn es um Apps und Computerspiele geht, haben wir einen echten Austausch.	☐ relevant	☐ nicht relevant
	☐ Habe ich bereits berücksichtigt.	
	☐ Werde ich ab jetzt berücksichtigen.	
Mein Kind spielt auch mit anderen Erwachsenen, nicht nur mit mir.	☐ relevant	☐ nicht relevant
	☐ Habe ich bereits berücksichtigt.	
	☐ Werde ich ab jetzt berücksichtigen.	

Das Konzept des Flow ...	☐ finde ich für mich und mein Kind relevant.
	☐ finde ich für mich und mein Kind nicht relevant.
Wenn relevant: Ich weiß, wann mein Kind im Flow ist.	☐ ja
	☐ nein

So achte ich in Zukunft auf den Flow und das gemeinsame Spielen:

Und jetzt? Ran ans Spielen

Nun seid ihr über die Entwicklungsstadien von Kindern informiert, habt viel über Intelligenzen und unsere Varianten wie Körper-schlau, Ich-schlau oder Wort-schlau gelernt und ihr wisst jetzt auch viel über euch selbst und euer Kind. Ihr wisst, welche Stärken es hat, welche Lernkanäle es bevorzugt. Ihr wisst, was ihr fördern wollt und wie ihr seine Unter- oder Überforderung mit etwas Glück zum Flow entwickeln könnt.

Wenn ihr in unserem Buch weiterblättert, findet ihr jede Menge Anregungen zum Spielen im nächsten und letzten Kapitel. Nehmt nun all das, was ihr über euch und euer Kind herausgefunden habt, all das, was ihr gelernt habt, und sucht im dritten Buchteil „Gemeinsam Schlauspielen" nach dem Treibstoff für das gemeinsame Lernen! Denn „Gemeinsam Schlauspielen" enthält 188 Spiele, Experimente, Rätsel, Anregungen und Ideen. Mit ihm könnt ihr Co-Learning ganz einfach in euren Alltag integrieren. Ihr fördert damit die verschiedenen Intelligenzen eurer Kinder, habt viel Spaß miteinander und werdet gemeinsam schlau.

> **Aus Spielen lernen wird spielend Lernen.** (s)

Teil 3

Gemeinsam Schlauspielen

Im dritten Teil wisst ihr nun sehr viel mehr über eure Kinder und euch selbst und könnt aus dem großen Ideenpool der von Eltern erprobten Projekte, den wir „Gemeinsam Schlauspielen" nennen, auswählen, was ihr miteinander spielend lernen wollt.

Wie verwende ich dieses Buch?

Unsere Experimente sind wunderbare Gelegenheiten, die Lernbeziehung zwischen eurem Kind und euch selbst zu festigen. Sie haben jedoch keine Sofortwirkung, was die Lernleistung eures Kindes anbelangt. Wenn ihr dreimal miteinander gespielt habt, ist euer Kind noch nicht gleich viel Wort-schlauer! Es geht vielmehr um langfristiges Denken und Lernen: Je mehr ihr zu Hause experimentiert und gemeinsam entdeckt, desto unproblematischer wird es später einmal, eine Lernhürde zu überspringen, sei es beim Erlernen einer Sprache, in der Schule, bei einer wichtigen Prüfung oder in einer anderen Lebenssituation. Im Vordergrund steht beim Spielen das „Teambuilding" für die Familie.

Viele unserer Experimente lassen sich einfach in den Alltag integrieren – ob ihr gemeinsam kocht, eure Nachbarn kennenlernt oder im Wald spazieren geht. Grundelemente des gemeinsamen Lernens lassen sich oft ohne viel Tamtam, dafür mit ein bisschen mehr Zeit und Geduld auf ganz gewöhnliche Tätigkeiten übertragen und können diese sogar zu etwas ganz Besonderem machen.

Umfassendere Experimente sind mit ein paar Erklärungen versehen, daneben gibt es simplere Spiele, bei denen ihr euch austoben, die Ideen verwandeln, umbauen und neu entwickeln könnt. Wir haben 14 Themengruppen ausgewählt. Die Experimente sind darin nach Themen geordnet und innerhalb der Themen nach Alter sortiert. Ihr findet Anregungen zu jeder der Intelligenzen, die wir in Kapitel 3 „Schlau werden – aber wie?" beschrieben haben. Zu eurer Orientierung findet ihr ab Seite 84 alle Entwicklungsziele mit einer kurzen Bedeutungserklärung.

Aber in jedem Experiment steckt natürlich noch viel mehr drin, und es werden stets weitere Intelligenzen angesprochen. Zur besseren Orientierung ist darum jedes Spiel mit Symbolen für die Entwicklungsziele versehen, die es fördert, zudem gibt es Angaben zur empfohlenen Altersspanne, zum Vorbereitungsaufwand und zur Gruppengröße. Das sind aber nur grobe Richtlinien, denn eigentlich gelten hier nur drei Regeln:

- Jedes Entdeckerspiel dauert so lange, wie es dauert.
- Es dürfen alle mitspielen, die Spaß daran haben.
- Passt die Spielbedingungen nach euren Bedürfnissen an, wenn zum Beispiel jüngere oder ältere Kinder zusammen spielen.

Die Experimente sind Anregungen, darum ist es prima, wenn sie sich verselbstständigen, und sicherlich werden eure Kinder sie auch allein oder mit anderen spielen, wenn sie ihnen Spaß bringen. Ideal fürs Co-Learning ist aber, wenn Erwachsene und Kinder gemeinsam miteinander experimentieren. Geht darum immer wieder auf eure Kinder zu, um Neues mit ihnen auszuprobieren.

Eine Bitte vorab: Denkt daran, die Materialien, mit denen ihr arbeitet, stets sachgerecht zu entsorgen. Die Reste von Luftballons gehören zum Beispiel in den Restmüll, da sie aus Kautschuk sind. Sie sind für Tiere hochgefährlich, also achtet einfach darauf, dass keine Luftballonreste in der Natur liegen bleiben. – Danke!

Und nun geht es los!

Wie wähle ich aus, was mich interessiert?

Alle Projekte zum Spielen, Entdecken, Forschen und Experimentieren haben wir in 14 Unterkapiteln thematisch gegliedert. Je nachdem, was ihr und eure Kinder für Vorlieben habt, welche Talente ihr fördern wollt oder was ihr für Lerntypen seid – hier könnt ihr nach Herzenslust stöbern und auswählen:

Welche Themen interessieren euch?

1. Wir Wortkünstler 182
Mit Projekten, die Sprache, Sprechen, Kommunizieren üben: ideal für die Lerntypen kommunikativ, auditiv und visuell, aber auch für den Lerntyp motorisch.

2. Wir Orientierungsmeister 202
Mit Projekten, die trainieren, wie Kinder sich in ihrer Umgebung räumlich zurechtfinden: ideal für die Lerntypen motorisch, kommunikativ, aber auch visuell und auditiv.

3. Wir Fragensteller 212
Mit Projekten, die helfen, Neugier, Wissen und Hintergründe in Fragen zu fassen: ideal für die Lerntypen kommunikativ und auditiv, aber auch visuell und motorisch.

4. Wir Spaßmacher 222
Mit Projekten, die den Humor in den Mittelpunkt des Miteinanders stellen: ideal für die Lerntypen kommunikativ und motorisch, aber auch auditiv und visuell.

5. Wir in unserem Dorf — 236
Mit Projekten, die weitere Personen aus dem Wohn- und Lebensumfeld der Kinder einbeziehen: ideal für die Lerntypen kommunikativ und motorisch, aber auch visuell und auditiv.

6. Wir Weltretter — 242
Mit Projekten, die Nachhaltigkeit, Natur- und Klimaschutz in den Mittelpunkt des Miteinanders stellen: ideal für die Lerntypen visuell, motorisch, kommunikativ, aber auch für den Lerntyp auditiv.

7. Wir Kreativen — 250
Mit Projekten, die die Vorstellungskraft und das Gestalten fördern: ideal für die Lerntypen visuell, motorisch, kommunikativ und auditiv.

8. Wir Motoriker — 272
Mit Projekten, die Beweglichkeit, Körpergefühl und -koordination trainieren: ideal für den Lerntyp motorisch, aber auch für die Lerntypen kommunikativ, visuell und auditiv.

9. Wir Menschenversteher — 288
Mit Projekten, die Empathie, Beobachtungsgabe und Einfühlungsvermögen schulen: ideal für den Lerntyp kommunikativ, aber auch für die Lerntypen auditiv, motorisch und visuell.

10. Wir Naturforscher — 306
Mit Projekten, die naturwissenschaftliche Phänomene und Umweltbedingungen erforschen: ideal für die Lerntypen motorisch, visuell und auditiv, aber auch für den Lerntyp kommunikativ.

11. Wir Digitalmeister 324
Mit Projekten, die digitale Mittel und das Internet einbeziehen: ideal für den Lerntyp kommunikativ, aber auch für die Lerntypen auditiv, visuell und motorisch.

12. Wir Schlagfertigen 332
Mit Projekten, die die Spontanität und die Redegewandtheit mit anderen üben: ideal für den Lerntyp kommunikativ, aber auch für die Lerntypen motorisch, auditiv und visuell.

13. Wir Mozarts 340
Mit Projekten, die musikalische und rhythmische Fähigkeiten schulen: ideal für den Lerntyp auditiv, aber auch für die Lerntypen motorisch, kommunikativ und visuell.

14. Wir Geldverdiener 348
Mit Projekten, die Geld, Kaufen und Handeln begreiflich machen: ideal für den Lerntyp kommunikativ, aber auch für die Lerntypen motorisch, auditiv und visuell.

Welches Alter habt ihr?

Die Projekte sind im Schwerpunkt für Kinder ab fünf Jahren gedacht. Je nach Entwicklungsstand kann das divergieren. Die Projekte eignen sich auch für jüngere oder ältere Kinder, deren Aufgaben ihr dem individuellen Entwicklungsstand anpassen könnt.

Welcher Lerntyp seid ihr?

Ihr könnt bei jedem Projekt ganz einfach eure Vorlieben und die eures Kindes bei der Wahl des Lernkanals unterstützen, indem ihr zum Beispiel zusätzlich

- **für visuelle Co-Lerner** Blatt und Stift oder einen Fotoapparat bereitlegt, mit denen ihr etwas aufmalen, aufschreiben oder fotografieren, also verbildlichen, könnt,

- **für auditive Co-Lerner** Lieder singt und Melodien einbindet, reimt, swingt, rockt oder etwas selbst vorlest oder Vorgelesenem zuhört,

- **für motorische Co-Lerner** einen Bewegungsparcours für die gewählten Ideen absteckt und Laufen, Tanzen, Hüpfen ins Projekt integriert oder die Gegenstände selbst bastelt, auseinandernehmt, zusammenbaut, ganz genau untersucht und bearbeitet,

- **für kommunikative Co-Lerner** einen Gedanken- oder Meinungsaustausch oder eine Diskussion anbietet und weitere Ideen gemeinsam im Gespräch entwickelt, oder auch im Spiel ausprobiert und darstellt.

Wie viele Personen seid ihr?

Alle Projekte starten ab zwei Menschen fürs Co-Learning. Weitere zusätzliche Co-Lerner sind jederzeit möglich.

Welches Entwicklungsziel möchtet ihr erreichen?

Wort-schlau
Dieses Projekt fördert die Fähigkeit, Sprache einzusetzen.

Musik-schlau
Dieses Projekt fördert die Fähigkeit, in Musik zu denken.

Zahlen-schlau
Dieses Projekt fördert die Fähigkeit, abstrakt zu denken.

Bild-schlau
Dieses Projekt fördert die Fähigkeit, Räume in der Vorstellung zu verwandeln.

Körper-schlau
Dieses Projekt fördert die Fähigkeit, durch Bewegung zu lernen.

Hand-schlau
Dieses Projekt fördert die Fähigkeit, mit den Händen Probleme zu lösen.

Ich-schlau
Dieses Projekt fördert die Fähigkeit, mit den eigenen Gefühlen gut umzugehen.

Wir-schlau
Dieses Projekt fördert die Fähigkeit, andere Menschen zu verstehen.

Umwelt-schlau
Dieses Projekt fördert die Fähigkeit, Naturphänomene zu beobachten und zu erkennen.

Welt-schlau
Dieses Projekt fördert die Fähigkeit, das Leben zu hinterfragen.

„

Es muss nicht immer alles Sinn machen. Oft reicht es, wenn es Spaß macht. Ⓑ

1. Wir Wortkünstler

Mit Sprache lässt sich Langeweile in allen Altersstufen vertreiben. Spiele mit Wörtern, Versen und Sätzen und später mit Buchstaben und Schrift sind kreativ und bringen allen viel Freude. Darüber hinaus verbessert es eure Ausdrucksfähigkeit und hilft euch und euren Kindern, besser miteinander zu kommunizieren. Dies kann in der (oder den) Familiensprache(n) geschehen, aber auch in jeder anderen Sprache, die euer Kind lernen möchte. Und vielleicht sollten nicht nur eure Kinder eine zusätzliche Sprache meistern, sondern auch ihr selbst. So könnt ihr gemeinsam mit euren Kindern auf eine Sprachexpedition gehen.

Und weil es so viel Spaß macht, haben wir extra vermerkt, was für Lerner neuer Sprachen besonders gut funktioniert.

Wir Wortkünstler

> Alter: **3–10 Jahre**
> (kommt auf das Buch an)
> Ab **2 Personen**

Ich bin die Heldin! Ich bin der Held!

Das Prinzip ist einfach: Tauscht beim Vorlesen von Büchern den Namen des Helden oder der Heldin mit dem Namen eures Kindes aus. Mittlerweile gibt es zahlreiche Angebote von Buchverlagen, Bücher zu personalisieren. Das sind tolle Geschenke. Aber ihr könnt das auch ganz ohne solche Hilfsmittel und zusätzliche Kosten machen. Verändert einfach gemeinsam eine bereits bekannte Geschichte, indem ihr Dinge und Namen einfügt, die etwas mit euren Kindern und mit euch zu tun haben.

Es ist eine sprachliche und erzählerische Herausforderung und außerdem noch eine wunderbare Konzentrationsübung, euer Kind zum Helden klassischer Bücher zu machen. Ihr könnt zum Beispiel Folgendes machen:

- Mal ist euer Kind die Hauptfigur, mal spielt es eine Nebenrolle.
- Ändert Details ab, damit sie zu eurem Kind passen: Warum nicht mal ein blonder Mogli oder eine Olivia Twist?
- Legt das Buch beiseite und spinnt die Geschichte mit eurem Kind gemeinsam weiter: Was geschieht, nachdem Ereignisse abgeschlossen sind?
- Ab etwa acht Jahren übernimmt euer Kind selbst einmal das Vorlesen und tauscht dabei die Helden aus, indem es sich, euch oder auch seine Freunde einsetzt.

Alter: 3–15 Jahre
Ab 2 Personen

Rohrspatz

Mit diesem Spiel schlagt ihr zwei Fliegen mit einer Klappe! Kinder haben einen untrüglichen Sensor für Ausdrücke, die Erwachsene nicht hören wollen. Die „Pipi-Kacka-Arschgesicht"-Phase (Entschuldigung!) geht bereits in der Kita los und gehört zur Entwicklung jedes Kindes einfach dazu. Darüber könnt ihr euch total empören (wie damals eure Eltern oder Großeltern) oder ihr bleibt völlig cool und spielt dieses Spiel mit euren Kindern. Es besteht darin, kreative Schimpfausdrücke und gar Flüche zu erfinden – zum Beispiel:

- „Zum rosaroten Schweineschnitzelmond!"
- „Muppenduppel Stinkestiletto!"
- „Elefantenmausepups mit Salamigulliduft!"
- „Verkrümeltes Affenohr auf Marmeladensahne!"
- „Schleimige Schneckenspur!"

Ihr merkt: je absurder, desto besser. Anfangs werden sich alle noch an den bekannten unangenehmen Wörtern entlanghangeln. Ignoriert das einfach bei euren Kindern. Sie werden bald von sich aus die Abwechslung suchen.

Alter: **4–15 Jahre**
Ab **2 Personen**

Die Namen der Farben

Von „Vermillion" über „Flieder" bis „Nachtblau": Wer Farben differenziert benennen kann, lernt, besser auf Details und feine Unterschiede zu achten. Das macht Kindern schon sehr früh Spaß, denn bis zum vierten Lebensjahr nehmen sie Farben deutlich intensiver wahr als Formen, was oft gut an den Kinderzeichnungen zu erkennen ist: Diese sind in den ersten Lebensjahren oft eher bunt als formschön.

Die Fähigkeit, Farben wahrzunehmen, hängt sehr stark von der individuellen Ausprägung ab. Sie kann aber auch gefördert und trainiert werden. So sind zum Beispiel Designer in der Farbwahrnehmung oft geübter als Menschen aus Berufsgruppen, die mit Farbe weniger zu tun haben. Generell wirken beim Erkennen von Farben verschiedene Fähigkeiten wie Sehen, Erkennen, Erinnern, Fühlen, Fantasieren, Sprechen, Gestalten und Ähnliches zusammen.

Es macht Spaß und ist sinnvoll, mit den Namen von Farben zu spielen. Ihr könnt zum Beispiel in **Kunstkatalogen** auf die Suche nach Farben gehen oder im Garten. Oder ihr könnt auch selbst Namen erfinden. Wie wäre es mit Kürbissuppenorange oder Brotbeige?

Im Baumarkt bekommt ihr zum Beispiel kostenlos oder für sehr wenig Geld schöne **Farbpaletten**, die sich klasse zum Ausschneiden und Spielen eignen.

Alter: **5–10 Jahre**
Ab **2 Personen**

Für Schreibanfänger: Buchstaben legen
auch für das Lernen neuer Sprachen zu empfehlen

Es bringt Kindern riesig Spaß, aus allen möglichen Sachen Buchstaben zu legen: Von **Gemüse** bis **Werkzeug** ist alles geeignet! Sammelt einfach alles Mögliche zusammen, legt es auf den Boden und schreibt los.

Oder nutzt euren Körper dazu: Gerade mit mehreren Kindern ist es sehr witzig, sich als Buchstaben auf die Wiese zu legen und Worte zu bilden, die die Erwachsenen „lesen" müssen! Alternativ kann man auch mit einem Seil große Buchstaben auf dem Boden legen und dann die Formen abgehen; das geht auch prima mit verbundenen Augen.

Alter: **5–15 Jahre**
Ab **2 Personen**

Lieder umgestalten
auch für das Lernen neuer Sprachen zu empfehlen

Auch Lieder könnt ihr abwandeln: Tauscht zum Beispiel etwas, das oft vorkommt, gegen etwas anderes aus. Singt zum Beispiel statt „Ich geh mit meiner Laterne" lieber „Ich geh mit meiner Kerze" – oder Taschenlampe, Fackel, Stehleuchte, Designerlampe und so weiter. Auch dies könnt ihr weiterspinnen: Wer mit der Designerlampe geht, sieht auch „da oben" nicht nur Sterne leuchten, sondern vielleicht auch Neonreklame? Oder Lichterketten? Spielt einfach mit den Liedtexten und baut ein, was immer euch einfällt.

Varianten: Alle Kinder lachen sich schlapp bei Abwandlungen wie „Happy Börsday tu yuuu, Marmelade im Schuh ..." – warum also nicht Neues erfinden? Sehr viel Spaß bringt es, bekannte Kinderlieder entlang eines Themas abzuwandeln und zum Beispiel aus Kinderliedern Elternlieder zu machen.

- „Alle meine Eltern schimpfen jetzt mit mir ..."
  (statt „Alle meine Entchen ...").

- „Husten, Husten du musst wandern ..."
  (statt „Taler, Taler, du musst wandern ...").

- „Alle Läuse sind schon da, alle Läuse, alle ..."
  (statt „Alle Vögel sind schon da ...").

- „Kommt ein Schnupfen geflogen, setzt sich nieder auf mein Kind ..."
  (statt „Kommt ein Vogel geflogen ...").

- „Wer will fleißige Frühaufsteher sehen, der muss zu uns Kindern gehen ..." (statt „Wer will fleißige Handwerker sehen ...").

Oder auf Englisch:

- „The leaky, leaky diaper runs down my children's leg"
  (statt „Itsi Bitsi Spider").

- „Simple, simple little task, how many times do I have to ask?"
  (statt „Twinkle, Twinkle Little Star).

Alter: **5–15 Jahre**
Ab **2 Personen**

Lieder vertauschen
auch für das Lernen neuer Sprachen zu empfehlen

Dieses Experiment hilft besonders gut bei schlechter Laune: Singt doch mal den Text von „Alle meine Entchen" zur Melodie von „Oh Tannenbaum". Das ist gar nicht so einfach! Probiert gemeinsam, wie der Text verändert werden müsste, damit er passt – oder wie er noch lustiger klingt!

Alter: **5–15 Jahre**
Ab **2 Personen**

Wortzüchter
Funktioniert am besten mit Begriffen aus dem deutschsprachigen Raum

Sucht euch ein Wort, dem ihr ein zweites Wort anhängt. Auf diese Weise baut ihr viele neue Wörter. Zum Beispiel wird aus „Baum": Baumstamm, Baumschule, Baumhaus ... Lasst auch Buchstabenanhänge mit anderen Bedeutungen zu: Baumarkt, Bauminister ... Das kann lustig werden!

Wir Wortkünstler

Alter: **7–15 Jahre**
Ab **2 Personen**

Rauf und runter: Wortbrücken
für eher fortgeschrittene Lernende neuer Sprachen zu empfehlen

Schreibt auf einer **großen Pappe** ein langes Wort einmal von oben nach unten und dann von unten nach oben auf. Lasst ausreichend Platz dazwischen. Aufgabe der Kinder ist nun, Wörter zu finden, die in die Zwischenräume passen. Der erste und der letzte Buchstabe sind ja festgelegt – nun geht es darum, die entsprechenden Lückenfüller zu finden. Bei Kindern ab der dritten Klasse solltet ihr dazu noch eine Mindestzahl an Buchstaben festlegen (zum Beispiel mindestens fünf), damit die Sache nicht zu einfach ist.

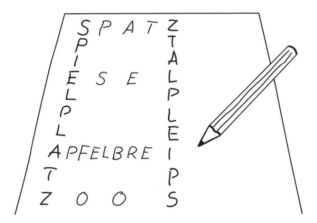

Wenn ihr es schwieriger machen wollt, dann stellt die Regel auf, dass nur eine Wortgruppe verwendet werden darf – also zum Beispiel nur Substantive oder nur Adjektive.

Ihr könnt auch einen Wettbewerb daraus machen: Dann zählt jeder Buchstabe einen Punkt, und gewonnen hat der Spieler oder die Spielerin mit den meisten Punkten – sprich, wer die längsten Wörter findet.

Wortkauderwelsch oder Freiluft-Scrabble
für eher fortgeschrittene Lernende neuer Sprachen zu empfehlen

Schreibt auf einer großen Pappe ein langes Wort mit vielen Buchstaben, und zwar vertikal, sodass jeder Buchstabe in einer eigenen Zeile steht. Sucht nun nach Wörtern, die mit diesem Buchstaben beginnen und schreibt sie horizontal daneben. Jeder einzelne Buchstabe des vertikalen Wortes ist also der erste Buchstabe des horizontalen Wortes.

Steigerung: Findet weitere Wörter, die mit diesem Buchstaben beginnen.

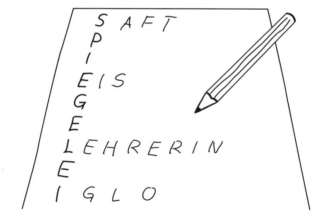

Wir Wortkünstler

Alter: **7–15 Jahre**
Ab **2 Personen**

Wortwurm
für eher fortgeschrittene Lernende neuer Sprachen zu empfehlen

Die, die anfängt, sagt ein Wort, das aus zwei Hauptwörtern zusammengesetzt ist. Der Nächste nimmt nun den letzten Begriff und bildet mit einem zweiten Hauptwort ein neues Wort. Daraus entsteht dann eine Wortkette: Tischbein, Beinschiene, Schienenbahn, Bahnhof, Hofplatz …

Das geht auch mit **Papier** und **Stift** ganz wunderbar: Alle Experimentierende sollten am besten mit unterschiedlichen Farben ausgestattet sein, dann kann sich ein bunter Endloswurm entwickeln.

Alter: **7–15 Jahre**
Ab **2 Personen**

Gegensatzwörter
Funktioniert am besten mit Begriffen aus dem deutschsprachigen Raum

Nehmt ein aus zwei Hauptwörtern zusammengesetztes Wort und sucht einen neuen, witzigen Begriff, der aus den Gegensätzen beider Wörter besteht. Zum Beispiel: Waldsterben – Stadtleben, Altersheim – Jungbrunnen, Stinkstiefel – Duftsocke …

Keine Angst vor Wörtern, die auf den ersten Blick nicht „funktionieren"! Mit ihnen wird es erst wirklich lustig, das Thema „Gegenteil" auszureizen: Kopfhörer – Fußfessel … oder Herzklappe? Vergesst bei diesem Spiel nicht die Frage nach dem Warum! Auf diese Weise könnt ihr mit Kindern ab sieben oder acht Jahren wunderbar philosophische

Diskussionen über Gegensätze führen. Was ist das Gegenteil von Kopf? Fuß oder Herz? Oder gar was anderes? Diskutiert darüber – das trainiert auch die Argumentationsfertigkeit und das Gespür für Logik.

Etwas schwieriger ist die Variante „Vergrößerungswörter": Steigert eines der Wörter, zum Beispiel Buchstabensuppe – Wörtersee, Streichholz – Massagebank. Das ist gut für die älteren Kinder.

Alter: **7–15 Jahre**
Ab **2 Personen**

Sätze aufbauschen
auch für das Lernen neuer Sprachen zu empfehlen

Bildet einen ganz einfachen Satz aus einem Subjekt und einem Prädikat, zum Beispiel: Mama isst. Das ist euer Ausgangssatz. Reihum fügt nun jeder dem Satz ein Wort oder einen Satzbaustein hinzu, sodass ein möglichst langer, aber sinnvoller Satz entsteht:

Die liebe Mama isst.
Die liebe Mama isst Brot.
Die liebe Mama isst genüsslich Brot.
...
Die super liebe Mama von Lars, unserem netten und hilfsbereiten Nachbarn im linken hinteren Garten, isst genüsslich Brot mit Butter und schaut eine Sendung im Fernsehen ohne Ton.

Das trainiert auch gleich das Kurzzeitgedächtnis!

Wir Wortkünstler

Alter: **7–15 Jahre**
Ab **2 Personen**

Sätze aus Autokennzeichen
für eher fortgeschrittene Lernende neuer Sprachen zu empfehlen

Dieses Spiel eignet sich gut für lange Autofahrten: Bildet aus den Buchstaben eines Autokennzeichens Sätze: So wird zum Beispiel aus HD-BL „Hanna darf Bücher lesen" oder „Hast du Bären lieb?".

Wem das zu langweilig ist, kann Sätze aus zwei oder drei Autokennzeichen bilden.

Alter: **7–15 Jahre**
Ab **2 Personen**

Abc-Listen
auch für das Lernen neuer Sprachen zu empfehlen

Nennt Dinge, die zu einem Thema passen, und zwar in alphabetischer Ordnung: mit a, b, c ... Ist das Thema zum Beispiel Weihnachten, dann lauten die dazu passenden Begriffe: Advent, Basteln, Christbaum, Datteln, Essen ...

Erweitert das Experiment, indem ihr alle Wörter aufschreibt und daraus eine Geschichte spinnt.

Teil 3 / Gemeinsam Schlauspielen

Alter: **7–15 Jahre**
Ab **2 Personen**

Eigenschaft sucht Ding
auch für das Lernen neuer Sprachen zu empfehlen

Sucht zusammen Dinge oder Gegenstände, die alle jeweils eine bestimmte Eigenschaft gemeinsam haben. Sinn des Spieles ist es, möglichst viele originelle Lösungen zu finden. Lautet die Eigenschaft „rund", dann heißt es: „Rund sucht Dinge", es passen: Ball, Erde, Kugel, Augapfel ... Oder „Weich sucht Dinge": Schwamm, Feder, Kissen, Katzenfell ...

Alter: **7–15 Jahre**
Ab **2 Personen**

Fernzeichner
auch für das Lernen neuer Sprachen zu empfehlen

Dieses Experiment gehört zu den Standardübungen von Teambuilding-Coaches. Das Prinzip ist einfach: Einer zeichnet etwas auf ein **Blatt Papier,** und *ohne* es den anderen zu zeigen, beschreibt er in Worten die Zeichnung so, dass die anderen sie nachzeichnen können. Im Anschluss werden die Zeichnungen verglichen.

Auch bei diesem Spiel ist die nachträgliche Reflexion wichtig, denn dadurch werden die Perspektiven aller Beteiligten klar, also was wer gedacht und was wer wie verstanden hat: Wie sind die Unterschiede ausgefallen und warum? Wie hätte der Beschreiber sich präziser ausdrücken können? Welche Wörter beziehungsweise Ausdrücke haben in die Irre geleitet? Der Aha-Effekt ist beim ersten Mal am stärksten, aber es bringt viel, dieses Experiment alle paar Wochen zu machen. Ihr werdet garantiert besser.

Auch dieses Spiel lässt sich prima mit **Tangramformen, Legoklötzen, Bauklötzen** oder – noch cooler – **Knete** spielen. Das Prinzip bleibt gleich: Diejenige, die anfängt, beschreibt, welches Bild sie im Kopf hat (bauen oder legen geht ja nicht, das würden ja alle sehen), und die anderen versuchen dies nachzubauen.

Alter: **7–15 Jahre**
Ab **2 Personen**

Märchenmix
auch für das Lernen neuer Sprachen zu empfehlen

Denkt euch neue Märchen aus, indem ihr Heldinnen aus unterschiedlichen Erzählungen zusammenbringt: Was passiert, wenn Schneewittchen und Rapunzel zusammen auf Klassenreise gehen? Was geschieht, wenn die Stiefmutter von Aschenputtel sich plötzlich den bösen Wolf aus Rotkäppchen als Haustier zulegt?

Spinnt das einfach weiter. Manche Kinder können das gut ohne jede weitere Hilfe. Andere brauchen ein bisschen Unterstützung; nennt zum Beispiel drei Objekte, die in der Geschichte eine Rolle spielen sollen, zum Beispiel: Schiff, Korb, Perlenkette, Apfel, Schloss. Je verrückter die Objekte sind, umso besser.

> Alter: **7–15 Jahre**
> Ab **2 Personen**

Buchrückenpoesie
geeignet für alle Sprachen

Menschen, die viele Bücher haben, bereitet dies ein ganz großes Vergnügen: Stapelt **Bücher** so aufeinander, dass die Titel auf den Buchrücken ein kurzes Gedicht oder eine Mini-Story ergeben. Das sieht toll aus, und man kann auf diese Weise auch kleine Grußbotschaften erstellen.

Ihr lest nur digital? Macht nichts. Mit einer kleinen Internetrecherche lässt sich auch wunderbar „dichten". Ruft einfach einen Online-Shop auf, der Bücher verkauft. Hier seht ihr schon auf der Startseite Bücher gelistet. Das sind eure Zeilen, daraus könnt ihr nun ein Gedicht formen. Alternativ könnt ihr auch die Auswahl einschränken, indem ihr nur Bücher von Autoren aufruft, die den gleichen Nachnamen haben oder deren Nachname mit dem gleichen Buchstaben anfängt. So entstehen Gedichte wie das Folgende:

Gespensterjäger in der Gruselwelt,
Stoppt die Schatzräuber!
Was krabbelt denn da?
Ich, Zeus, und die Bande vom Olymp!
Ein kleiner Wolf braucht Hilfe,
Ich wiege dich ein bisschen und gebe dir ein Küsschen!

Rezitiert die so entstandenen Gedichte laut mit ganz großen Gesten und sehr theatralisch!

Alter: **7–15 Jahre**
Ab **2 Personen**

Lippenlesen für Anfänger
auch für das Lernen neuer Sprachen zu empfehlen

Dieses Experiment schärft die Beobachtungsgabe: Einer formt ein Wort mit den Lippen, die anderen versuchen anhand des „Mundbildes" der Phoneme zu erraten, was er gesagt hat. Das „Mundbild" setzt sich zusammen aus der Stellung der Lippen, des unteren Mundbereichs sowie des sichtbaren Teils der Zunge. Wenn das geräuschlose Formen nicht so gut klappt, kann dem, der raten soll, auch ein Kopfhörer mit lauter Musik aufgesetzt werden, sodass er das zu erratende Wort nicht hören kann.

Alter: **8–15 Jahre**
Ab **2 Personen**

Alliterations-Komplimente

Macht euch gegenseitig mit jedem Buchstaben des Alphabets besonders schöne Komplimente:

„anmutigste Alleskönnerin!"
„begeisternder Befürworter!"
und so weiter

Teil 3 / Gemeinsam Schlauspielen

Alter: 8–15 Jahre
Ab 2 Personen

Redewendungen verdrehen

Menschen mit anderer Muttersprache passiert es häufig, aber auch Muttersprachler stolpern gern über Redewendungen. Ihr könnt das nun absichtlich machen: Verdreht und mixt Sprichwörter, feste Wendungen und so weiter. Hier ein paar Anregungen:

„Wir wollen keine schlafenden Bären wecken."
„Mit Paukern und Trompeten ..."
„Nach mir die Sinnflut ..."
„Vom Regen in die Taufe kommen."
„Auch ein blindes Huhn legt ab und zu ein Ei."
„Er versucht, seine Schäfchen zu trocknen."
„Das Leben ist kein Ponyschlecken!"

Alter: 8–15 Jahre
Ab 2 Personen

Ein Buchstabe-daneben-Tiere

am besten geeignet für die Familiensprache

Die Idee wurde auf Twitter entwickelt (#einbuchstabedanebentiere), macht aber auch offline großen Spaß: Ändert einen Buchstaben in einem Tiernamen – durch Verändern, Weglassen oder Hinzufügen – und gebt ihm damit eine völlig neue Bedeutung:

- für Unglück verantwortlich: die Schuldkröte
- herausgeputzt: der Deopard oder der Elegant
- konzerttauglich: die Mucke
- auf Schnäppchenjagd: der Aldigator
- Weltschmerz pur: die Heule

Alter: **8–15 Jahre**
Ab **2 Personen**

Sprachfehler und Pi-Pa-Po-Sprache

Stellt euch vor, ihr habt alle die gleiche Sprachmacke und könnt einen bestimmten Buchstaben nicht aussprechen – zum Beispiel das l. Unterhaltet euch ein paar Minuten, eine Stunde oder wie lang auch immer, während ihr bei allen Wörtern das l auslasst. Das ist gar nicht so einfach, dazu benötigt ihr Konzentration.

Noch kniffliger ist die Pi-Pa-Po-Sprache, damit übt ihr außerdem auch Silbentrennung. Teilt das Wort in Silben und hängt an jede Silbe ein P gefolgt vom Vokal der Silbe an. So wird dann aus Mami: Ma-pa-mi-pi – Mapamipi; oder aus Käsekuchen: Kä-pä-se-pe-ku-pu-chen-pen – Käpäsepekupuchenpen.

Alter: **8–15 Jahre**
Ab **2 Personen**

Gegenteiltiere

Sucht in Tiernamen einfache Wörter wie zum Beispiel „wach" in Wachtel und formt dann das Gegenteil davon: so entsteht das „Gegenteiltier": die Müdetel oder Schlaftel oder Muntertel. Auch die Wneunel geht, wenn ihr nicht das Gegenteil von „wach" sucht, sondern eine andere Zahl als „acht". Gut, das ist nicht das Gegenteil, macht aber auch Spaß!

Alle sind abwechselnd dran und haben eine Minute Zeit, um ein neues Paar zu finden. Ihr könnt einen Wettstreit daraus machen, dann bekommt man pro Gegenteiltier-Paar einen Punkt, oder ihr erfindet andere Spielregeln. Hier ein paar Beispiele:

Einhorn – Aushorn
Zitronenfalter – Zitronenglätter
Gemse – Nehmense
Hai – Tschüs
Kanarienvogel – Kannkeinearienvogel
Insekt – Inbier
Eidechse – Meineidechse
Maulwurf – Maulfang
Heilbutt – Kaputtbutt
Pottwal – Kännchenwal
Jaguar – Neinguar
Pferde – Pfluft
Antilope – Lope
Waschbär – Kleckerbär

Wir Wortkünstler

Alter: **8–15 Jahre**
Ab **2 Personen**

Superlative toppen

Malträtiert Wörter nach Lust und Laune! Das geht gut mit den unregelmäßigen Formen: Ihr habt viele „beste Freunde"? Wer ist dann euer „bestester" Freund? Ihr könnt das sogar noch steigern, indem ihr Italienisch zur Hilfe nehmen, dort werden Superlative mit „issimo" beziehungsweise „issima" gebildet: Mein besterstissimo Freund! Meine bestesterissima Freudin! Packt auch noch Englisch obendrauf: Mein most besterstissimo Freund. Wer bietet mehr?

Aber noch mehr Spaß macht es, wenn man Adverbien nimmt: Wir sind zusammen? Könnten wir noch zusammener sein? Und wie kann man am zusammenersten sein? Zusammmentissimo?

Alter: **8–15 Jahre**
Ab **2 Personen**

Buchstabenpantomime

Ihr kennt die einfache Pantomime, nicht wahr? Jemand denkt sich ein Wort und versucht, es pantomimisch darzustellen, während andere es erraten. Hier kommt eine kleine Abwandlung: Sucht euch ein Wort und stellt es Buchstabe für Buchstabe pantomimisch dar. Zum Beispiel Schule: SCH-lange + U-hu + L-ampe + E-nte.

Das Experiment ist auch eine Geduldsprobe: Wer schon mal bei „Schul" versucht zu raten, kann auch auf „Schuld" kommen und disqualifiziert sich. Tja, selbst schuld.

201

2. Wir Orientierungsmeister

Sich orientieren zu können, ist eine echte Lebensnotwendigkeit. Je mehr wir uns auf Navigationsgeräte und -Apps verlassen, desto mehr verändert sich unser Orientierungssinn, beziehungsweise: Bei unseren lieben kleinen Digital Natives wird er ganz anders angelegt. Wir sagen bewusst „anders" und nicht „schlechter", denn das Digitale hilft bei vielen Dingen und vorsorgt uns mit vielen Informationen, wenn wir trainiert sind, sie uns zunutze zu machen. Wir sollten es darum nicht verdammen, sondern so einsetzen, dass es eine Bereicherung ist und nicht zum Verdummungsinstrument verkommt.

ⓢ Kleine Streckenplanerin

Vor ein paar Jahren kam mich mein Patenkind aus einem kleinen Dorf in Schleswig-Holstein besuchen. Sie war zuvor noch nie länger als wenige Stunden in einer großen Stadt wie Berlin gewesen und hatte darum mächtig Respekt.

Unsere größte Sorge war, dass sie verloren gehen könnte und selbst mit der Telefonnummer von zu Hause ausgestattet vielleicht zu verängstigt wäre, um jemanden um Hilfe zu bitten. Also habe ich einen Streckenplan des öffentlichen Nahverkehrs besorgt; jede Strecke, die wir irgendwohin gefahren sind, musste sie raussuchen, und sie sollte auch die Stationen zählen, bis wir aussteigen mussten. Sie wurde sozusagen unsere Reiseführerin.

> Das hat uns ein gutes Gefühl gegeben, weil sie mit jeder Fahrt sicherer wurde und uns nach nur einem Tag nach Hause führen konnte – wenn auch mit einem lustigen Umweg. Für sie war die Stadt zwar immer noch riesig, aber wir hatten beide keine Sorge mehr, dass sie verloren geht.

Auch für uns Erwachsene ist es in einer Zeit, in der Digitalgeräte uns sehr viel Orientierungsarbeit abnehmen, gut und wertvoll, die Wahrnehmung für das, was uns umgibt, spielerisch zu trainieren. Also, nichts wie ran ans spielerische Co-Learning.

Und weil es so viel Spaß macht, haben wir extra vermerkt, was für Lerner neuer Sprachen besonders gut funktioniert.

Alter: **3–15 Jahre**
Ab **2 Personen**

Schatz finden nach Plan

Wenn ihr kleine Kinder habt, fangt am besten in der Wohnung an: Zeichnet auf einem Blatt **Papier** einen einfachen Grundriss, zuerst eines Zimmers mit Möbeln, später der ganzen Wohnung; keine Angst, selbst Dreijährige können das Konzept recht schnell erfassen. Und dann markiert darauf, wo sich die Überraschung befindet! – Das kann alles sein: vom geliebten Kuscheltier bis hin zu Schokoladen-Goldtalern.

Mit älteren Kindern lässt sich das Spiel auf die umliegende Gegend mit Straßen und Grünflächen erweitern. Bei noch älteren Kindern kann es gut und gern ein ganzes Wohnviertel sein. Die Erwachsenenvariante ist das Geocaching, sucht es mal im Internet und probiert es aus.

Wichtig beim Spiel mit Kindern: Nicht nur die Erwachsenen, sondern auch die Kinder verstecken mal etwas! So lernen sie, den Plan auch anders zu lesen, denn die Auseinandersetzung mit ihm unterscheidet sich, je nachdem, ob man etwas sucht oder versteckt.

Eine Alternative dieser Form von Schatzsuche ist das „Verstecken aus der Ferne": Wenn ihr mit den Kindern an einem Ort seid, zum Beispiel bei Verwandten oder in einem Ferienhaus, fertigt von diesen Räumen oder von der Umgebung einen Plan. Wieder zu Hause spielt ihr dann „Schätze, die wir gesehen haben": Ihr erinnert euch an Objekte, die euch dort gut gefallen haben, und zeigt auf dem Plan, wo sie waren.

Wir Orientierungsmeister

Alter: **5–15 Jahre**
Ab **2 Personen**

Verloren gehen

Wählt hierfür am besten einen Tag, an dem Zeit keine Rolle spielt. Geht einfach mal ohne Stadtplan oder GPS los – durch die Straßen oder gar in den Wald. Versucht nach einer gewissen Zeit, nach Hause zu finden. Dabei ist es durchaus erlaubt, Unbekannte nach dem Weg zu fragen; ein Stadtplan, eine Stadtplan-App auf dem Smartphone oder Ähnliches aber sind verboten!

Alter: **5–15 Jahre**
Ab **2 Personen**

Gehirnfoto

Macht bei Ausflügen und Spaziergängen gemeinsam „Gehirnfotos": Versucht, euch Orte beziehungsweise Dinge an diesen Orten gut zu merken. Redet später darüber und gleicht eure Erinnerungen ab.
Viel Spaß bringt es auch, die Dinge und Orte aus der Erinnerung zu zeichnen und dann mit einem echten Foto zu vergleichen.

205

Alter: 5–15 Jahre
Ab 2 Personen

Google Earth

Bevor es in den Urlaub oder bei Ausflügen an neue Orte geht, könnt ihr diese bereits mit **Google Earth** anschauen und Details finden, die ihr unbedingt vor Ort wiederfinden wollt: eine knallpinke Hauswand, ein Brunnen, eine bestimmte Bank. Wenn ihr da seid, gehts los: Lassen sich die Details wiederfinden?

Alter: 5–15 Jahre
Ab 4 Personen

Wege-Wettbewerb in Städten

Welcher ist der perfekte Weg für eine bestimmte Strecke? Teilt die Familie beziehungsweise die teilnehmenden Freunde in Teams auf und erreicht einen bestimmten Ort auf unterschiedlichen Wegen. Dabei ist jedes Verkehrsmittel erlaubt, das polizeilich okay ist. Eure Rallye kann dabei ganz unterschiedliche Ziele haben:

- Schnelligkeit (Dauer festhalten),
- Schönheit (mit einer Kamera die schönsten Stationen fotografieren und danach vergleichen),
- etwas Bestimmtes auf dem Weg: gelbe Autos? Hunde? Blütenbäume im Frühling? Eisdielen? Buchläden? Gullydeckel? (Zählen und am Ende vergleichen).

Wir Orientierungsmeister

Alter: **5–15 Jahre**
Ab **3 Personen**

Stadt-Fotosafari

Dies ist eine Variante des vorherigen Entdeckerspiels, nur etwas stärker auf das Visuelle ausgerichtet. Schnappt euch eine **Digitalkamera** und geht auf die Suche nach Formen im Straßenbild: Wie viele echte Quadrate, Dreiecke oder Kreise gibt es? Dann kann man die Latte höher legen: Pentagone, Oktagone, Pyramiden und so weiter.

Eine weitere Steigerungsstufe sind ausgeklügelte Details, die etwas mehr Wissen und Recherche erfordern: Gründerzeittüren, ionische Säulen, Art-déco-Fenster, Oldtimer ...

Aus den fotografierten Objekten lassen sich übrigens auch wundervolle Plakate gestalten.

Alter: **5–15 Jahre**
Ab **2 Personen**

Blind spazieren

Dem, der anfängt, werden die **Augen gut verbunden,** die anderen führen ihn an einen Ort. Sind die Kinder noch klein, liegt dieser am besten in der Wohnung, sind sie schon größer, kann es ruhig in die Nachbarschaft gehen. Am Ziel rät der „blinde Spaziergänger" dann, wo er sich befindet.

Alter: **5–15 Jahre**
Ab **2 Personen**

Der Duft der Orte

Der Geruchssinn ist bei Kindern gut ausgeprägt, allerdings verkümmert er mit der Zeit etwas, weil er nur selten bewusst genutzt wird. Wenn ihr zusammen an einem neuen Ort seid, dann schnuppert herum und versucht zu benennen, wonach es dort riecht. Die Nordsee riecht anders als das Mittelmeer, und die Berliner Metro verströmt einen anderen Duft als die in Paris oder New York. Stimmt es?

Alter: **5–15 Jahre**
Ab **2 Personen**

Tourguide

Bekommt ihr häufiger mal Besuch von Familie und Freunden? Dann bereitet doch eine richtige professionelle Tour vor. Legt die Route fest, überlegt euch sinnvolle Stopps, recherchiert, welche berühmten Zitate es zu welchen Sehenswürdigkeiten gibt und so weiter.

Das ist eigentlich eine ganz simple Idee, meist denkt man ja: Wenn jemand zu Besuch kommt, ergibt sich das von allein. Aber die Erfahrung zeigt: Besser ist es, wenn ihr euch das fest vornehmt. Warum also kein Spiel daraus machen?

Alter: **5–15 Jahre**
Ab **4 Personen**

Stadtplan handfrei

Für dieses Entdeckerspiel müsst ihr das Haus nicht verlassen, ihr benötigt dafür nur einen **Stadtplan**, egal ob analog auf **Papier** oder digital in einer **App**. Die Person, die anfängt, beschreibt einen Weg zu einem Ziel, das nur sie kennt, von einem genannten Startpunkt an. Sie darf dabei nicht auf den Stadtplan zeigen. Alles was sie sagen darf, ist: rechts, links, geradeaus, zurück. Alle anderen folgen dem Weg mit den Augen – ebenfalls ohne auf den Stadtplan zu zeigen – und müssen am Ende sagen, wo sie angekommen sind. Haben sie das Ziel erreicht?

Alter: **5–15 Jahre**
Ab **2 Personen**

Große Reise ohne Kosten

Nehmt euch einen **Weltatlas**, einen **Globus** oder eine **Weltkarte**, schließt die Augen, lasst den Finger kreisen, zählt bis fünf und dann zeigt mit dem Finger auf irgendeinen Punkt der Erde. Wo seid ihr gelandet? Kambodscha? Toll! Wo liegt das? Wer lebt da? Was gibt es dort Besonderes? Welche Sprachen werden dort gesprochen? Viele Fragen sind zu beantworten! Nehmt einen **Atlas**, das **Lexikon** oder den **Computer** und recherchiert los! Das bringt nicht nur Spaß, es öffnet auch den Geist, macht weltoffener und auch aufgeschlossener für das Fremde.

Das andere, das, was uns nicht bekannt ist, ist spannend und aufregend. Lasst eurer Neugierde und euren Fragen freien Lauf.

Erzählt euch gegenseitig, was ihr gerne in diesem Land machen, was ihr essen und in welcher Sprache ihr euch verständigen würdet. Wer weiß, vielleicht entwickeln eure Kinder so sogar neue Interessen oder äußern Wunschreiseziele, die sie später mal erkunden und noch besser kennenlernen wollen. So oder so, wir wünschen euch eine gute Reise!

Alter: **7–15 Jahre**
Ab **2 Personen**

Die Stadt nachbauen

Kennt ihr **Kreppband** vom Renovieren? Das ist ein wunderbares Spielmaterial, denn damit könnt ihr Straßen auf dem Boden in der Wohnung entstehen lassen. Das Band lässt sich auf alle gängigen Holz-, Laminat- oder auch Marmor- und Zementböden und sogar auf Teppichböden kleben und problemlos wieder abziehen. Lediglich bei ganz alten und ehrwürdigen Holzböden würden wir das nicht empfehlen!

Am besten lasst ihr das Kreppband auch nicht allzu lange dort kleben, damit es sich nicht festtritt, denn dann lässt es sich nur noch schwer entfernen.

Mit dem Kreppband könnt ihr ganze Straßenzüge legen. Mit alten **Kartons** lassen sich Gebäude darstellen. So entsteht eine kleine Stadt. Die kann einfach frei erfunden sein, oder ihr baut mithilfe eines **Stadtplans** oder einer **App** eure Umgebung nach. Sind eure Kinder in der vierten Klasse oder höher, könnt ihr sogar über maßstabsgetreues Bauen nachdenken, wenn ihr Spaß am Rechnen habt.

Alter: **7–15 Jahre**
Ab **2 Personen**

Schrittmaß-Entfernungen

Jeder misst sein Schrittmaß. Aber wie geht das? Das ist schon die erste Herausforderung: Vorschläge sammeln und ausprobieren! Und so geht es richtig:

1. Legt ein **Maßband** (oder einen **Zollstock**) in einem möglichst großen Zimmer aus.
2. Jeder geht nun einfach normal durch den Raum und bleibt nach einigen Schritten, mitten im Schritt, neben dem Maßband (Zollstock) stehen.
3. Messt die Schrittlänge von Fußspitze zu Fußspitze und notiert diesen Wert.
4. Jeder wiederholt diesen Vorgang noch genau zwei Mal.
5. Addiert nun alle drei Messwerte zusammen und teilt die Summe durch drei.
6. Der Durchschnitt ist ziemlich genau das Schrittmaß.

Und jetzt kommt das eigentliche Spiel: Alle laufen gemeinsam diverse Strecken und schätzen dann anhand der Schrittzahl die Entfernung. Am Ende werden die Resultate mit den Ergebnissen von **Google Maps oder Ähnlichem** verglichen.

3. Wir Fragensteller

Wer erinnert sich noch an den alten Song aus der Sesamstraße? „Wer nicht fragt, bleibt dumm!" ist sicherlich bei vielen Familien zu einem geflügelten Wort geworden. Wie wir ja schon in Kapitel 2 „So entwickelt sich mein Kind, das Lernwesen" beschrieben haben, sind Kinder von Natur aus Fragensteller und nicht Antwortengeber. Deshalb wird es für viele Kinder oft schwierig, wenn sie keine Fragen mehr stellen, sondern nur noch Antworten geben sollen. Ohne Fragen gibt es kein Lernen und kein Entdecken. Fragen zu stellen ist manchmal lebensnotwendig. Für Kinder ist es so wichtig wie die Luft zum Atmen. Aber richtiges und sinnvolles Fragenstellen will gelernt sein. Deswegen findet ihr hier ein paar Anregungen, um das Fragenstellen (neu) zu entdecken.

Wir Fragensteller

Alter: **3–15 Jahre**
Ab **2 Personen**

Fragen finden

Findet gemeinsam die spannendsten Fragen zu einem bestimmten Thema. Zum Beispiel: Schnecken! Warum sind sie so langsam? Woraus besteht die Schleimspur? Kann man alle Schnecken essen? Warum essen manche Menschen überhaupt Schnecken? Welche Tiere essen Schnecken?

Selbstverständlich sollte es nicht bei den Fragen bleiben. Wenn ihr eine Menge Fragen zusammenhabt, wählt jeder zwei bis drei aus, auf die er unbedingt die Antwort wissen will. Und dann geht die Recherche los! Jedes Hilfsmittel ist nun erlaubt – es müssen aber nicht immer Siri oder Alexa sein.

Alter: **3–15 Jahre**
Ab **2 Personen**

Überhaupt: Fragen stellen

Gute Fragen zu stellen und tiefe Gespräche zu führen ist immer hilfreich. Denn einander durch gute Fragen besser und empathischer kennenzulernen, ist ein Schatz fürs Leben. Darum: Stellt Fragen – euren Verwandten, euren Freunden, euch selbst. Im Folgenden haben wir ein paar Fragen als Anregung zusammengestellt.

213

Fragen nach Lieblingsdingen und den Gegenteilen dazu:
- Was machst du an einem perfekten Tag? Und wie sieht ein völlig misslungener Tag aus?
- Wie würdest du dein Kinderzimmer jemandem beschreiben, der es noch nie gesehen hat?
- Was ist dein Lieblingskleidungsstück? Und welches Kleidungsstück magst du überhaupt nicht?
- Was ist deine Lieblingsfarbe? Und welche Farbe magst du gar nicht?
- Was ist deine Lieblingsspeise? Und was isst du überhaupt nicht gern?
- Welche Geräusche hörst du gern? Und welche Geräusche stören dich?
- Welche Gerüche riechst du gern? Und welche magst du gar nicht?

Fragen zur Selbstreflexion:
- Wann warst du mal so richtig mutig?
- Was geschah in deinem letzten Traum, an den du dich erinnerst (Tagträume sind auch okay)?
- Worauf bist du stolz?
- Wann warst du stolz auf dich selbst?
- Wovor hast du Angst?
- Wann hast du dich das letzte Mal richtig schlau gefühlt?
- Wann hast du das letzte Mal jemanden geholfen und womit?
- Was macht dich glücklich?
- Wofür würdest du gern Zeit haben?

Fragen zur Familie:
- Wie lacht deine Mutter? Und wie lacht dein Vater?
- Was nervt dich am meisten an Erwachsenen – oder auch an Kindern?
- Wie alt ist „richtig alt"?
- Wenn du jemanden aus deiner Familie in etwas anderes verzaubern könntest, wer wäre das und in was würdest du ihn verwandeln?
- Was, glaubst du, kann deine Mutter oder dein Vater überhaupt nicht?

Fragen zu Kinderwelten:
- Wer ist dein bester Freund oder deine beste Freundin, und was mag er oder sie am liebsten?
- Welches ist das lustigste Wort, das du kennst?
- Welche von deinen Freundinnen oder Freunden findest du richtig frech?
- Welche Farbe haben die Tage der Woche?
- Wie sieht dein Traum-Baumhaus aus?
- Was ist das Netteste, das ein Freund oder eine Freundin für dich getan hat?
- Welches ist das netteste Tier der Welt?
- Welches ist das gefährlichste Tier der Welt?
- Welches Tier findest du mutig / anmutig / feige / bunt / scheu / langweilig ...?

Hypothetische Fragen:
- Was würdest du auf eine einsame Insel mitnehmen?
- Was wäre ein richtig tolles Geschenk für dich genau jetzt?
- Wenn der Weihnachtsmann im Sommer käme, was hätte er dann an?
- Welche Superkraft wünschst du dir?
- Was möchtest du gerne erfinden?

Fragen zur Welt:
- Welches ist der schwerste Job in der ganzen Welt?
- Welcher Beruf macht wohl am meisten Spaß?
- Wenn du eine Regel für alle Menschen aufstellen könntest, welche wäre das?
- Wenn du deine ganz eigene Welt / Stadt / dein eigenes Haus bauen könntest, wie würde das aussehen?

In die Zukunft gerichtete Fragen:
- Worauf freust du dich?
- Was möchtest du morgen anders machen?
- Wie viele Schultage sind noch übrig bis zu den Ferien?
- Was denkst du, wie groß du mal sein wirst?
- Willst du später mal in der Stadt oder auf dem Land leben?

Fragen zur Schule oder Kita, zu Mitschülerinnen und Freunden:
- Wie hast du heute jemanden geholfen?
- Wer hat heute jemand anderem geholfen?
- Wer war der netteste Spielpartner heute?
- Wer war der doofste Spielpartner heute?
- Hatte heute jemand Geburtstag?
- Wer hatte was Rotes / Gelbes / Blaues an?
- Wer hat heute den größten Blödsinn gemacht?
- Wer war heute traurig?
- Wer hat sich heute gestritten?
- Wer hat sein Schulbrot weggeworfen?
- Wer hat sein Schulbrot geteilt?
- Wer hatte das leckerste Schulbrot?

Fragen zu Lehrerinnen und Lehrern beziehungsweise Erzieherinnen und Erziehern:
- Wie viele Lehrerinnen / Erzieherinnen hast du heute gesehen? Und wie viele Lehrer / Erzieher?
- Welche Farben hatte die Kleidung deiner Lehrerin / deines Lehrers / der Erzieherin / des Erziehers?
- Welche Lehrerin / Erzieherin hatte heute besonders gute Laune?
- Welcher Lehrer / Erzieher hatte heute schlechte Laune?

Fragen zu allgemeinem Geschehen in der Schule/in der Kita:
- Worüber hast du heute gelacht?
- Was hast du heute gelernt, was auch ich lernen sollte?
  (Die Co-Learning Frage überhaupt!)
- Was habt ihr heute gesungen?
- Was möchtest du von heute vergessen?
- Ist heute etwas kaputt gegangen? Was?
- Was war das Allerspannendste?
- Was war das Allerlangweiligste?
- Worüber hast du dich heute geärgert?
- Wer oder was hat gefehlt?
- Wie war das Wetter in der ersten Pause?
- Was habt ihr gespielt in der Pause?
- Was hat dich heute überrascht in der Schule/Kita?

Generelle Fragen zur Schule/Kita:
- Was ist dein Lieblingsort in der Schule/Kita?
- Wofür hättest du gerne einen Zauberstab in der Schule/Kita??
- Was würdest du gerne verändern in der Schule/Kita?
- Wie würdest du deinen Klassenraum/Kita-Raum einem Außerirdischen beschreiben?
- Wen aus der Schule/Kita möchtest du besser kennenlernen?

Es ist gut möglich, dass euer Kind die Schule als „sein Ding" für sich behalten will. Dann möchte es euch vermutlich nicht so viel davon erzählen. Das ist okay, bedrängt euer Kind in diesem Fall nicht. Was aber möglicherweise gut funktioniert, ist selbst zu erzählen, was euch bei der Arbeit wiederfahren ist und was ihr erlebt habt. Vielleicht öffnet sich dann euer Kind. Auch hier gilt wieder: Seid Vorbild, öffnet euch. Sich miteinander auszutauschen ist am allerbesten!

Alter: **5–15 Jahre**
Ab **2 Personen**

DIY-Freundebuch

Es ist so simpel wie schön: Bastelt euch euer eigenes Freundebuch – mit euren ganz persönlichen Fragen. Inspiration für Fragen findet ihr in den Experimenten „Fragen finden" und „Überhaupt: Fragen stellen".

Alter: **6–15 Jahre**
Ab **2 Personen**

Wer kommt woher und wie war es früher?

Findet heraus, woher die Nachbarn aus eurer Straße kommen, fragt sie zum Beispiel, aus welchem Land, welcher Stadt oder aus welchem Viertel sie kommen. Erstellt eine alternative Straßenkarte auf einem **Blatt Papier** mit Orten und Geschichten, auf der ihr keine Hausnummern notiert, sondern zum Beispiel schreibt: „das Haus, in dem der Mann aus Spanien wohnt" oder „das Haus mit den Menschen, die Kinderlieder mögen" oder anderes.

Natürlich könnt ihr nicht bei allen Menschen klingeln, das wäre ganz schön aufdringlich! Aber schaut mal in die kleinen Läden oder in die Innenhöfe, wenn es welche gibt. Oder sitzt vielleicht eine Frau, die hier schon lange lebt, auf einer Bank an der Straße?

> **B** **Ostalgie**
> Ich habe das mal mit einem meiner Blogkinder im Prenzlauer Berg ausprobiert – gerade einige ältere Menschen, die noch die DDR-Zeiten kannten, haben uns spannende Geschichten erzählt, zum Beispiel wie ganze Wohnhäuser nur ein einziges Klo hatten.

Das gleiche Prinzip kann man natürlich auch bei den Großeltern oder der weiteren Verwandtschaft anwenden. Die werden sicher gerne für eine Fragestunde bereitstehen, vielleicht sogar deren direkte Nachbarn! So können Minikarten entstehen von den Straßen, in denen die mehr oder weniger verstreuten Familienmitglieder leben. Bei großen Familien kann auf diese Weise fast die ganze Stadt erobert werden!

Wenn ihr gemeinsam andere Menschen befragt, dann denkt aber daran, dass Kinder nicht die Geduld haben, stundenlang zuzuhören und alles zu erfassen. Eine kurze Geschichte von zehn Minuten kann superspannend sein, fünf Kapitel „Oma erzählt aus dem Krieg" kann jungen Menschen den Spaß am Entdecken dagegen völlig vermiesen. Macht euch darauf gefasst, unter Umständen auch nett, aber bestimmt zu signalisieren, wann die Aufmerksamkeitsspanne ausgereizt ist. Dafür kann es hilfreich sein, schon vorher etwas einzuüben, wie: „Vielen Dank, das war superspannend, wir sollten jetzt etwas darüber nachdenken. Vielleicht haben wir dann morgen noch ein paar Fragen!"

Beispiele für Fragen:

- Was habt ihr früher gespielt?
- Wo/Wann seid ihr aufgewachsen?
- Wie seid ihr zur Schule gekommen?
- Was war euer Lieblingsessen als Kind?
- Hattet ihr Haustiere?

Alter: **6–15 Jahre**
Ab **2 Personen**

Woher kommt ...?

Von den Lebensmitteln auf dem Tisch bis zu den Kleidungsstücken im Schrank: Wissen wir eigentlich, woher sie kommen? Wie werden sie gemacht? Was bedeuten eigentlich die Zutaten auf **Lebensmittelverpackungen** und die Materialien auf dem **Waschzettel**?

Geht zusammen mit euren Kindern diesen Fragen nach und überlegt auch, was für euch okay ist und was nicht. So viel Zucker im Müsli? Made in Thailand? Fragt euch auch, ob es Alternativen gibt, die umweltfreundlicher, gesünder, besser für Menschen und die Natur sind – oder schlichtweg günstiger.

Alter: **6–15 Jahre**
Ab **2 Personen**

Geschmacksfragen

Wie schmeckt welches **Lebensmittel**? Wie unterscheidet sich der Apfel einer Sorte von dem einer anderen Sorte? Wie schmecken die unterschiedlichen Sorten Kartoffeln, Tomaten oder Brot? Und warum gibt es so viele verschiedene Sorten? Testet das aus und geht den Fragen gemeinsam nach.

Bereitet ein bestimmtes Lebensmittel auf möglichst unterschiedliche Art und Weise zu und vergleicht den Geschmack. Fasst in Worte, welche Aromen ihr schmeckt und welche Eindrücke ihr habt. Fragt die anderen, wie sich deren Geschmackserlebnisse von euren unterscheiden.

Drei verschiedene Kartoffelsorten, die gekocht, gebraten und im Ofen geschmort werden können, das ergibt schon neun verschiedene Geschmacksalternativen. Ihr könnt auch testen, wie dies alles mit und ohne Salz, mit und ohne Butter, mit und ohne Olivenöl schmeckt! Guten Appetit!

Alter: **ab 7 Jahren**
Ab **2 Personen**

Warum ist das so?

Am Anfang des Buches hatten wir ja schon erzählt, dass Kinder es lieben „Warum?" zu fragen. Jetzt machen wir ein Spiel daraus. Wir fragen uns gegenseitig: Wer hat die lustigste, die spannendste, die verrückteste, die achtsamste oder liebevollste Idee, warum etwas so ist, wie es ist.

Fragen, die keine sind

Im deutschsprachigen Raum irritiert mich die Sprachmelodie der Schweizer, im angelsächsischen Sprachraum die der Australier! Warum? Ihre gewohnte Sprachmelodie ist so anders. Beide heben zum Beispiel am Ende eines Satzes immer ihre Stimme an. Dadurch glaube ich, eine Frage zu hören, obwohl sie einen Aussagesatz sprechen. Zu Hause mit meiner Tochter habe ich das mal nachgespielt und von ihr die witzigsten Antworten auf Fragen bekommen, die ich gar nicht gestellt hatte.

4. Wir Spaßmacher

Gerade dann, wenn es mal nicht so rundläuft, ist Spaß wichtig und eine tolle Abwechslung. Versucht, als Erwachsene nicht euren Humor zu verlieren und das Kind in euch nicht zu vergessen. Lasst euch von euren Kindern inspirieren.

Allerdings hier eine eindeutige Warnung: Wenn eure Kinder verletzt, verunsichert oder ängstlich sind, kann Spaß sie arg verunsichern! Hier ist eure Empathie gefragt: Wenn euer Kind in so einem Fall nicht sofort ins Spiel mit einsteigt, muss es das auch nicht. Es dann als Spielverderber oder Spaßbremse abzustempeln, ist unfair. Mein Tipp: Gerade beim gemeinsamen Ulken bleiben die Eltern-Antennen für die Befindlichkeiten und Verletzlichkeiten eurer Kinder auf Habachtstellung.

Wir Spaßmacher

Alter: **3–15 Jahre**
Ab **2 Personen**

Wackelaugen-Contest

Wackelaugen machen das Leben witziger. Mit ihnen kann man allem Möglichen ein Gesicht geben – und sie sind eine richtig nette Idee, um Karten mit Genesungswünschen lustiger und tröstlicher zu machen.

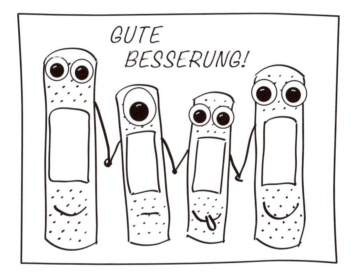

Wer etwas gewitzter (und mutiger) ist, kann sie am Hinterkopf eines Menschen mit Glatze anbringen ...

223

Alter: **3–15 Jahre**
Ab **2 Personen**

Friss an einem anderen Ort

Nehmt doch mal eine Mahlzeit an einem schrägen Ort ein. Nein, nicht Pizza vor dem TV, das machen eh alle. Macht doch mal ein Abendessen in der Hängematte oder ein Picknick auf dem Schlafzimmerteppich. Oder wie wäre es, den Arbeitstisch freizuräumen und dort zu essen?

Vielleicht fragt ihr euch, was das mit Lernen zu tun hat – doch denkt einmal an das, was Stephanie über Achtsamkeit geschrieben hat. Das Co-Learning entsteht hier durch das Beobachten und Wahrnehmen: Sind wir an diesem Ort anders drauf? Was fühlt sich anders an? Mit welchen Gefühlen verbinden wir diese Situation? Was ist gerade richtig unpraktisch, aber gleichzeitig total cool und lustig?

Alter: **3–15 Jahre**
Ab **3 Personen**

Herausforderungen

„Challenges" sind wir gewohnt aus den sozialen Medien. Und nicht ohne Grund sind sie da sehr beliebt. Sie stellen interessante Themen in den Mittelpunkt, vertreiben Langeweile und erhellen das Gemüt. Ihr könnt Herausforderungen auch zu Hause beziehungsweise in der Familie einführen. Wie wäre es mit diesen Spielregeln für die Herausforderungen:

1. Die Herausforderungen starten mit einem akustischen Signal. Zum Beispiel mit einem Pfiff – auf zwei Fingern vielleicht sogar. Oder klatscht in die Hände, wählt eine **Trillerpfeife**, eine **Glocke** oder etwas anderes.
2. Die Herausforderungen dauern genau fünf Minuten. Nehmt eine **Eieruhr**, um die Zeit zu messen.
3. Egal, wer zu Hause ist: Beim akustischen Signal machen alle mit und müssen sich der Herausforderung stellen.
4. Die ersten Herausforderungen sollten von euch Eltern kommen. Haben eure Kinder diese erfolgreich gemeistert, fallen ihnen bestimmt selbst welche ein, die sie dann stellen.

Hier ein paar Beispiele:

- Dreimal hüpfen, dreimal drehen, dreimal klatschen und das Ganze zehnmal hintereinander. Fortgeschrittene machen das mit verbundenen Augen!
- Rote / grüne / gelbe Gegenstände zusammensuchen und so auf den Boden legen, dass ein Kunstwerk entsteht. (Es darf aber nur ein Kleidungsstück dabei sein.)
- Ein Gesicht aus Obst legen.
- Eine Höhle aus Kissen bauen.
- Fünf Minuten auf den Zehenspitzen / rückwärts / auf allen vieren laufen.
- Mit Kuscheltieren die Bremer Stadtmusikanten nachbauen
- Sich einen Zungenbrecher ausdenken

Ein Tipp: Versucht anfangs nicht, Hausarbeit als Herausforderung zu deklarieren nach dem Motto „Wir bringen jetzt alle den Müll weg!" oder „Wir räumen die Spülmaschine aus!". Dann ist das Spiel sofort unbeliebt und nicht zu retten. Herausforderungen müssen erst einmal schräg, kreativ, ein wenig albern und ohne Zweck sein. Nur dann machen sie Spaß! Es ist allerdings auch möglich, dass die Kinder als „Aufgabensteller" selbst auf eine Haushaltsidee kommen. Da sagen wir nicht Nein...

Alter: **3–15 Jahre**
Ab **2 Personen**

„Ministry of silly walks"

Dieses Spiel ist inspiriert durch die britische Comedy-Truppe Monty Phython's. Normal gehen kann jeder, versucht darum doch mal andere Formen zu erfinden, euch vorwärts (oder rückwärts oder seitwärts) zu bewegen. Das fördert die Motorik und eure (Lach-)Muskeln. Zudem könnt ihr euch auch Extra-Bedingungen ausdenken, zum Beispiel dass ein Fuß immer auf dem Boden bleiben oder ein Daumen himmelwärts zeigen muss.

Alter: **3–15 Jahre**
Ab **2 Personen**

Motto-Tage mit Verkleiden

Lasst ein wenig Karnevalsgefühl in euren Alltag hinein! Deklariert Motto-Tage, und lebt sie den ganzen Tag. Aber lasst euch nicht davon stressen! Das soll Spaß bringen, keine Arbeit! Darum bitte kein Perfektionismus!

Erklärt zum Beispiel den kommenden Donnerstag zum „gelben Donnerstag": Zieht möglichst nur gelbe **Kleidungsstücke** an und esst gelbe **Lebensmittel**. Oder wie wäre es mit einem „blauen Montag"? Ein Tipp aus der Praxis: Der „grüne Mittwoch", an dem es viel Salat gibt, sollte am besten von den Kindern vorgeschlagen werden – sonst fühlen sie sich womöglich über den Tisch gezogen.

Aufwändigere Motto-Tage können entlang der typischen Kindergeburtstagsthemen gestaltet sein – und da müssen wir euch gar nichts vorschlagen, die kennt ihr: Dinos, Prinzen und Prinzessinnen, Drachen, Monster und Einhörner. Ihr habt bestimmt eine gute Idee, wie der Tag gestaltet werden kann.

Notwendige Requisiten könnt ihr ganz einfach selbst basteln: Mit langen **Holzstäbchen** und etwas **Pappe** oder **Moosgummi** lassen sich Brillen, Hüte, Schnurrbärte und Ähnliches erstellen, die ihr euch für witzige Fotos vors Gesicht haltet. Zeichnet auf **Papier**, Pappe oder Moosgummi die Form auf, die ihr wollt, und schneidet sie vorsichtig aus. Wichtig dabei: Wählt für euer Gesicht je die entsprechende Größe und lasst immer links oder rechts eine kleine Lasche stehen. Mithilfe dieser Lasche klebt ihr dann das jeweilige Objekt auf das Holzstöckchen.

Alter: **3–15 Jahre**
Ab **2 Personen**

Familientanz

Ähnlich wie Ferienanlangen sollte jede Familie ihren eigenen Club-Dance haben. Immer, wenn die Stimmung angespannt ist, tanzt ihr los – und prompt ist alles wieder entspannter! Entwickelt euren Tanz in einem guten Moment. Ein Sonntagsessen in entspannter Atmosphäre kann die Ausgangsbasis sein. Wählt am besten ein einfaches Lied oder vielleicht sogar nur einen Rhythmus, zu dem ihr dann ganze einfache Bewegungen tanzen könnt.

B Familieneigene Popo-Lonaise

Unser Familientanz ist vom Disney-Film Fantasia inspiriert. Wer jetzt an die grazilen Ballett-Nilpferde denkt: genau die! Wir haben uns die Szene rausgesucht, in der sie alle hintereinander tanzen und eine Art Polonaise vollführen. Eigentlich ist das gar kein Lied, sondern eher ein Rhythmus. Egal wie schlecht die Stimmung ist: Wenn jemand aus der Familie mit dem Familientanz loslegt, können wir nicht mehr böse, ärgerlich oder bedrückt sein: Ta-ta-ta-ta-tam! Tam!

Alter: **4–15 Jahre**
Ab **2 Personen**

Mein Essen guckt mich an: Spaß mit Zuckeraugen

Und weil die Wackelaugen so lustig waren: Kennt ihr **Zuckeraugen**? Die sollte man eigentlich immer in der Küche haben, denn es macht großen Spaß, damit Speisen zu verzieren. Ihr könnt nahezu jedes Obst und aber auch Gemüse dazu bringen, euch anzuschauen. Auf der Seite https://www.tollabea.de/spass-mit-zuckeraugen/ findet ihr ein paar Beispiele.

Wir Spaßmacher

Alter: **4 – 15 Jahre**
Ab **2 Personen**

Gesichter-Collagen

Selfies machen kann jeder. Viel witziger und individueller sind Collagen aus den Fotos. Dafür braucht ihr:

- ein **Schlauphone** oder **Tablet** (Hauptsache, ihr könnt Selfies damit schießen)
- einen **Farbdrucker**
- eine **Schere** und **Kleber**
- weiße Blätter **Papier**
- **Farbstifte**

Macht ein paar Selfies von euch, auf denen ihr lustige Gesichter zieht. Am besten ist es, wenn ihr dafür einen weißen Hintergrund wählt, denn so verbraucht ihr nicht zu viel Tinte, wenn ihr die Fotos ausdruckt. Wenn die Bilder ausgedruckt sind, schneidet ihr die verschiedensten Elemente aus, also die Nase, den Mund und sogar die Frisuren. Nun legt ihr diese Einzelteile zu ganz neuen Gesichtern oder gar zu Monstern zusammen. Erschafft aus euren Bildern ganz neue! Wenn ihr alles geklebt habt, könnt ihr die neu entstandenen Bilder mit Farbstiften verschönern oder ihnen sogar neue Bedeutungen geben. Auf der Seite https://www.tollabea.de/kunst-gesichter-kollage-eine-wunderbare-ferienbeschaeftigung/ findet ihr Beispiele dafür.

    Indem eure Kinder eine Collage von sich selbst erstellen, sie verfremden oder verändern, setzen sie sich mit sich selbst auseinander. Gerade die verschiedenen Elemente des Gesichts zu erforschen und neu zusammenzusetzen, relativiert mögliche Minderwertigkeitsgefühle und erlaubt, sich selbst entspannt ganz anders wahrzunehmen.

Alter: **4–15 Jahre**
Ab **2 Personen**

Linderung bei schlechter Laune

Wir wissen alle, wie es sich anfühlt, schlechte Laune zu haben, aus welchen Gründen auch immer. Aufforderungen wie „Hör auf zu nölen!" oder „Sei nicht so schlecht drauf!" helfen da gar nicht, im Gegenteil. Sie sorgen für noch schlechtere Laune. Wissen wir, was uns dann gut tut? Fragt euch in guten Momenten, was euch helfen würde – oder gut ablenken kann. Wie steht es mit euren Kindern? Wissen sie, was ihnen dann gut tut? Oder was sie dann am liebsten machen würden? Helfen Witze? Schmuseeinheiten? Schokolade? Redet darüber, findet es heraus und haltet parat, was notwendig ist, um euch gegenseitig über schlechte Laune hinweg zu helfen.

Der Lerneffekt ist dabei für alle gleich wertvoll! Denn möglicherweise wisst ihr Eltern schon ganz gut, wie ihr eure Kinder ablenken könnt. Aber indem sich eure Kinder mal Gedanken machen, wie sie euch Eltern bessere Laune verschaffen können, verstehen sie das Konzept von Stimmungen und Stimmungsaufhellung auch für sich selbst ein wenig besser.

Alter: **5–15 Jahre**
Ab **2 Personen**

Good old Aprilstreiche – warum nicht mal im November?

Warum darf man einen Aprilstreich immer nur im April machen? Verlagert sie doch einfach mal in eine Zeit, in der sie niemand erwartet. Solange eure Kinder noch klein sind, werdet eher ihr Eltern den Kindern Streiche spielen – doch wenn sie älter werden, wird sich das Blatt wenden ... Allerdings solltet ihr darauf achten, dass der Streich zum Humorlevel der Familie passt. Wenn ihr als Eltern handelt, dann respektiert bitte, was eure Kinder als witzig empfinden, und achtet darauf, keine Grenzen zu überschreiten, die ihnen unangenehm sind.

Im Folgenden findet ihr ein paar Anregungen – vielleicht passt ja etwas zu euch und zu euren Kindern:

- Taschentücher in Schuhe stopfen, damit eure Kinder glauben, dass die Füße über Nacht gewachsen sind.
- Schubladen an Schränken vertauschen – am besten ganz verrückt, zum Beispiel die Socken- mit der Süßigkeitenschublade.
- Wasserhahn mit durchsichtigem Klebeband zukleben – damit beim Aufdrehen das Wasser in alle Richtungen spritzt.
- Das Kind von der Kita oder Schule mit verrückter Perücke oder ungewöhnlich zurechtgemacht abholen.
- Lebensmittelfarbe in den Wasserhahnkopf füllen, so verfärbt sich das Wasser ganz unerwartet.

Und wo ist jetzt der Co-Learning-Effekt? Erstens hat alles mit Kreativität zu tun. Und zweitens geht es auch darum, darüber zu reden, wie ihr reagiert. Könnt ihr darüber lachen? Ist jemand sauer? Und wenn jemand sauer ist, was stört ihn und durch was fühlt er sich verletzt?

Alter: **6–15 Jahre**
Ab **2 Personen**

Zollamt: Falsch deklariert!

Reicht euch gegenseitig Gegenstände und versucht, sie als etwas anderes durchgehen zu lassen: Nehmt zum Beispiel ein Streichholz und sagt: „Bitteschön, das ist ein Rotstift."

Aber könnte das Streichholz nicht doch ein Rotstift sein? Diskutiert was für die „falsche" Deklaration spricht und was dagegen. Je weniger eure Deklarationen zu den Dingen passen, desto lustiger wird das Ganze. Und das kann zum Beispiel so sein:

Dafür: „Es hat doch eine rote Spitze!"
Dagegen: „Man kann aber nicht damit schreiben!"
Dafür: „Es ist aus Holz, und Stifte sind meistens aus Holz!"
Dagegen: „Rotstifte brennen echt schlecht, das hier brennt aber richtig gut!"
Und so weiter.

Alter: **6–15 Jahre**
Ab **2 Personen**

Der andere Adventskalender

Alle Kinder lieben Adventskalender, aber muss der immer voller Süßigkeiten sein? Und überhaupt: Muss es einen solchen Kalender nur im Dezember geben? Entwickelt zusammen einen Adventskalender der anderen Art, gestaltet ihn und bewahrt ihn für einen besonderen Moment auf. Auf welchen Tag wartet ihr sehnsüchtig? Den Schulbeginn? Den Ferienbeginn? Den Geburtstag? Wählt euch ein Datum, auf das der Kalender herunterzählen soll.

    Und was kommt hinein? Wählt am besten keine materiellen Dinge. Wie wäre es mit kleinen Aufgaben, die Spaß machen? Zum Beispiel „Baut einen Schneemann", das ist im Sommer eine echte Herausforderung und macht unglaublich Spaß. Außerdem setzt dies eine völlig neue Recherche in Gang: Wie macht man Schnee? Oder darf er aus Sand sein?

    Oder stellt kleine Aufgaben, nach denen sich eure Kinder gut fühlen. Ideen dafür findet ihr unter anderem weiter unten unter der Überschrift „Wir in unserem Dorf".

    Ihr könnt auch in der Adventszeit jeden Tag ein schönes **Foto** machen, es ausdrucken und mit einem Erinnerungssatz in einen **Umschlag** packen. Mischt einige Monate später die Umschläge gut durch und beschriftet sie mit den Zahlen 1 bis 24. Am 1. des nächsten Monats geht es dann los: Macht zusammen jeden Tag einen Umschlag auf. Wetten, dass es eine Freude sein wird?

    Diese Ideen müssen nicht den „richtigen" Adventskalender ersetzen. Sie ergänzen ihn lediglich.

Alter: **6–15 Jahre**
Ab **2 Personen**

Redewendungen zeichnen

Für dieses Spiel muss man nicht gut zeichnen können. Die Ergebnisse sind sogar lustiger, wenn alle, die mitmachen, von sich denken, dass sie nicht zeichnen können. Nehmt eine typische Redewendung, zum Beispiel „jemandem einen Bären aufbinden" oder „Das geht auf keine Kuhhaut" – und dann zeichnet los. Ihr könnt auch „Pictionary" daraus machen: Eine sucht sich eine Redewendung, malt sie – und die anderen raten, was wohl gemeint sein könnte.

Am lustigsten ist es, wenn alle nicht mit ihrer Haupthand zeichnen, sondern mit der anderen; also: Rechtshänder zeichnen mit links, Linkshänder mit rechts, und wer ganz mutig ist, zeichnet mit einem Fuß oder nimmt den Stift in den Mund!

Alter: **8–15 Jahre**
Ab **2 Personen**

Grabreden für lustige Beerdigungen

Lustige Beerdigungen? Kann es das geben? In unserer Erwachsenenwelt ist das Thema Tod ein eher dunkles Kapitel, über das wir nicht gern reden. Wir glauben außerdem, dass Kinder Angst vor dem Tod haben, doch oft geht es uns dabei eher um unsere eigene Angst und möglicherweise um unseren Schmerz. Weil wir uns selbst nicht mit einem Thema auseinandersetzen wollen, projizieren wir das in unsere Kinder hinein, ohne uns klar zu machen, dass sie höchstwahrscheinlich viel unbeschwerter damit umgehen als wir.

Die Idee der „Grabrede" sollte euch darum nicht erschrecken. Ihr müsst auch gar nicht Reden auf echte Menschen halten – das ist eher etwas für Fortgeschrittene. Fangt doch mit Objekten an: Wenn etwas sein Ende erreicht hat, kann man eine Grabrede darauf halten. Die Cornflakes-Packung ist alle? Überlegt gemeinsam, was diese Cornflakes Gutes für die Familie geleistet haben. Ein Reisekoffer ist so ramponiert, dass er nicht mehr weiter benutzt werden kann? Bereitet ihm einen würdevollen Abschied! Und hat nicht auch der große Turm aus Bauklötzen eine RIP-Ansprache verdient, wenn er zusammenstürzt? Das Karnevalskostüm? Und natürlich: der Weihnachtsbaum!

Was die Kinder hierbei lernen, ist etwas, das im deutschsprachigen Schulsystem eher vernachlässigt wird, was im angelsächsischen Raum aber eine Selbstverständlichkeit ist: spontane und humorvolle Reden zu halten.

5. Wir in unserem Dorf

„It takes a village to raise a child" heißt es ja oft. Eltern, die in der Stadt leben, können bei diesem Satz wahrscheinlich nur müde lächeln. Aber versucht doch mal, euer Haus oder eure Straße als Dorf zu sehen. Die folgenden Vorschläge bauen vor allem auf dem Community-Gedanken auf und brauchen ein bisschen Mut und Zeit. Sie anzuwenden lohnt sich aber ganz sicher.

Eine praktische Anmerkung (fast) zu allen Vorschlägen in diesem Teil: Unser Familienleben ist nicht immer so super entspannt, dass wir mit den Nachbarn stundenlang Zeit verbringen können. Und auch andersherum können wir nicht erwarten, dass alle Menschen Zeit und Lust haben, mit uns zu spielen, wann immer uns der Sinn danach steht. Wenn ihr euren Mitmenschen Gespräche und Hilfe anbietet, ist es darum sinnvoll, von vornherein klarzustellen, wie lange dies dauern kann, und abzuklären, ob dies überhaupt willkommen ist.

Alter: **6 – 15 Jahre**
Ab **2 Personen**

Shopping Queen

Wenn ihr mit euren Nachbarn ins Gespräch gekommen seid, könnt ihr doch gleich daran anknüpfen: Es gibt immer jemandem, der Hilfe benötigt. Viele ältere oder sehr eingespannte Menschen freuen sich zum Beispiel über Unterstützung beim Einkauf. Baut gemeinsam mit euren Kindern ein Nachbarschaftsnetz auf und macht den Lieferdiensten Konkurrenz! – Es versteht sich von selbst, dass Kinder dies zunächst nur gemeinsam mit den Eltern machen sollten.

Alter: **6 – 15 Jahre**
Ab **2 Personen**

Rezeptsammler

Kennt ihr das, wenn euch plötzlich eine Welle der Essensnostalgie überkommt? Dann sehnt ihr euch nach den Keksen, die Oma früher gebacken hat, oder nach den eingemachten Bohnen eures alten Onkels. Sammelt mit und bei euren Nachbarn deren Lieblingskindheitsrezepte und macht ein Kochbuch daraus. Das geht übrigens auch mit Kinderliedern oder tollen Spielen, die man früher gespielt hat.
    Um die Medienkompetenz anzusprechen, könnt ihr mit etwas älteren Kindern hierzu einen Instagram-Account anlegen und darin eure Fundstücke sammeln.

Alter: 6–15 Jahre
Ab 2 Personen

Vorlesepaten

Manche Menschen in unserer Umgebung sind einsam, andere können nicht (mehr) richtig lesen – sie freuen sich, wenn ihnen jemand vorliest. Aber auch Kinder aus der Nachbarschaft, deren Eltern keine Zeit dafür haben, wären glücklich, wenn jemand ihnen vorläse. Darum: Verschenkt mit euren Kindern Vorlesezeit. Solange eure Kinder klein sind, können sie einfach mitkommen und zuhören – und wenn sie älter sind, lesen sie einfach selbst vor.

Vielleicht habt ihr auch Menschen in eurer Nachbarschaft, die aus einem anderen Kulturkreis kommen und in der deutschen Sprache noch etwas ungeübt sind – und vielleicht freuen sich auch sie, wenn jemand mit ihnen spricht, die Sprache übt und manchmal etwas vorliest.

Alter: 6–15 Jahre
Ab 2 Personen

Organisiert ein kleines Hof- oder Straßenfest

Das ist etwas für den Sommer, wenn es ausreichend warm ist: Macht keine große Sache draus, jeder bringt einfach einen Stuhl mit, vielleicht hat jemand auch ein oder zwei Biertische. Andere bringen etwas zu essen und zu trinken mit – und schon habt ihr ein schönes Nachbarschaftstreffen. Vielleicht kann sogar jemand was singen oder Gitarre spielen?

Alter: **6–15 Jahre**
Ab **4 Personen**

Eintopf mit Erinnerungen

Wenn ihr Freunde zum Essen einladet, macht eine gemeinsame Aktion daraus: Ohne euch vorher abzusprechen bringt jeder ein Lebensmittel mit, sprich: eine Zutat: ein Gemüse, ein Stück Käse, Nudeln. Einzige Bedingung: Es muss etwas sein, was ihn an etwas Besonderes aus seiner persönlichen Geschichte erinnert.

Die Basics wie Öl, Salz, Pfeffer sollte derjenige dahaben, in dessen Küche gekocht wird. Den Rest bringen die Gäste mit. Der Höhepunkt ist allerdings nicht das Kochen, sondern das Erzählen: Jeder schildert, warum er oder sie genau dieses Lebensmittel ausgesucht hat und welche Geschichte sie oder er damit verknüpft.

Macht ein Gruppenbild von euch und all den verschiedenen Zutaten. Es ist wunderbar, sich später dadurch erinnern zu können.

Und wie wird aus allem eine Speise? Das ist eurer Fantasie überlassen. Geübte Eltern-Kind-Teams haben auch schon Erfahrung mit dem Thema „Kochen ohne Rezept" (Ideen findet ihr beim Experiment „Impro-Mahlzeiten").

Alter: 6–15 Jahre
Ab 2 Personen

Das Haus zum Dorf ernennen

Stellt euch vor, euer Haus oder eure Wohnung ist ein Dorf. Was würde sich wo befinden? Die Küche ist der Markplatz, nicht? Ist die Badewanne ein See? Und wo wäre die Kirche? Wer trifft sich wo?

Auch Digital Detox gehört dazu: Stellt euch vor, ihr seid in einer Gegend ohne Funkmast und schaltet mal alle Smartphones ab. Empfang gibts nur noch auf der Pferdekoppel, also auf dem Balkon. Wie lange haltet ihr das aus? Was fehlt euch am meisten? Was tut ihr stattdessen?

Alter: 8–15 Jahre
Ab 2 Personen
+ Unbekannte

Einfach grüßen!

Wie wäre es, einfach mal unbekannte Menschen mit einem netten „Hallo!" und einem Lächeln zu begrüßen? Wer weiß, was sich daraus entwickelt. Dies sollten Kinder allerdings nur gemeinsam mit den Eltern durchziehen und definitiv nicht allein, denn nicht jeder Fremde reagiert immer freundlich. Leider.

„Hallo" wird auf die Dauer aber auch etwas langweilig, oder? Denkt euch doch auch andere Begrüßungen aus. Wie wäre es mit „Moin!" oder „Grüezi!"? Je nach Extrovertiertheit und Laune geht auch „Was für ein schöner Tag!" oder „Pieseliger Nieselregen!". Das kann zu belustigten Blicken führen.

> Wenn wir besonders alberne Ideen umsetzen, antworte ich auf die Fragen anderer Erwachsener gelassen und in urbaner Manier nur mit dem Wort „Aktionskunst!". Und alle sind zufrieden. Ⓑ

6. Wir Weltretter

Es heißt ja immer, dass wir nicht für die Schule, sondern fürs Leben lernen. Gerade deshalb ist es wichtig, dass eure Kinder einen Zugang zur Natur bekommen. Nur so können sie Zusammenhänge zwischen Mensch und Natur sowohl erkennen als auch begreifen und Wertschätzung für unsere Lebensgrundlagen entwickeln - und zwar mit allen Sinnen. Das scheint insbesondere für Stadtkinder nicht immer einfach zu sein. Nicht in jeder Stadt gibt es geeignete Grünflächen, und nicht alle von euch haben eigene Gärten, in denen die Kleinen nach Regenwürmern graben und Maulwurfshügel begutachten können. Von einem eigenen Gemüsebeet oder gar einem Komposthaufen ganz zu schweigen. Lasst euch davon nicht abschrecken, denn es gibt ganz einfache Möglichkeiten, euren Kindern auf spielerische Art zu zeigen, dass jeder Mensch etwas zum Schutz unserer Umwelt beitragen kann.

Uns ist es wichtig, Kindern zu vermitteln, wie sie selbst aktiv werden können, und zwar unmittelbar und in ihrem eigenen Lebensraum.

Alter: **3–15 Jahre**
Ab **2 Personen**

Blumenbomben

Verschönert eure Nachbarschaft mit Blumen und Pflanzen. Findet heraus, welche Blumen oder Grünpflanzen gut wachsen in eurer Umgebung, in Parks, auf Wiesen, auf Verkehrsinseln und Ähnlichem. Hierfür baut ihr dann im Anschluss maßgeschneiderte Blumenbomben aus Pflanzensamen und Erde. Alles Notwendige erhaltet ihr im Bau- oder Gartenmarkt. Für zwei bis drei Händevoll Blumenbomben braucht ihr

1 Tasse **Samen** (bei größeren Samen kann es etwas mehr sein),
4–5 Tassen **Erde,**
4–5 Tassen **Tonerde.**

Zuerst mischt ihr die Samen mit der Erde, dann kommt die Tonerde dazu. Knetet alles schön durch und gebt löffelweise Wasser dazu, bis ein geschmeidiger, aber immer noch fester Teig entsteht.
    Nun formt ihr Kugeln mit rund 2 bis 3 Zentimetern Durchmesser. Legt sie an einen abgeschiedenen Ort und lasst sie trocknen, bis sie richtig fest sind. Das kann einige Tage dauern. Deponiert sie nicht auf der Heizung oder in der prallen Sonne. Wählt am besten einen trockenen, schattigen Platz, an dem normale Zimmertemperatur herrscht.
    Sind die Samenbomben getrocknet, könnt ihr zur Tat schreiten! Legt die Bomben ab an Orten, an denen genug Erde ist, damit dort etwas wächst. Das kann an Lieblingsplätzen im Park oder auf der Wiese sein – oder ihr werft die Bomben an schwer zugängliche Stellen hinter Zäunen oder auf Verkehrsinseln. Natürlich platziert ihr sie nicht in Nachbars Rosen-, Orchideen- oder Gemüsebeet, das wäre für niemanden eine Freude.

Der Lerneffekt erwächst hier nicht nur aus der Auswahl der Samen und der Blumenkunde. Für die ganz Kleinen mag das wunderbar und ausreichend sein, doch mit älteren Kindern könnt ihr noch weitergehen und recherchieren, wie „grün" euer Wohnort ist und in welcher Form sich die lokale Politik bemüht, mehr Grün zu entwickeln und zu erhalten – und warum das überhaupt wichtig ist.

Alter: **3–15 Jahre**
Ab **2 Personen**

Ein Tag zu Fuß

Lasst doch mal das Auto für einen Tag stehen. Und nicht nur ein einziges Mal, sondern einmal pro Woche – mindestens. Geht an diesem Tag zu Fuß, nehmt das Fahrrad oder den ÖPNV, um von A nach B zu gelangen. Dieses Experiment ermöglicht auch einen sanften Einstieg in das viel diskutierte Thema Schulweg beziehungsweise Elterntaxis. Denn bei allem Verständnis für die Ängste von Eltern: Für die Kinder ist es wichtig, selbstständiger zu werden und zu lernen, entweder den kompletten Schulweg oder wenigsten einen Teil der Strecke allein zu bewältigen.

Alter: **3–15 Jahre**
Ab **2 Personen**

Werdet Bienenpate!

75 Prozent unserer pflanzlichen Lebensmittel weltweit verdanken wir den Bienen.[32] Neben den unzähligen von Imkern gehaltenen Bienenvölkern

sind es vor allem die wild lebenden Bienen, die Pflanzen bestäuben, einfach indem sie Nektar sammeln. Nur so können Pflanzen blühen und Früchte tragen. Ohne die Bienen gäbe es keinen Kakao, keine Vanille und viele anderer Lebensmittel nicht, die wir lieben. Seit ein paar Jahren geht die Anzahl der Bienen jedoch dramatisch zurück. Einen traurigen Anteil daran haben Pflanzenschutzmittel und Parasiten, gegen die die so wichtigen Insekten machtlos sind. Weniger Bienen bedeutet nicht nur weniger Nahrungsmittel für Menschen, sondern auch eine Gefahr für die Bestände unzähliger Pflanzen und Tiere.

Um dem entgegenzuwirken, gibt es inzwischen in vielen Städten Initiativen, die sich für den Schutz von Bienen einsetzen. Recherchiert doch einmal, ob es solche Projekte auch in eurer Stadt gibt – und vielleicht könnt ihr sogar lokalen Honig kaufen. Und überlegt ebenfalls, was ihr tun könnt, um die Bienen zu schützen. Wie wäre es, Bienenpate zu werden oder auf dem Balkon beziehungsweise im Schrebergarten Bienen-freundliche Blumen zu pflanzen? Könnt ihr vielleicht auch etwas an eurem Konsumverhalten ändern, um dem Bienensterben entgegenzuwirken? Werdet aktiv!

Gleichzeitig könnt ihr auch anderen Fragen nachgehen, zum Beispiel der, wie viel Angst vor Bienen man tatsächlich haben sollte. Sie können stechen, ja, aber warum tun sie das und welche Konsequenzen hat ein Stich für die Biene selbst? Interessant kann es auch sein, die Unterschiede zwischen den vielen verschiedenen gelb-schwarz-gestreiften Insekten zu recherchieren. Bienen, Wespen, Hummeln, Hornissen, Schwebfliegen: Welche stechen und welche beißen? Und welche können weder noch, sondern schützen sich mit ihrem gefährlichen Aussehen nur gegen Fressfeinde?

Alter: **3 – 15 Jahre**
Ab **2 Personen**

Strand-Müll-Spaziergänge

Ungefähr 150 bis 170 Millionen Tonnen Müll schwimmen laut Sea Shepherd und anderen Experten in unseren Weltmeeren. Jährlich gelangen zusätzlich rund 8 Millionen Tonnen dazu. Eine unglaubliche Menge! Und wir alle können etwas dagegen tun. Befreit zum Beispiel den Strand, an dem ihr Urlaub macht, vom Müll: Schnappt euch eine Einkaufstüte, und schon geht es los: Sammelt einfach den Müll ein. Es gibt auch organisierte „Beach-clean-up-Days", Informationen findet ihr im Internet – einfach mal lossuchen!

Alter: **4 – 15 Jahre**
Ab **2 Personen**

Recycling Race

Die Plastiküberflutung unserer Welt ist ein ernstes Thema. Wir alle sollten dem entgegensteuern. Startet darum ein Experiment für alltägliche Einkäufe: Wer schafft es, beim Einkaufen die wenigsten (Plastik-)Verpackungen mitzubringen? Sucht im ganz normalen Supermarkt möglichst unverpackte Lebensmittel.

Alter: **4–15 Jahre**
Ab **2 Personen**

Upcycling-King

Upcycling ist gut und wertvoll. Statt Dinge wegzuwerfen, gilt es, sie aufzuwerten beziehungsweise etwas ganz Neues daraus zu machen: Möbel aus alten Verpackungen oder Kleidung aus Tüten oder älteren Kleidungsstücken.

Für dieses Experiment braucht man ein bisschen Geduld. Echte und nützliche Upcycling-Produkte wie in Hochglanzzeitschriften entstehen nicht von heute auf morgen. Darum fangt einfach an, zu basteln und zu probieren, ohne euch unter Druck zu setzen. Je mehr ihr unbeschwert übt und vielleicht erst einmal nur so Mittelgutes produziert (ihr wollt die Sachen eh wegwerfen, nicht?), desto geübter werdet ihr im Umgang mit den Materialien. Nach und nach werden Dinge entstehen, die so gut sind, dass sie einen festen Platz in der Wohnung, im Garten oder in der eigenen Garderobe erhalten.

Viele Eltern haben Angst, ihre Kinder könnten sich an Konservendosen oder aufgeschnittenen Plastikverpackungen verletzen. Ja, das kann in der Tat passieren. Aber wenn ihr gegen Tetanus geimpft seid, ist dies kein Problem. Einfach Pflaster drauf und weiter geht es. Auf diese Weise lernen Kinder, mit einer Vielzahl an Materialien umzugehen, und je mehr Übung sie haben, umso seltener verletzen sie sich.

Alter: **ab ca. 6 Jahren**
Ab **2 Personen**

Reiseplanung

Andere Kulturen zu erleben, Menschen zu treffen und von ihnen alles mögliche zu erfahren, ist aufregend und bereichernd. Wir erweitern unseren Horizont und lernen Neues. Geht mit Freude und Neugier an die Planung und bezieht eure Kinder dabei mit ein. Checkt Reiserouten und diskutiert Alternativen. Denkt dabei aber auch an die Umwelt: Steht eine Flugreise an, ist es sinnvoll, sich über die daraus resultierende Umweltbelastung zu informieren. Wägt gemeinsam ab, ob das Fliegen gerechtfertigt ist. Lautet die Antwort aus vollen Herzen Ja, überlegt, wie ihr den CO_2-Fußabdruck eures Fluges kompensieren könnt. Die meisten Reise- und Fluggesellschaften haben dazu Informationsmaterial.

Alter: **ab 7 Jahren**
Ab **2 Personen**

Huch, hier ist was anders…

Hierbei geht es darum, ganz konkret im Alltag etwas zu verändern, mit der Auflage, dass es besser, schöner, liebevoller, angenehmer, fröhlicher wird. Überlegt gemeinsam, was es sein soll. Aber wie das dann umgesetzt wird, bleibt zunächst ein Geheimnis, das die anderen herausfinden müssen.

99

Ich bin überzeugt, dass Kreativität eine der wichtigsten Fähigkeiten für die Zukunft ist. Möglicherweise ist es genau die Fähigkeit, die unsere Welt retten wird. Ⓑ

7. Wir Kreativen

Kreativität heißt nicht nur, besonders musisch oder künstlerisch veranlagt zu sein, sondern ist viel weiter gefasst. Der Begriff „Kreativität" stammt vom lateinischen Wort „creare" und bedeutet so viel wie „etwas neu schöpfen", „erschaffen" oder „erzeugen". Kreativität ist die Fähigkeit, neue Ideen zu entwickeln und Lösungen für Probleme zu finden - also eine enorm wichtige Fähigkeit, die unsere Kinder fit fürs Leben macht. Das Beste daran ist, dass sich Kreativität trainieren lässt - wir alle können kreativ sein. Ideen, wie ihr die Kreativität eurer Kinder fördern könnt, findet ihr in diesem Abschnitt.

B Kreatives Prokrastinieren

Meine Kreativität funktioniert in der Tat am besten unter Druck, vor allem unter Zeitdruck. Ganz oft habe ich die besten Einfälle, wenn wenig Zeit ist, wenn etwas abzugeben ist, wenn ich ganz schnell „liefern" muss. Wenn alle Panik schieben, werde ich ganz ruhig – und sehe auch Lösungen klarer, als wenn ich entspannt bin und alle Zeit der Welt habe. Allerdings könnte es auch sein, dass das meine kreative Begründung dafür ist, dass ich immer alles im letzten Moment mache.

Wir Kreativen

Alter: **3–15 Jahre**
Ab **2 Personen**

Kreative Fleckenentfernung

Muss man immer waschen und schrubben, bis ein Fleck in der Kleidung weg ist? Nein! Man kann ihn auch einfach dalassen und mit **Textilmalfarbe** in etwas ganz Neues verwandeln. Dafür gibt es keine großen Regeln – sondern nur ein paar Anregungen:

- Unterlegt die Fläche, die ihr bemalen wollt, mit **Karton** oder **Papier**, damit nicht auf der Unterlage oder im Stoff gleich neue Flecken entstehen.
- Traut euch, zu zeichnen, was euch durch den Kopf geht – es müssen keine Kunstwerke entstehen, auch Strichmännchen, Kreise, Sterne, Punkte sind prima. Auch einfache Hand- und Fußabdrücke sind toll – und das können schon ganz kleine Kinder.
- Wenn ihr hellere Farben haben wollt, als eure **Textilmarker** euch anbieten, könnt ihr die Farbe mit einem Wattestäbchen und Wasser etwas verdünnen.
- Lasst alles gut trocknen, am besten über Nacht.
- Sobald die Farbe trocken ist, die Neukreation heiß bügeln.
- Das Kleidungsstück könnt ihr ganz normal bei maximal 40 Grad Celsius mit der Maschine waschen.
- Und wenn euch jemand fragt, woher diese einzigartige Verzierung stammt, antwortet ihr einfach: „Von einer großen Künstlerin. Handgefertigt." Das entspricht ja der Wahrheit.

Alter: **3–15 Jahre**
Ab **2 Personen**

Bastelt euch einen Comic-Bausatz!

Als Eltern wisst ihr, dass Kinder eine enorme Sammelleidenschaft für Steine entwickeln können. Bestimmt gibt es diverse in eurer Wohnung – und bestimmt habt ihr auch schon mal gemeinsam Steine bemalt. Aber seid ihr mal auf die Idee gekommen, einen Comic-Bausatz daraus zu machen? Das macht Spaß, und mit dem Ergebnis lässt sich auch noch spielen!

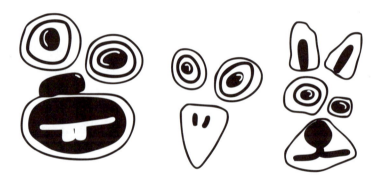

Bemalt die **Steine** mit roter oder weißer Farbe. Nehmt am besten **Acrylfarbe** dafür, sie hat den Vorteil, dass sie gut haftet und schnell trocknet, ohne schrecklich zu riechen. Lasst die Steine gut trocknen und macht anschließend mit einem schwarzen **Permanentstift** Augen, Nasen, Ohren und Münder beziehungsweise Schnauzen oder Schnäbel daraus. Wenn alles fertig ist, könnt ihr die Steine wild kombinieren und euch dazu Geschichten ausdenken.

Alter: **3–15 Jahre**
Ab **2 Personen**

Zeug zum Spielen statt Spielzeug

Stellt euch eine eigene **Box** mit einer Menge kreativem Material zusammen, statt nur das neueste Spielzeug aus der Werbung zu kaufen! Sammelt darin Kleber, Stofffetzen, Lederreste, Washi-Tape, Pompons, Draht, bunte Pappe, Holzstückchen, Perlen, Folie, einzelne Schrauben und Nägel, Styropor, Bubble-Wrap und, und, und. Kinder können mit solchen Dingen enorm viel anfangen und neue Sachen daraus gestalten – und das ganz ohne Anleitung!

Alter: **3–15 Jahre**
Ab **2 Personen**

Food-Art

Schnippelt **Obst** oder **Gemüse** in Scheiben, Ecken oder Ähnliches und legt daraus spannende Bilder. Lasst euch von den Farben oder den Formen inspirieren und kreiert, was immer euch in den Kopf kommt. Und anschließend werden die Ergebnisse aufgefuttert. Anregungen findet ihr zum Beispiel auf der Seite https://www.tollabea.de/food-art/.

Lasst euch anstecken von Food-Art und dekoriert jede Mahlzeit so, dass sie gut aussieht. Dann schmeckt es gleich viel besser – denn: Das Auge isst wirklich mit!

Alter: 3–15 Jahre
Ab 2 Personen

Neue Ordnung

Denkt euch eine neue Ordnung für eure Bücherregale aus: nach Farbe, nach Größe, nach Erscheinungsjahr und so weiter. Oder wie wäre es, den Kleiderschrank umzusortieren: nach Farbe, nach Zweck, nach Anschaffungsdatum? Das ist übrigens eine wunderbare Gelegenheit, auch gleich mal ein paar Sachen auszusortieren.

Entscheidet aber bitte wirklich zusammen, wie ihr Schränke oder Regale neu ordnen wollt, denn womöglich haben die schon eine durchdachte Ordnung und die Besitzerin oder der Besitzer der Sachen würde die auch gern beibehalten …

B Regenbogen-Bibliothek für den Herrn Professor

Als ich ungefähr acht Jahre alt war, wollte ich meinen Vater überraschen und habe drei seiner Regalwände voller Bücher nach Farbe sortiert. Der gute Mann war Professor für Architektur- und Kunstgeschichte und hatte ein ausgeklügeltes System für seine Bücher, damit er alles Wichtige schnell wiederfand. Das habe ich aber erst dann verstanden, als er sich bei seiner Heimkehr so gar nicht über die neue Ordnung freute, sondern 15 Minuten lang nur wütend brüllte.

Alter: **3–15 Jahre**
Ab **2 Personen**

Dreigeteilte Bücher

Kennt ihr noch die dreigeteilten Bücher mit Spiralbindung? Das obere Drittel enthielt zum Beispiel Köpfe, das zweite Körper und das dritte Beine und Füße. Man konnte jede Drittelseite einzeln umblättern und auf diese Weise verschiedenste Figuren zusammenstellen. Das Gleiche gab es auch mit Gesichtern oder Tieren. Bastelt euch doch selbst ein eigenes witziges Buch, indem ihr **Fotos**, **Zeitungsauschnitte** oder **Zeichnungen** verwendet und in einen **Schreibblock mit Spiralbindung** einklebt.
Dafür eignet sich eigentlich fast alles: Häuser, Pflanzen, Spielzeug, Tiere und, und, und. Ihr müsst nur eines beachten: Die Gegenstände brauchen annähernd ähnliche Maße, damit sie sich neu kombinieren lassen.

Alter: **3–15 Jahre**
Ab **2 Personen**

DIY-Tangram

Ihr kennt Tangram, nicht wahr? Aus geometrischen Formen werden dabei Figuren gelegt. Ihr könnt dies auch selbst gestalten, am besten eignen sich dafür dicke **Pappe** oder **Moosgummi**. Zeichnet unterschiedlich große geometrische Formen wie Quadrate, Kreise, Halbkreise, Dreiecke darauf und schneidet sie aus.

Dann könnt ihr alles Mögliche damit legen – zum Beispiel auch Dinosaurier, das macht ganz großen Spaß.

Alter: **3–15 Jahre**
Ab **2 Personen**

Unterhaltungen in Fake-Sprache

Sprachen zu imitieren, ohne sie in irgendeiner Form zu beherrschen, bringt Kindern jede Menge Spaß. Als Erwachsene verlernen wir das! Darum: Legt gemeinsam mit euren Kindern los: Imitiert einfach irgendeine Sprache, die euch in den Sinn kommt – und dann ratet untereinander, was ihr eigentlich gesagt habt. Es gibt eine Youtuberin, die damit im Internet ziemlich Furore gemacht hat.[33]

Alter: **3–15 Jahre**
Ab **2 Personen**

Kochen ohne Rezept: Impro-Mahlzeiten

Jedes Familienmitglied kauft ein **Lebensmittel**, ohne sich mit den anderen abzustimmen – und aus den ganzen unterschiedlichen Zutaten macht ihr dann ein gemeinsames Mahl. Es gibt nur eine Regel: Das Lebensmittel, das ihr kauft, muss zuckerfrei sein. Warum? Weil es gesünder ist und weil Zucker eine richtige Mahlzeit verdirbt.

Wenn ihr alle eure Zutaten habt, geht es darum, wie man aus all dem etwas zubereitet, das schmeckt. Wenn ihr lieber nach Rezept kocht, dann probiert doch mal etwas Neues aus: Kocht „freestyle"! Überlegt, was passen könnte – und dann legt einfach los!

Seid bereit zu scheitern. Versucht, Dinge zu braten, die ihr noch nie gebraten habt, oder Dinge dampfzugaren, die ihr noch nie in der Hand gehabt habt. Und wenn es am Ende nicht schmeckt, könnt ihr immer noch ein Butterbrot essen oder Pizza bestellen.

Bei diesem Experiment handelt es nicht um eine Spielerei. Es geht darum, herumzuprobieren und Neues zu entdecken, um dazuzulernen. Denn genau auf diese Weise entstehen neue Rezepte, und genau auf diese Weise haben Menschen entdeckt, dass man Kartoffeln kochen muss oder Weizen mahlen und verbacken kann.

Alter: **4–15 Jahre**
Ab **2 Personen**

Pareidolie

Der Begriff Pareidolie bezeichnet die Fähigkeit unseres Gehirns, in abstrakten Gebilden oder Mustern Gegenstände oder Gesichter zu erkennen. Das funktioniert wie eine Art Autovervollständigung. Dank dieser Fähigkeit sind wir in der Lage, Dinge wiederzuerkennen: Unser Gehirn kategorisiert Gesehenes und vergleicht es mit Bekanntem. Deswegen sehen Kinder oft Wesen in Wolken: Sie erkennen eine bestimmte Form, und ihr Hirn autovervollständigt diese. Psychologen nutzen diese Fähigkeit, in Flecken Formen zu entdecken, als Stimulus, um mit Menschen über die Wahrnehmung ihrer Welt zu reden.[34]

Wir alle können diese Fähigkeit nutzen, um viel Spaß zu haben und gleichzeitig unsere Kreativität zu trainieren. Macht zum Beispiel **Fotos** von Wolken, Blättern oder Rost- und Dreckflecken und verwandelt diese durch ein paar Striche in lustige Wesen.

Auf meiner Website habe ich ein paar Beispiele gesammelt, die euch einen Eindruck geben, wie viel Leben tatsächlich in Mauerrissen, Wasserflecken, Tomatenstücken oder Wolkengebilden steckt. Hier findest du den Link: https://www.tollabea.de/ich-sehe-was-was-du-nicht-siehst/.

Das geht auch digital: Es gibt zahlreiche Apps für **Tablet** und **Smartphone**, mit deren Hilfe ihr Fotos verschönern könnt.

Alter: **4–15 Jahre**
Ab **2 Personen**

Finger stempeln

Ganz wunderbar fantasieanregend ist es, aus bunten Fingerabdrücken Tiere zu machen: Befeuchtet eine Farbe im **Tuschkasten** ganz leicht oder macht einen Finger ein kleines bisschen nass und drückt diesen dann in die Farbe. Danach macht ihr dann bunte Fingerabdrücke auf **Papier**. Wenn diese getrocknet sind, könnt ihr sie mit einfachen Strichen zu Tieren vervollständigen.

Neben einer Menge Spaß, einer Verfeinerung der Feinmotorik und der Förderung der Kreativität kommt sogar noch ein Lerneffekt ganz nebenbei hinzu: Um aus einem Fleck ein Tier zu machen, müssen eure Kinder zuvor seine wichtigsten Merkmale erfassen – sie schauen also genau hin und abstrahieren dann.

Teil 3 / Gemeinsam Schlauspielen

Alter: **4–15 Jahre**
Ab **2 Personen**

Ungewöhnliche Malinstrumente

Immer nur Stift und Pinsel zum Malen zu nehmen, ist irgendwann langweilig. Experimentiert mit euren Kindern doch einmal, womit man noch malen und zeichnen kann. „Als Kind ist jeder ein Künstler. Die Schwierigkeit besteht darin, als Erwachsener einer zu bleiben", soll der berühmte Maler Pablo Picasso einmal gesagt haben.[35] Mithilfe dieses Experiments werden eure Kinder von ganz allein auf geniale Ideen kommen.
Ein paar Anregungen:

- Farbe aus dem **Tuschkasten** oder aus Tuben und anderen Behältern (also von **Fingerfarbe** bis **Acryl**) lässt sich mit ganz unterschiedlichen Dingen auftragen – zum Beispiel mit **Wattestäbchen** (informiert euch im Internet mal über Pointillismus, das kann sehr anregend sein).
- Pustet mit **Strohhalmen** in Farbpfützen, so entstehen tolle Gebilde. Wer will, malt noch Augen dran, und schon sind es Monster.

260

Wir Kreativen

- Mit einer auseinandergenommenen **Wäscheklammer** aus Holz und etwas Tusche lassen sich ganz wunderbare Zeichnungen anfertigen; die Klammern eignen sich sogar für Kalligrafie.
- Auch mit **Gabeln**, **Messern**, leeren **Klorollen**, dem Boden von **PET-Flaschen**, **Pfeifenreinigern**, gebrauchten **Zahnbürsten** und vielem mehr lässt sich wunderbar Farbe auftragen. Geht auf Instrumenten-Safari durch die Wohnung und testet alles mögliche aus. Probiert auch unterschiedliche Techniken: spachteln, spritzen, pusten, drucken ...

Auch Erwachsene lernen bei diesem Experiment eine Menge – und zwar vor allem das Denken hinter sich zu lassen, dass ein Bild unbedingt etwas darstellen muss. Zu viele Menschen überlegen einfach zu viel, bevor sie etwas malen oder zeichnen. Damit setzen sie sich einen zu engen Rahmen. Lasst eurer Kreativität freien Lauf. „Mut zur Abstraktheit!" ist die Devise. Lasst einfach mal nur Farben und Formen entstehen, ohne dass dahinter eine bestimmt Absicht liegt.

Gegenstände vervollständigen

Hierfür braucht ihr große weiße Blätter **Papier** und einen **dicken Stift**. Super geeignet sind auch die großen weißen Papiertischdecken!
Nun nehmt ihr irgendeinen Gegenstand – eine Schere, eine Wäscheklammer, Geld, Schlüssel oder was auch immer – legt ihn in die Mitte des Blattes und kreiert aus ihm Wesen. Die Schneiden der Schere werden zum Beispiel zum Schnabel eines Vogels – die Griffe für die Finger sind die Augen. Oder ihr verseht eine Klammer mit Händen und Füßen – und schon ist sie ein ulkiges Männchen.

Wir Kreativen

Alter: **4–15 Jahre**
Ab **2 Personen**

Schwammskulpturen

Aus Küchenschwämmchen lassen sich prima Figuren schnitzen; das ist ein wenig wie Bildhauerei, nur einfacher, weil sich Schwämme besser handhaben lassen als Holz oder Stein. Alles, was ihr braucht, sind **Schwämme** und **Bastelscheren**. Schnippelt einfach drauf los und versucht, eine Figur aus dem Schwammmaterial zu formen. Beispiele findet ihr auf der Seite https://www.tollabea.de/schwammskulpturen/.

Für ganz junge Kinder ist es am Anfang nicht ganz einfach, mit der Dreidimensionalität der Figuren zurechtzukommen. Das macht aber nichts, denn die meisten Schwämme haben einen festeren Teil zum Topfschrubben, und dieser kann als feste Unterlage dienen, die man nicht so einfach durchschneiden kann. Das Herausschälen einer Form gelingt dann nach und nach; dieser Prozess hilft, um Aspekte der Dreidimensionalität Schritt für Schritt zu verstehen.

Alter: **5–15 Jahre**
Ab **2 Personen**

Wachsmalstifte föhnen

Für dieses Experiment braucht ihr **Wachsmalstifte**, eine **Leinwand** oder **feste Pappe**, etwas **Klebeband**, eine **größere Pappschachtel** und einen **Föhn**. Vielleicht noch etwas **Zeitungspapier** als Unterlage.

Montiert die Wachsmalstifte mit Klebeband-Streifen an die obere Kante der Leinwand oder der Pappe, am besten parallel nebeneinander.

263

Nun stellt ihr die Leinwand schräg in die Box, und es kann losgehen: Haltet den Föhn auf die Stifte. Am Anfang passiert noch nichts. Aber nach zwei bis drei Minuten fangen die Wachsmaler an, auszulaufen. Es ist ein Riesenspaß zu beobachten, wie die Farben zerfließen und ineinanderlaufen!

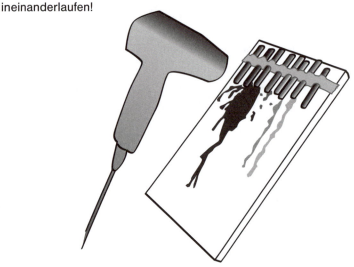

Lasst euer Werk trocknen und nehmt danach die Klebestreifen wieder ab. Mit einem schwarzen Stift könnt ihr das Bild nun noch verfeinern. Macht zum Beispiel aus einem langen Streifen eine Figur mit Augen oder Sonnenbrille.

Alter: **5–15 Jahre**
Ab **2 Personen**

Familienwappen malen

Hat eure Familie ein eigenes Wappen? Nein? Na, dann wird es höchste Zeit, dass ihr euch eins zulegt: Kreiert euer eigenes Familienwappen.

Passen Tiere am besten zu euch? Oder lieber Autos? Oder wie wäre es mit Pflanzen oder geometrischen Mustern? Oder etwas ganz anderes? Informiert euch zunächst, was Wappen überhaupt sind: Sie stammen aus dem Mittelalter – aber wozu waren sie gut? Im Internet findet ihr bestimmt Antworten darauf.

Und dann wird's persönlich: Was macht eure Familie aus? Gibt es ein besonderes Kennzeichen, dass sich für das Wappen eignen könnte? Oder eine gemeinsame Vorliebe? Welches sind die Werte eurer Familie? Wie könntet ihr sie in ein Bild oder ein Symbol fassen?

Kleine Kinder werden erst mal zu ganz konkreten Dingen neigen, denn ihre Welt ist konkret. Mit etwas älteren Kindern könnt ihr über Abstraktionen und Symbole nachdenken, daran werden sie viel Spaß haben.

Alter: **5–15 Jahre**
Ab **2 Personen**

Fantasieplaneten erschaffen

Erfindet gemeinsam Planeten und malt euch aus, wie es dort zugeht! Anregung könnt ihr euch zum Beispiel im Buch *Der kleine Prinz* von Antoine de Saint-Exupéry holen. Lasst eurer Fantasie freien Lauf: Wie sähe ein Schokoladenplanet aus? Welche Form hätte er? Was wächst darauf? Oder denkt euch einen Ferienplaneten aus: Wie ist der beschaffen und was kann man alles auf ihm machen? Das ist eine ganz wunderbare Beschäftigung, die sich für lange Fahrten im Auto oder im Zug eignet – vielleicht gar auf dem Weg in die Ferien.

Alter: **5 – 15 Jahre**
Ab **2 Personen**

Antizyklisches Verhalten

Wenn immer das Gleiche zu den gleichen Zeiten geschieht, wird es irgendwann langweilig. Darum: Werft doch mal die Ordnung um! Seid kreativ und wandelt Traditionen ab – wer weiß, vielleicht entstehen ja ganz neue daraus:

- Grillt im Winter;
- feiert Halloween in April; sucht Eier zu Weihnachten, schmückt einen Tannenbaum zu Ostern;
- feiert: Nicht-Geburtstag an jedem beliebigen Tag;
- feiert Halbweihnachten am 24. Juni, inklusive Kartenverschicken;
- frühstückt am Abend;
- bastelt eine Schultüte zum Ferienanfang;
- ...

Gewohnheiten über den Haufen zu werfen haben wir ja schon an verschiedenen Stellen in diesem Kapitel vorgeschlagen (siehe zum Beispiel „Der andere Adventskalender" auf Seite 233 oder „Friss an einem anderen Ort" auf Seite 224). Der Lerneffekt ist groß, sodass es sich wirklich lohnt, einmal die Regeln zu brechen und eigene zu erschaffen.

Kleine Kinder brauchen zuverlässige Routinen, doch wenn sie etwas größer werden, lernen sie anhand des Regelbruchs zum Beispiel, dass Zeit und Raum nicht ganz so festliegen, wie es zunächst scheint, dass es Freiheit bedeuten kann, sich von Regeln zu lösen, dass es wunderbar sein kann, anders als andere zu sein.

Alter: **5 – 15 Jahre**
Ab **2 Personen**

Reihum Fabelwesen zeichnen

Das Spiel kennt ihr vielleicht aus eurer Kindheit: Jeder Spieler malt auf einem **Blatt Papier** oben einen Kopf – von einem Menschen, einem Fabeltier, einem Monster oder was auch immer. Dann faltet jeder den Kopf nach hinten, sodass nur noch die Ansätze vom Hals zu sehen sind, und reicht das Blatt zur Nächsten weiter. Diese malt nun den Torso dazu – ohne zu wissen, wie der Kopf aussieht. Wieder wird das Blatt so gefaltet, dass nur die unteren Linien – der Übergang zu den Beinen – zu sehen sind, und dann wird es weitergereicht. Der Nächste malt dann die Beine und die Letzte die Füße.

Am Ende klappen alle das Blatt auf, das sie in den Händen halten. Eine seltsame Mischung vermutlich. Denkt euch Geschichten dazu aus: Wer ist dieses Wesen? Wie heißt es? Wie alt ist es? Was für einen Beruf hat es, und was ist sein größter Wunsch beziehungsweise seine größte Angst?

Alter: **5 – 15 Jahre**
Ab **2 Personen**

Bierdeckel- und Serviettenkunst

Restaurantbesuche können für Kinder sehr langweilig sein. Habt darum immer bunte **Filzstifte** dabei, wenn ihr essen geht! **Bierdeckel** und **Servietten** können nämliche eine zauberhafte Malunterlage sein. Ist der Bierdeckel oder die Serviette nass, verlaufen die Filzstiftfarben ineinan-

267

der, daraus entstehen tolle Effekte. Legt doch gleichzeitig ein digitales Album an: Kunstwerke fotografieren und immer wieder ansehen.

Alter: **5–15 Jahre**
Ab **2 Personen**

Malen nach Musik

Habt ihr ein Lieblingslied? Dann nehmt den Refrain und malt Bilder dazu: Was seht ihr, wenn ihr den Refrain hört? Welches Bild stellt sich sofort ein? Es kann jeder für sich malen oder alle zusammen. Erzählt euch danach, woran euch der Refrain erinnert, welches Bild dabei in euch entsteht.

Sehr viel Spaß bringt es auch, wenn man dann plötzlich feststellt, dass man sich seit Jahren verhört hat: Wenn man bei „I've got the power" von Snap zum Beispiel immer an „Agathe Bauer" denkt. Sammelt diese tollen kreativen Verhörer! (Und lest vielleicht einmal gemeinsam das Buch *Der weiße Neger Wumbaba* von Axel Hacke, das ganz viele ganz grandiose Missverständnisse dieser Art enthält.)

Alter: **6–15 Jahre**
Ab **2 Personen**

Emoji-Storys

Emojis sind die modernen Hieroglyphen! Sie bereichern nicht nur unsere Textnachrichten: Ganz großen Spaß bringt es, sich eine kleine Geschichte auszudenken, die nur mit Emojis erzählt wird. Die anderen müssen dann raten, worum es geht. Oder stellt bekannte Geschichten mit Emojis nach – vielleicht ein Märchen? Einen Film?

Eine Variante ist diese: Einer wählt, ohne groß nachzudenken, mehrere Emojis aus – und die Nächste entwickelt daraus eine Kurzgeschichte!

Alter: **6–15 Jahre**
Ab **2 Personen**

Baut euch eine Kreativitätsbooster-Box

Für dieses Experiment braucht ihr erst mal nur eine **Box**: In dieser sammelt ihr lauter **lustige kleine Gegenstände**. Das kann Spielzeug sein, nutzlose Küchenutensilien, irgendwelche Gimmicks oder Muscheln, Steine, Ästchen und ähnliche unverderbliche Schätze aus der Natur. Wählt von jeder Sorte immer nur ein Teil. Je verrückter der kleine Gegenstand, umso besser!

Wenn ihr nun einen Text schreiben müsst, an der Lösung eines Problems sitzt oder einfach nur Langeweile habt, greift euch mit geschlossenen Augen einen Gegenstand aus der Box und benutzt ihn als Anregung. Stellt euch einfach vor, ein menschliches Orakel hätte euch mit bedeutungsschwangerem Blick diesen Gegenstand in die Hand gedrückt und gesagt: Das ist die Lösung deiner Probleme. Und ihr fragt euch nun, wieso? Versucht, euch diese Antwort zu geben.

Oder fragt euch: Welcher Gegenstand symbolisiert mein Problem? Und welcher Gegenstand könnte meine Lösung am besten illustrieren? Netter Nebeneffekt: All die Geschenke von Verwandten und Freunden, mit denen ihr nicht so richtig was anfangen könnt und die immer irgendwo herumstehen und einstauben, packt ihr einfach mit in die Box, und schon haben sie eine tolle Funktion.

Alter: **7–15 Jahre**
Ab **2 Personen**

Schnick-Schnack-Schnuck mit eigenen Symbolen

Statt immer Papier, Schere und Stein beim Schnick-Schnack-Schnuck zu verwenden, überlegt euch doch einmal andere Dinge und eigene Gesten dafür – natürlich mit den entsprechenden Geschichten dazu: zum Beispiel Huhn, Fuchs und Spinne: Fuchs frisst Huhn, Huhn frisst Spinne, Spinne beißt Fuchs.

Diskutiert miteinander, was funktioniert, was für euch stimmig ist – und was mit welchen Gesten dargestellt werden kann: Lieber Tiere als Gegenstände? Oder Lebensmittel? Gar chemische Elemente? Das ist wohl eher etwas für ältere Kinder. Wie wäre es mit Pokemon? Oder Fortnite-Charaktere? Diese Diskussionen sind ein wichtiger Teil des Co-Learnings, um Zusammenhänge und Abgrenzungen zu verstehen.

Alter: **8–15 Jahre**
Ab **2 Personen**

Notizen oder Mitteilungen zeichnen

Wenn wir einander Mitteilungen hinterlassen, dann schreiben wir sie meist: „Bin bei Tina", „Komme um 17 Uhr wieder." Aber schreiben kann ja jeder. Wie wär es, diese Notizen zu zeichnen? Ran an die Stifte! Erlaubt ist, was die Kreativität hergibt, Worte zerteilen inklusive.

Schule?
Schuh (Schuh zeichnen) – h + Olé! (Stierkampf zeichnen mit leerer Sprechblase) – o ...

Ausgelassen?
Haus – h + Tube Gel + Ass (Spielkarte) + umgekehrtes Ne

Alter: **8–15 Jahre**
Ab **2 Personen**

Unmögliche Dinge

Erfindet reihum Ideen für Dinge, die ganz unmöglich existieren können, zum Beispiel:

- Ausschalter für Genörgel;
- Rettungsring für Gespräche, die aus dem Ruder laufen;
- flüssiges Geld;
- sich selbst ausräumende Spülmaschinen;
- Handyaufladen mithilfe von Körperfett;
- und, und, und.

Wenn euch die Ideen ausgehen, könnt ihr euch bei Twitter inspirieren lassen unter dem Hashtag #sechsunmöglichedinge.

8. Wir Motoriker

Wie wir schon in Kapitel 2 „So entwickelt sich mein Kind, das Lernwesen" erwähnt haben, ist Bewegung fürs Lernen unabdingbar. Denn wenn Kinder in Bewegung sind, können sie am besten lernen, da beide Gehirnhälften sich besser verknüpfen und enger zusammenarbeiten. Bewegt sich ein Kind viel, werden die motorischen Zentren des Gehirns aktiviert, die eng mit Informationsverarbeitung und Lernen verknüpft sind. Bewegung kann sogar dabei helfen, Konzentrationsprobleme zu mildern oder gar zu überwinden, denn wenn wir uns bewegen, bauen wir alle, nicht nur die Kinder, Stresshormone ab.

Also: Bewegung, Bewegung, Bewegung! Davon haben wir eh viel zu wenig, und Spaß macht es obendrein. Wir stärken mit den folgenden Experimenten Grobmotorik und Feinmotorik - in unseren Intelligenzen ausgedrückt: „Körper-schlau" und „Hand-schlau" zu sein. Und auch die Hände und Füße werden nicht vergessen.

Wenn ihr keine Supersportskanonen seid, werden euch eure Kinder übertrumpfen, weil sie leichter und beweglicher sind. Freut euch drüber und gönnt den Jüngeren den Triumph. Nach und nach verbessert sich auch eure Beweglichkeit.

Wir Motoriker

Alter: **3–15 Jahre**
Ab **2 Personen**

Hüpfspiele neu denken

Die klassischen Hüpfspiele wie „Himmel und Hölle" oder die „Hüpfschnecke" kennt ihr wahrscheinlich, oder? Doch warum nicht einmal andere Formen wählen oder sich ganz neue Ideen ausdenken? Alles, was ihr dafür braucht, ist **Kreide**.

Die grundsätzlichen Regeln für Hüpfspiele lauten:
- Die erste Spielerin beginnt (entweder auf dem Feld „Erde" oder vor dem ersten Kästchen der Schnecke oder welche Form auch immer ihr nehmen wollt).
- Von dort aus wirft sie einen Stein oder ein Stück Kreide in das erste Feld.
- Trifft sie, darf sie loshüpfen. Verfehlt sie den vorgeschriebenen Kasten, ist der nächste Spieler an der Reihe.
- Wer dran ist, hüpft auf einem Bein Kästchen für Kästchen von der „Erde" hoch zum „Himmel" beziehungsweise durch die komplette Schnecke; und zurück auf dem anderen Bein.
- Vor dem Kästchen, in dem der Stein gelandet ist, stoppt die Spielerin auf dem Rückweg, hebt den Stein auf, hüpft über das Feld hinweg (sie darf nicht darin landen) und wieder aus dem Spielfeld heraus.
- Dann geht es von vorne los mit dem zweiten Kästchen.
- Tritt eine Spielerin mit dem Fuß auf eine der aufgezeichneten Linien, muss sie ausscheiden, und der nächste Spieler ist dran.

Welche Formen wären noch geeignet? Wie wäre es mit einer Blume? Oder vielleicht mit einem Haus?

Alter: **3–15 Jahre**
Ab **2 Personen**

Balltransport

Ein **Ball** (oder ein **Stein** oder etwas anders) muss von einer Stelle zu einer anderen befördert werden – aber nur mithilfe eines **Hüpfseils**. Jeder, der mitspielt, hat eines zur Verfügung. Ihr könnt nun zum Beispiel zwei Seile so miteinander verknoten, dass sie den Ball sicher umfangen. So lässt er sich wegtragen.

Seid ihr mehr als vier Personen, darf niemand ein Seil mit zwei Händen berühren, sondern ausschließlich mit einer. Sonst wäre es viel zu einfach, ein Netz aus den vielen Seilen zu erstellen.

Alter: **3–15 Jahre**
Ab **2 Personen**

Zeitungshockey

Statt Schläger nehmt ihr für diese Variante des Hockeys zusammengerollte **Zeitungen**. Der Ball ist ein zusammengeknülltes Zeitungsblatt oder ein Ballon.

Bei diesem Spiel können auch die ganz Kleinen mitmachen, weil man sich dabei kaum verletzen kann. Denkt aber daran, dass die Druckerschwärze abfärbt – wenn ihr drinnen spielt oder helle Kleidung tragt, kann das schwarze Flecken geben!

Wir Motoriker

Alter: **3–15 Jahre**
Ab **2 Personen**

Wolke sieben dank der Luftballonmatratze

Wolltet ihr immer schon mal auf Wolke sieben schweben? Dann baut euch eine Luftmatratze aus Luftballons! Das ist übrigens auch ein Hit auf jedem Kindergeburtstag.

Ihr braucht dafür eine große Anzahl an **runden Luftballons** und einen großen **Kopfkissenbezug** mit Verschluss. Wer es besonders bequem haben will, nimmt eine Luftballonpumpe und die Luftballonverschlüsse aus dem Spielzeugladen – nötig sind sie aber nicht, ihr könnt die Ballons auch einfach gemeinsam aufpusten. Und dann in den Kissenbezug stopfen.

Schätzt vorher gemeinsam, wie viele Luftballons wohl in den Bezug passen. Das fördert ganz nebenbei die Zahlen-schlau-Fähigkeit, da das Gespür für Volumen trainiert wird!

Wenn der Kissenbezug voll ist, dann lasst euch einfach darauf fallen, die Ballons platzen schon nicht. Aber warum nicht? Recherchiert das doch einmal!

Alter: **3–15 Jahre**
Ab **2 Personen**

Gegenteilpuzzle - oder: Aschenputtel reloaded

Mischt **trockene Bohnen, Erbsen, Reis- und Maiskörner** in einer **Schüssel**. Nun versuchen alle, mit verbundenen Augen die einzelnen Bestandteile herauszusortieren.

275

Alter: **3–15 Jahre**
Ab **2 Personen**

Zeichnen mit (Perlen-)Ketten

Alles, was ihr für dieses Spiel braucht, ist eine **möglichst lange (Perlen-)Kette**. Nehmt dazu keine teuren Schmuckstücke, sondern ganz einfache und günstige. Jeder bringt nun seine Kette in die Form eines Tieres – und die anderen raten, um welches Tier es sich handelt.

Habt Geduld miteinander! Es kann gut sein, dass jüngere Kinder sich zunächst recht lange Zeit nehmen, um ein Tier zu formen. Und vielleicht sind diese Tiere auch erst mal nicht ganz so einfach zu erraten.

Welche Ideen Menschen aus der Community zu dieser Idee gepostet haben, seht ihr auf der Tollabea-Website mit diesem Link: https://www.tollabea.de/ratespiel-mit-mamas-kette/.

Alter: **3–15 Jahre**
Ab **2 Personen**

Türme aus Erbsen und Zahnstochern

Aus Erbsen und Zahnstochern könnt ihr wunderbare Türme bauen! Lasst **getrocknete Erbsen** über Nacht einweichen. Nun nehmt ihr **Zahnstocher** und pikst ein Ende in eine Erbse hinein. Sie dient als Verbindungselement zwischen den Zahnstochern. Verwendet so viele Erbsen und Zahnstocher wie ihr möchtet. Wenn ihr ein wenig experimentiert hab, fangt an euch Fragen zu stellen wie: Wie viele Zahnstocher kann eine Erbse verbinden? Und wer schafft damit den höchsten Turm? Alternativ könnt ihr auch **Marshmallows** und **Schaschlikspieße (aus Holz)** nehmen.

Wir Motoriker

Alter: **4–15 Jahre**
Ab **2 Personen**

Blind fühlen

Legt **verschiedene Gegenstände** in eine **Kiste** oder in einen **Sack** und lasst euer Kind blind raten, worum es sich handelt. Wenn ihr eine Kiste verwendet, ist es hilfreich, in die Seitenwände je ein handgroßes Loch zu schneiden oder ein Tuch über die Öffnung zu legen – nicht spicken! Steigern könnt ihr das, indem ihr festlegt, dass man nur mit Handschuhen in die Kiste greifen darf – beziehungsweise mit den Füßen im Sack nach den Gegenständen tastet.

Alter: **4–15 Jahre**
Ab **2 Personen**

Stricken, Häkeln, Knoten, Fädeln

Könnt ihr stricken? Oder wisst ihr, wie man häkelt? Lasst es euch von euren Eltern oder Großeltern zeigen (oder sucht nach Anleitungen bei YouTube) und reicht es an eure Kinder weiter. Denn Handarbeit macht nicht nur Spaß, sondern ihr trainiert gleichzeitig – und ohne es zu merken – eure mathematischen Fähigkeiten und natürlich auch die eures Kindes. Denn während wir mit den Händen arbeiten, werden auch Vernetzungen im Gehirn aktiviert. Ganz nebenbei lernen und üben wir, Verhältnisse, Gewichte, Längen und Ähnliches abzuschätzen. Und nebenbei entstehen schöne Schals, praktische Topflappen, warme Pullover und vieles mehr.

Alter: **4–15 Jahre**
Ab **2 Personen**

Papierschneeflocken

Papierschneeflocken mit Kindern zu basteln macht Spaß, fördert deren geometrisches Verständnis und geht superschnell. Alles, was ihr dafür braucht, sind ein paar Blätter **weißes Papier** und vernünftige **Scheren**.

Nehmt das Blatt und faltet und falzt es so, dass alles zusammen eine spitze Spitze bildet. Nun schneidet in die Kanten einfach jede Art von Zacken rein, die euch einfällt! Am Ende vorsichtig auseinander blättern und staunen, was entstanden ist!

Je mehr ihr mit euren Kindern herumprobiert, wie sich die Schnitte auf die Schneeflocke auswirken, desto mehr verstehen sie – völlig intuitiv und spielerisch – etwas von Symmetrie und geometrischen Formen. Sie lernen ganz nebenbei, wie Dinge geteilt und multipliziert werden. Sie machen sich einen eigenen Reim auf das, was da in ihren Händen entsteht. Und für die Hände ist es auch eine prima Übung.

Alter: **5–15 Jahre**
Ab **3 Personen**

Zugführer hinten

Dieses Spiel bringt ab fünf Personen erst so richtig Spaß! Stellt euch hintereinander in eine lange Schlange. Jeder legt die Hände auf die Schultern seines Vordermannes oder seiner Vorderfrau und hält sich dort fest wie bei einer Polonaise. Allen werden die Augen verbunden, ausgenommen der letzten Person: Sie ist der Zugführer und lenkt ihn, indem sie mit einem leichten Druck auf die Schulter desjenigen vor ihr angibt, wohin der Zug fahren soll. Möchte sie beispielsweise nach links, dann drückt sie sanft die linke Schulter ihres Vordermannes, will sie nach rechts, drückt sie dessen rechte Schulter. Dieser gibt den Impuls an die Person weiter, die vor ihm steht.

Wenn ihr wollt, könnt ihr die Bewegungen im Rhythmus eines Liedes ausführen, das ihr singt oder das abgespielt wird.

Alter: **5–15 Jahre**
Ab **4 Personen**

Veränderung raten

Dieses Spiel lässt sich am besten so spielen, dass einer gegen die Gruppe antritt. Die Gruppe verharrt in einer Pose („Freeze!"), und der Spieler, der gegen sie antritt, muss im Gedächtnis festhalten, wer wie wo steht. Dann muss er für eine Minute den Raum verlassen, während der die Gruppe nur eine Sache ändert. Dann wird der Spieler wieder hineingerufen und muss raten, was verändert wurde.

Alter: **5–15 Jahre**
Ab **4 Personen**

Agenten am Werk

Habt ihr mal in Filmen gesehen, wie Agenten sich durch Räume bewegen, die von Laserlicht durchzogen werden? Genau darum geht es. Ihr braucht dafür nur einige lange Streifen **Krepppapier** (circa 3 bis 4 Zentimeter breit) und **Klebeband**. Krepppapier funktioniert am besten, weil es bei Berührung sehr leicht reißt. Sucht euch nun einen langen Flur, einen engen Raum oder eine schmale Treppe. Die Wände sollten dort maximal zwei Meter weit auseinanderstehen, damit ihr die Kreppstreifen kreuz und quer mit Klebeband an den Wänden festmachen könnt. Und dann gehts los: Schlängelt euch hindurch, ohne die Kreppbänder abzureißen oder zu beschädigen.

Alter: **5–15 Jahre**
Ab **2 Personen**

Da ist eine riesige Glasscheibe im Raum

Bewegt euch völlig locker durch den Raum – und tut so, als wäre da eine riesige Glasscheibe mittendrin, die euch voneinander trennt. Es ist wirklich grandios, wie schnell sich Kinder auf diesen Gedanken einlassen können. Was macht ihr nun mit der Scheibe? Es ist ungeheuer lustig, wie Kinder damit umgehen: indem sie gegen die imaginäre Scheibe laufen und so tun, als würden sie sich den Kopf anstoßen, oder wenn sie so tun, als würden sie sie ablecken ... Unser Tipp: Haltet einen **Fotoapparat oder eine Kamera** griffbereit, um das festzuhalten!

Alter: **5–15 Jahre**
Ab **2 Personen**

Plätze tauschen

Dieses Spiel stammt aus dem Teambuilding, macht aber auch Familien sehr viel Spaß! Ihr braucht entweder ein **Handtuch** oder – wenn die Kinder schon älter sind – einen **Baumstamm**.

Möglichst viele Personen stellen sich auf das ausgebreitete Handtuch oder auf den Baumstamm. Und jetzt gilt es: Jeweils die beiden entferntesten Person müssen miteinander die Plätze tauschen, und zwar ohne einen Fuß neben das ausgebreitete Handtuch oder den Baumstamm zu setzen. Wer das tut, ist raus. Beim Handtuch kann man noch die zusätzliche Schwierigkeit einbauen, dass auch das Handtuch umgedreht werden muss.

Alter: **5–15 Jahre**
Ab **2 Personen**

Kanonenkugel

Bei diesem Spiel geht es um eine Hindernisrallye – aber nicht irgendeine. Die Besonderheit ist: Ihr habt einen **Luftballon** zwischen den Beinen eingeklemmt, den ihr weder verlieren, noch mit den Händen anfassen dürft. Auf diese Weise lauft ihr nun einen festgelegten Parcours ab. Verrutscht der Ballon oder fällt er gar runter, müsst ihr ihn ohne Hände wieder in Position bringen.

Erstellt den Parcours aus **Sofakissen, Stühlen, Spielzeug** und Ähnlichem, baut Hürden, die überwunden oder umgangen werden müssen, oder was auch immer euch einfällt. Wenn ihr wollt, könnt ihr die Zeit messen, um festzustellen, wer den Parcours am schnellsten schafft.

Bei ausreichend vielen Personen könnt ihr dies auch als Staffellauf konzipieren. Der Wechsel der Kanonenkugel von einem Teammitglied zum nächsten – ohne die Hände zu benutzen! – ist besonders lustig.

Alter: **5–15 Jahre**
Ab **2 Personen**

Zimmer aufräumen mit den Füßen

Spielt ein Aufräumspiel der besonderen Art: Räumt das Chaos im Kinderzimmer nur mit den Füßen auf. Aber schiebt nicht einfach alles unters Bett, sondern sortiert es dorthin, wo es hingehört. Na, klappt das?

Alter: **5–15 Jahre**
Ab **2 Personen**

Rückenmalerei

Zeichnet mit dem Zeigefinger auf dem Rücken eures Kindes geometrische Figuren, Tiere, Buchstaben, Zahlen oder andere Dinge und lasst es erraten, was ihr gemalt habt. Und danach seid ihr natürlich mit dem Raten dran!

Wir Motoriker

Alter: **5–15 Jahre**
Ab **2 Personen**

Pyramidentransport

Für dieses Spiel braucht ihr **mindestens zehn Pappbecher**, gern auch mehr. Teilt euch in zwei möglichst gleich starke Teams auf. Jedes Team muss an einem Ort im Raum eine möglichst hohe Pyramide aus den Pappbechern bauen, die vom gegnerischen Team **fotografiert** wird. Nun gilt es, die Pyramide an einen Platz in einigen Metern Entfernung zu transportieren – und zwar so, dass sie dort am Ende genauso aussieht wie vorher. Stoppt die Zeit. Welche Gruppe schafft es schneller und besser? Und was ist leichter: auseinanderbauen oder im Ganzen transportieren? Macht mehrere Durchläufe, und jedes Mal dürft ihr etwas verändern.

Alter: **5–15 Jahre**
Ab **2 Personen**

Messer und Gabel oder Stäbchen

Dies ist ein lustiger Versuch: Bedient eine halbe Stunde lang alles in eurem Haushalt mit **Messer** und **Gabel**, natürlich ohne Dinge zu beschädigen. Wem gelingt dabei mehr?
　　Erste Steigerungsstufe: Probiert es mit **Essstäbchen**. Zweite Steigerungsstufe: Macht alles mit den Füßen. Das klingt im ersten Moment unmöglich, aber probiert es einfach mal aus. Wir haben Kinder gesehen, die mit dem Fuß und einem Stäbchen alle Lichter anknipsen konnten!

283

Alter: **5–15 Jahre**
Ab **2 Personen**

Knöpfe schnipsen

Dies ist ein nahezu in Vergessenheit geratenes Geschicklichkeitsspiel, das schon eure Großeltern und deren Großeltern gespielt haben! Sucht **Knöpfe** in unterschiedlichen Größen, Farben und Formen zusammen und übt zunächst, sie zum Springen zu bringen, indem ihr die Kante eines Knopfes auf die Kante eines andern drückt, der flach auf dem Tisch liegt. Wenn das gelingt, kann es los gehen.

Stellt ein **Gefäß** – eine Schüssel, eine Tasse oder Ähnliches – in die Mitte des Tisches, legt Knöpfe drumherum und versucht, diese in das Gefäß hineinzuschnipsen. Geht es einfacher, wenn die Knöpfe ganz nah am Gefäß liegen? Oder ist es besser, wenn etwas Abstand dazwischen ist? Gibt es einen idealen Abstand? Fällt euch das Schnipsen leichter, wenn ihr sitzt oder wenn ihr steht?

Ihr könnt auch mit **Kreppband** Bahnen auf dem Boden markieren und ein Wett-Knopfschnipsen machen: Wer überhüpft mit seinem Knopf als Erster die Ziellinie?

Alter: **5–15 Jahre**
Ab **2 Personen**

Weitere Knopfspiele

Knöpfe sind generell ein wunderbares Spielmaterial für die Feinmotorik! Hier sind weitere Ideen, was ihr mit **Knöpfen** alles anstellen könnt:

- Einige Knöpfe eignen sich sehr gut, um sie rollen zu lassen. Versucht, einen Knopf so weit wie möglich über einen glatten Boden rollen zu lassen.
- Wer kann einen auf dem Tisch liegenden Knopf so weit wie möglich pusten?
- Markiert ein Feld, in das ihr mehrere Knöpfe legt und versucht nun, sie dort herauszupusten. Wer schafft das am schnellsten?
- Wer kann den höchsten Turm aus Knöpfen bauen?
- Knöpfe fuchsen: Stellt euch ungefähr zwei bis drei Meter vor einer Wand auf. Versucht nun, Knöpfe so zu werfen, dass sie so nah wie möglich an der Wand zum Liegen kommen. Damit ihr erkennen könnt, zu wem die Knöpfe gehören, könnt ihr verschiedene Farben wählen oder sie markieren. Macht daraus doch einen Wettbewerb: Wer kann die meisten Knöpfe bis dicht an die Wand werfen.
- Aus Pfeifenputzern und Knöpfen lassen sich tolle Plastiken basteln: Männchen, Tiere, Monster!

Alter: **6–15 Jahre**
Ab **2 Personen**

Mathe-Rennen

Diese Idee stammt aus der Blue-School in New York: Die Grundschule dort hat einen rund 30 Meter langen Flur, der vor einer Wand mit lauter Zahlen endet. Die Kinder bekommen an einer Startlinie Matheaufgaben, die sie im Laufen lösen müssen, um dann mit der Hand auf die Lösung, also die richtige Zahl an der Wand, zu tippen.

Wenn ihr zu Hause, im Innenhof oder im Park eine ähnlich lange Strecke findet, könnt ihr das auch versuchen. Für jüngere Kinder reicht ein 5 bis 6 Meter langer Flur oder eine Einfahrt zwischen zwei Häusern.

Befestigt an einer Wand oder einem Baum Papierblätter mit Zahlen, und los gehts. Aber denkt daran: Es geht ums Co-Learning. Mal stellen also die Kinder die Fragen, mal die Eltern.

Alter: **7–15 Jahre**
Ab **3 Personen**

Kniffelige Abfüllung

Füllt eine **Plastikflasche** mit Wasser und bindet sie dem leichtesten der Mitspieler seitlich am Oberschenkel fest. Ziel des Spiels ist nun, das Wasser aus der Flasche in ein **Gefäß** – eine Schüssel, einen Topf oder was auch immer – zu füllen, und zwar ohne die Flasche oder das Gefäß zu berühren. Gefragt ist dafür die ganze Gruppe. Ihr ahnt, warum die Plastikflasche am leichtesten Mitspieler befestigt wurde, oder? In der einfachsten Variante steht das Gefäß auf dem Boden. Etwas kniffliger wird es, wenn ihr das Gefäß auf einen Hocker stellt.

Wir Motoriker

Alter: **7–15 Jahre**
Ab **2 Personen**

Tanzt euren Namen - und mehr!

Für Waldorfschüler ist das eine Selbstverständlichkeit. Aber probiert ihr es doch auch einmal! Entwickelt euer eigenes Bewegungsalphabet: Welche Bewegung oder Geste soll für welchen Buchstaben stehen? Wenn ihr einzelne Wörter tanzen könnt, könnt ihr auch bald einen ganzen Satz tanzen. Probiert doch einmal aus, ob ihr „lesen" könnt, was der andere tanzt!

Alter: **8–15 Jahre**
Ab **2 Personen**

Origami

Die alte japanische Papierkunst ist ein Booster für räumliches Denken. Bei Kindern schult sie nicht nur die Feinmotorik und die Genauigkeit, sondern es wird – insbesondere wenn man sich mit modularem Origami beschäftigt – auch das Denken und Sehen in 3-D gefördert. Eine einfache, aber sehr vielfältige Grundform ist das Sonobe-Element; eine Anleitung dazu findet ihr zum Beispiel unter https://www.youtube.com/watch?v=NjQQiDXy0sA.

Es bringt Spaß, dies gemeinsam herzustellen. Wenn ihr wollt, könnt ihr auch aus kleineren Modulen ein Mobile basteln, das ihr dann in der Wohnung aufhängt.

9. Wir Menschenversteher

Empathie ist eine sehr wichtige Eigenschaft, und je früher Kinder ein Bewusstsein dafür entwickeln, desto leichter werden sie sich später in verschiedenen sozialen Umfeldern bewegen. Ohne andere Menschen geht es einfach nicht. Wenn wir die Haltungen und Positionen anderer verstehen, begreifen wir auch uns selbst besser – und wir lernen, ob wir mit gewissen Menschen harmonieren oder ob wir sie lieber auf Distanz halten wollen. Jesper Juul, einer der bekanntesten Familientherapeuten Europas, ist sogar überzeugt, dass in naher Zukunft Empathie die „härteste und wichtigste Währung" von allen sein wird.[36]

Im Folgenden haben wir Ideen zusammengetragen, wie ihr die Empathie eurer Kinder und auch eure eigene fördern könnt.

Die einfachste und wichtigste Idee wollen wir euch aber schon hier nennen: Lest euren Kinder vor! Immer und immer wieder! Vorlesen ist das Beste, was ihr machen könnt, besonders, wenn die Kinder noch ganz jung sind. Dass die Kinder davon enorm profitieren, wisst ihr sicher längst. Aber auch ihr habt eine Menge davon: Wenn ihr ein kleines Kind habt, nehmt ihr die Welt und eure Mitmenschen mit ganz neuen Augen wahr. Und mit jeder Kindergeschichte und mit jedem Vorlesebuch könnt ihr euch fragen: Wie kann ich deren einfache Botschaft auf meine jetzige Welt übertragen?

B Rotnasenhasen

Als meine Tochter ganz jung war, hat sie die einfachen Bücher von Helme Heine geliebt. Mir hat damals *Der Hase mit der roten Nase* sehr geholfen. Dieses kurze und wunderbar illustrierte Buch erzählt von einem Hasen, der mit seiner roten Nase und einem blauen Ohr ganz außergewöhnlich ist. Und weil der Hase so besonders ist, hält der Jäger ihn nicht für einen richtigen Hasen und jagt ihn nicht. Dies hat mich in meiner Überzeugung gestärkt, dass es eine gute Sache ist, „anders" und „besonders" zu sein. So lernte ich nicht nur das Besondere und Andere an mir zu schätzen, sondern ich habe es auch bewusst bei anderen Menschen positiv empfunden.

Vielleicht störe ich mich gerade deshalb nicht an Fragen wie: „Woher kommst du?". Ich erzähle gern über die Kulturkreise, in denen ich aufwuchs. Andererseits weiß ich aber auch, dass manche Menschen solche Fragen als verletzend empfinden, da sie lieber nicht darauf angesprochen werden wollen.

Alter: **4–15 Jahre**
Ab **2 Personen**

Lieben oder Hassen

Jeder nennt ein Ding oder eine Aktivität, die er entweder liebt oder hasst – aber ohne zu sagen, was er dazu empfindet. Das müssen die anderen nun raten: Liebt er es? Oder hasst er es?

Alter: **4–15 Jahre**
Ab **2 Personen**

Individualität wertschätzen: Selbstbildnis auf Tapetenpapier

Dafür benötigt ihr eine Rolle **Tapetenpapier**. Eine von euch legt sich auf die Tapete, der andere zeichnet ihre Körperumrisse auf – natürlich auch umgekehrt. Nun füllt jeder seine Silhouette mit allem, was ihm zu sich selbst einfällt: Farben, Wörter (Eigenschaften, Werte, Lieblingsdinge und so weiter) oder gar ganze Sätze. Im Anschluss schauen die anderen, was sie hinzufügen möchten.

Steigerung: Fragt euch, ob Eigenschaften thematisiert werden, die immer da sind – oder ob da eher Dinge zum Ausdruck kommen, die die momentane Situation widerspiegeln.

Das ist übrigens auch eine geniale Idee für die besonderen Tage, wenn die Familien zusammenkommen: Schießt einige Digifotos, damit ihr euch bildlich daran erinnern könnt, was ihr an bestimmten Tagen miteinander gemacht habt. Wenn ihr das zum Beispiel jedes Jahr macht, seht ihr auf den Fotos auch, was sich im Laufe der Jahre verändert hat.

Und noch eine kreative Abwandlung der Tapetenpapier-Idee für euren Strandurlaub: Statt auf Tapetenpapier zu zeichnen, könnt ihr eure Selbstbildnisse auch als Sandskulpturen gestalten und diese ebenfalls im Foto verewigen. Viel cooler als jedes Selfie!

Wir Menschenversteher

Alter: **4–15 Jahre**
Ab **2 Personen**

Verwöhnideen für den Alltag

Verwöhnt euch mal, das kommt im Alltag oft zu kurz. Wissen eure Kinder, was ihnen gut tut? Schätzen sie das? Baut kleine und große Verwöhnmomente in euren Alltag ein. Hier ein paar Ideen:

- Orangensaft zum Frühstück aus Champagnergläsern – „chin chin!" inklusive.
- Macht mal eine schöne Massage zwischendrin.
- Bereitet das Abendessen in Form von Häppchen zu und dann ab in die Badewanne – am besten mit der ganzen Familie. Ab drei Personen wird es eng, es kann ja einer auf dem Höckerchen daneben dinieren. Oder ihr könnt rotieren.
- Rollen wechseln: Jeder ist mal Butler oder Chef de Cuisine für einen Tag.

Alter: **4–15 Jahre**
Ab **2 Personen**

Erfolge und Misserfolge feiern

Gelobt zu werden tut gut: „Das hast du gut gemacht!" hört jeder gern. Noch besser ist es, wenn das Lob ganz konkret ist: „Mir gefällt es gut, wie du die Farben in diesem Teil des Bildes kombiniert hast. Ich wäre nie darauf gekommen, dass Rot, Pink und Orange so gut zusammenpassen!" Und das gilt nicht nur für Kinder, auch Eltern hören gern mal ein Lob!

Entwickelt darum eine Kultur des guten Lobs in eurer Familie: Lobt euch gegenseitig für Dinge, die ihr gut könnt, gut gemacht habt oder die ihr am anderen mögt.

Ihr könnt euch auch süße kleine Nachrichten mit anerkennenden Botschaften schreiben: „Du bist ein tolles Kind, weil ..." Wetten, dass euer Kind das bald nachahmt und euch auch so einen Zettel schreibt?

Lobt euch auch gegenseitig dafür, dass ihr etwas versucht habt – auch wenn es nicht unbedingt erfolgreich war. Darauf kommt es nämlich gar nicht an, sondern vor allem darauf, dass man etwas wagt und ausprobiert. Babys fallen so oft auf den dicken Windelpopo, wenn sie laufen lernen – und doch machen sie immer weiter, bis es klappt. Alles, was man neu lernt, erlernt man in kleinen Babyschritten. Lobt euch gegenseitig fürs Ausprobieren, stoßt miteinander an und feiert den Versuch. Und redet darüber, was ihr gemeinsam daraus lernt.

Alter: 4–15 Jahre
Ab 4 Personen

Simon sagt

Das Spiel ist im angelsächsischen Raum sehr populär: Einer übernimmt die Rolle des Simon, er ist der Ansager. Der Rest der Spieler versammelt sich um ihn. Simon führt nun Handlungen aus und sagt sie gleichzeitig an: Während er sich zum Beispiel vorbeugt und seine Zehen berührt, sagt er: „Simon sagt: Berührt eure Zehen!"

Die anderen Spieler müssen die Handlungen nun nachmachen. Aber nur, wenn der Ansager sie mit den Worten „Simon sagt" einleitet und sie auch selbst ausführt! Sagt er diese Worte nicht, machen sie nichts. Führt ein Spieler die Handlung aus, ohne dass der Ansager sie mit „Simon sagt ..." begleitet hatte, scheidet der Spieler aus.

Es gibt viele großartige Möglichkeiten, wie der Ansager die Mitspieler aufs Glatteis führen kann: Er führt beispielsweise eine Aktion aus, ohne sie richtig anzusagen, er lässt die einleitenden Worte „Simon sagt" weg oder sagt „Stefan sagt", oder er führt eine Aktion aus, die nicht mit dem Befehl übereinstimmt oder, oder, oder. Die letzte Spielerin, die im Spiel übrig bleibt, gewinnt und wird zum nächsten Ansager.

Alter: **4–15 Jahre**
Ab **2 Personen**

Berufe raten

Dieses Spiel haben schon unsere Großeltern gespielt. Beobachtet in der U-Bahn, im Café, beim Einkaufen eure Mitmenschen und überlegt, welchen Beruf sie haben. Starrt sie am besten nicht zu auffällig an, manche Menschen fühlen sich dadurch provoziert. Wenn ihr euch traut, fragt sie auch ruhig, dann könnt ihr sehen, ob ihr recht hattet oder weit danebenlagt.

> **„Was glotz'n, Kind?"**
>
> Für meine Tochter und mich war dieses Spiel immer ein Vergnügen. Wenn uns jemand gefragt hat, warum wir ihn oder sie so anstarren, haben wir ganz offen erzählt, was wir da tun, und haben auch nach dem tatsächlichen Beruf gefragt. Manche haben dann ganz brüsk und sehr berlinerisch reagiert: „Jeht euch jar nüscht an!" Doch die meisten fanden unser Spiel eher lustig als aufdringlich.

Alter: **5–15 Jahre**
Ab **2 Personen**

Das Kaltes-oder-warmes-Wasser-Experiment

Für dieses Experiment braucht ihr nur **drei Schüsseln**. In die erste füllt ihr sehr warmes Wasser (kein kochendes, sondern ungefähr Badewannentemperatur), in die dritte eiskaltes. Die Schüssel in der Mitte füllt ihr mit Wasser, das ungefähr Zimmertemperatur hat.

Jetzt ist eine Testperson dran. Sie soll Folgendes machen:

1. Im ersten Schritt legt sie beide Hände in die Schüssel mit dem Wasser auf Zimmertemperatur. Fragt sie: „Wie ist das Wasser?" Sie wird wahrscheinlich „lauwarm" antworten.
2. Im zweiten Schritt legt sie eine Hand ins kalte und eine ins warme Wasser. Fragt eure Testperson erneut: „Wie ist das Wasser?" Sie wird jetzt differenziert antworten, denn für die eine Hand ist es kalt, für die andere warm.
3. Im dritten Schritt legt die Testperson beide Hände wieder in die Schüssel mit dem Wasser auf Zimmertemperatur. Fragt auch jetzt: „Wie ist das Wasser?" Meistens quiekt die Testperson überrascht auf: Denn die Hände nehmen die gleiche Temperatur unterschiedlich wahr!

Auf der naturwissenschaftlichen Ebene lernen wir, dass alles relativ ist. Doch mit diesem Experiment erweitert sich auch das Verständnis der Kinder für Empfindungen im Allgemeinen:

Es kommt immer darauf an, aus welcher Perspektive man etwas wahrnimmt. Macht doch zusammen eine Liste, welche Dinge wir unterschiedlich wahrnehmen, zum Beispiel:

- Ein Kind, das nur wenig Spielzeug besitzt, weil die Familie sich das vielleicht nicht leisten kann, wird eine Murmel als sehr wertvoll

empfinden. Ist das Zimmer jedoch voll mit Spielzeug, ist eine Murmel vielleicht etwas, das man achtlos rumkullern lässt.
- Wenn man lange krank war und bestimmte Dinge nicht essen durfte, schmecken sie danach besonders lecker!
- Wer mit vielen Geschwistern aufwächst, ist es vielleicht nicht so gewohnt, allein zu sein. Das kann sich unterschiedlich auswirken: Manche sind froh, wenn sie mal ihre Ruhe haben, andere vermissen Menschen um sich, wenn sie mal auf sich selbst gestellt sind.

Fallen euren Kindern weitere Beispiele ein?

Alter: **5–15 Jahre**
Ab **2 Personen**

Das Glücksglas

Diese Idee ist etwas ganz Wunderbares für den Jahresanfang: Stellt einen **Glasbehälter** – zum Beispiel ein großes Weckglas, eine Vase oder einen anderen schönen Behälter – in euer Wohnzimmer, in die Küche oder an einen Platz, an dem sich die Familie täglich aufhält. Wann immer ihr als Familie einen besonders schönen Moment erlebt, legt ihr nun etwas in dieses Glas, das euch daran erinnert: Das kann ein Foto, eine Eintrittskarte oder ein kleiner Zettel mit einer Geschichte oder auch einfach ein kleines gekritzeltes oder gemeinsam gestaltetes Kunstwerk sein.

Erlebnisse wie „Lukas hat seinen ersten Zahn verloren" können ebenso ihren Weg ins Glas finden wie „Wir waren alle bei Oma und haben Kuchen gegessen!". So wird das Glas zum Glücksglas – und ihr beschäftigt euch bewusst mit positiven Momenten und sucht auch danach.

Kinder lernen schnell, wie viel Freude es macht, schönen Erinnerungen besondere Aufmerksamkeit zu schenken. Es soll sogar vorkommen, dass sich das Gläschen plötzlich gleich um mehrere wunderbare Momente füllt, wenn alle darüber nachsinnen.

Je nach Alter der Kinder könnt ihr einen Wochentag als besonderen Ritualtag wählen, vielleicht den Samstag nach dem Frühstück, um dann gemeinsam auf die Woche zurückzublicken, glückliche Momente zu entdecken und aufzuschreiben. Oder ihr macht es einfach zwischendurch.

Legt gemeinsam euren „magischen Moment" fest, an dem ihr das Glas öffnet und gemeinsam die vielen kleinen Erinnerungsstücke genießt. Bei jüngeren Kinder kann man das ruhig einmal im Monat machen, ältere Kinder halten ganz gut ein ganzes Jahr durch. Ihr könnt den Inhalt des Glases ganz wunderbar wie ein Familientagebuch aufbewahren und vielleicht auch mal gemeinsam mit Onkel, Tante, Oma und Opa ansehen. Es lassen sich aus dem Inhalt auch tolle Alben zusammenstellen oder Collagen basteln.

Alter: 5–15 Jahre
Ab 10 Personen

Aufstellungen

Wenn ihr bei Partys oder Familienfeiern in einer größeren Gruppe zusammenkommt, probiert doch mal, euch nach bestimmten Kriterien in Reihen oder Gruppen aufzustellen:

- der Größe nach (von klein bis groß),
- nach Haar- oder Augenfarbe (von hell bis dunkel),
- nach Alter (von jung bis alt),
- nach Geburtsort (geografisch, wie eine Landkarte mit Himmelsrichtungen).

Etwas mehr Kommunikation und Absprache erfordern diese Aufstellungen:

- nach Heiterkeit (von guter zu schlechter Laune),
- nach Essenvorlieben (zum Beispiel in Gruppen, die süß, sauer, herzhaft oder anderes bevorzugen),
- nach Großzügigkeit,
- danach, wie nachtragend man ist,
- danach, welche Sprachen ihr beherrscht,
- ...

Was fällt euch noch ein?

Alter: **7–15 Jahre**
Ab **2 Personen**

Gute Eigenschaften in anderen finden

Man kann nicht jeden Menschen mögen – und alles an einem Menschen zu mögen, ist auch nicht ratsam. Was das tägliche Leben jedoch enorm erleichtert, ist, in jedem Menschen nach etwas zu suchen, das man mag. Wenn es jemanden gibt, den ihr oder den euer Kind nicht mag, dann fragt euch gemeinsam: Welche guten Eigenschaften hat dieser Mensch? Zum Beispiel: „Ich mag, wie sie mit ihrem Hund spielt."
    Danach kommt die eigentliche Kunst: Lasst diese Erkenntnis erst mal so stehen, schiebt nicht gleich ein „aber" hinterher.

Alter: **7–15 Jahre**
Ab **2 Personen**

Traumtagebuch

Träume können etwas Wunderbares sein! Kauft eine schöne **Kladde** für eure Kinder und dazu ein paar tolle **Stifte**. Alles kommt neben das Bett, und morgens können eure Kinder dann ihre Träume aufmalen oder auch aufschreiben. Damit verstehen die Kinder besser, wie ihre eigene Fantasie funktioniert.

Außerdem hilft das gegen Albträume: Sicher kennt ihr bereits alle Tipps dafür von der Nachtlampe, den Leuchtsternen bis hin zum Lichtmobile. Aber manchmal hilft das alles nicht. Indem sie sich erinnern und das aufmalen oder aufschreiben, was ihnen Angst gemacht hat, fällt es Kindern leichter, sich darüber Gedanken zu machen. Manchmal fällt ihnen dann ein, woher der schlechte Traum kommen könnte: Vielleicht wurde er ausgelöst durch einen Film oder eine Situation im Alltag. Sich auf diese Weise bewusst mit dem Traum zu beschäftigen, hilft Kindern, die Träume zu verarbeiten und das schlechte Gefühl, das sie ausgelöst haben – die Ängste, die Wut oder Ähnliches –, aufzulösen. So können die Nächte wieder ruhiger werden.

Alter: **7–15 Jahre**
Ab **4 Personen**

Konsequenzen

Für dieses Spiel braucht ihr nur ein **paar Blätter Papier** und **Stifte**. Jeder Spieler erhält ein Blatt, auf das er oben links einen Namen schreibt. Am lustigsten ist es, wenn dies jemand ist, den die Gruppe kennt, vielleicht eine historische Figur oder eine Romanheldin. Dann faltet jeder das Papier so um, dass der Name nicht zu sehen ist und gibt es weiter zur Sitznachbarin.

- Nun schreibt jeder „trifft" und fügt einen anderen Namen hinzu, faltet das Papier wieder zusammen und gibt es weiter.
- Diesmal schreiben alle „bei", „in" oder „auf" und den entsprechenden Ort dazu. Wieder wird das Blatt weitergereicht.
- Als Nächstes schreibt jeder „Die erste Person sagte" und dann, was sie sagte. Papier falten und weitergeben.
- Nun schreiben alle „Die zweite Person sagte" und dann wiederum, was sie sagte. Blatt falten und weitergeben.
- Zum Abschluss schreiben alle die Konsequenz für beide, zum Beispiel „Und sie lebten glücklich bis ans Ende ihrer Tage" oder „Das Ganze endete in einem Desaster".
- Gebt die Blätter ein letztes Mal weiter. Nun entfaltet jeder seinen Zettel und liest die Minigeschichte vor.

Daraus ergeben sich immer lustige Geschichten. Das Spiel kann auch helfen, die Dialogfähigkeit zu verbessern.

Alter: **7–15 Jahre**
Ab **2 Personen**

Gerüche raten

> **B** **Duschen Morgen!**
>
> Dieses Experiment haben meine Tochter und ich immer geliebt. Wir hatten im Bad immer ganz bewusst mehrere Duschgels mit verschiedenen Aromen. Morgens nach dem Duschen haben wir geraten, wer sich für welchen Duft entschieden hat und warum. Darüber haben wir dann gesprochen: Was wünschen wir uns von dem Tag? Zu was inspiriert uns der Orangenduft? Was verbinden wir mit dem Grasgeruch des grünen Shampoos? Wir mussten dabei oft lachen, was den Morgen sehr entspannt hat.

Macht es uns doch nach: Ratet, wer welches Shampoo benutzt hat, wer welche Seife liebt oder schnuppert am Marmeladenbrot des anderen (Achtung: Nicht die Nase hineinstippen!), um herauszufinden, um welche Sorte es sich handelt. Lasst euch weitere Varianten einfallen!

Alter: **7–15 Jahre**
Ab **2 Personen**

Andere Länder, andere (Tisch-)Sitten

Wer sagt denn, dass man seinen Teller immer leer essen muss, mit vollem Mund nicht reden darf oder nicht schmatzen und schlürfen soll?!

Bei uns gilt das als unhöflich und unpassend. In anderen Ländern ist es jedoch ganz normal oder gehört sogar zum guten Ton! Statt eure Kinder immer wieder an unsere Tischmanieren zu erinnern, esst doch mal wie in anderen Ländern. Haltet es zum Beispiel mal wie in China, wo Schlürfen und Schmatzen völlig in Ordnung ist. In Japan darf der Teller nicht völlig leer gegessen werden, sonst gilt es als unhöflich. Oder ihr macht es lässig wie die Amerikaner und platziert den zweiten Arm nicht ordentlich neben dem Teller, sondern einfach mal entspannt auf den Knien unter dem Tisch. Recherchiert nach fremden Tischsitten und probiert sie einen Abend lang aus!

Alter: **7–15 Jahre**
Ab **2 Personen**

Kinder-Knigge statt langweilige Benimmregeln

Oft lernen wir nicht, indem uns jemand sagt, was wir tun oder lassen sollen, sondern eher aus dem Gegenteil. Ihr kennt das bestimmt: Wenn ihr eurem Kind sagt, es soll auf gar keinen Fall die oberste Schublade in der Kommode aufmachen, könnt ihr euch ausrechnen, was als Nächstes geschieht. Wie aber wäre es, wenn ihr sagt, es müsse unbedingt und täglich fünf Mal die Schublade öffnen; würde die Schublade nicht ziemlich uninteressant werden? Vielleicht kennt ihr den Bestseller *Anleitung zum Unglücklichsein* von Kommunikationswissenschaftler Paul Watzlawick; es ist das absolute Gegenstück zur Ratgeberliteratur mit all ihren Anleitungen, wie man glücklich werden kann – und ist damit umso aufschlussreicher (und amüsanter!).

Wenn eure Kinder etwas älter sind, erarbeitet doch mit ihnen einen familieneigenen Kinder-Knigge. Das ist ein guter Anlass, um sich gemeinsam darüber zu verständigen, welche gesellschaftlichen Konventionen sinnvoll sind und welche nicht. Hier ein paar Anregungen:

Kinder-Knigge: Am Tisch

1. Gegessen wird im Vorbeigehen. Zu lange am Tisch zu bleiben, ist uncool.
2. Stühle sind nur zum Kippeln da.
3. Wozu Gläser, wenn es Trinkflaschen gibt?
4. Nachtisch zuerst!
5. Nur etwas abgeben, wenn es nicht schmeckt.

Und jetzt ihr!

Kinder-Knigge: Bekleidung

1. Es gibt kein Wetter. Nur Lieblingsklamotten.
2. „Zu groß" und „zu klein" – pfft! Das wird überbewertet.
3. Der beste Kleiderschrank der Welt ist der Fußboden.
4. Die besten Taschentücher der Welt sind Pulloverärmel.
5. Ausgezogene Schuhe müssen unbedingt an zwei verschiedenen Orten liegen.

Und jetzt ihr!

Kinder-Knigge: Wäsche

1. Dreckige Lieblingsklamotten dürfen nicht in die Wäsche. Niemals. Nie.
2. Saubere Kleidungsstücke, die wir gerade nicht mögen, schon.
3. Alles, was ausgezogen wird, muss wie eine zusammengefaltete Ziehharmonika aussehen.
4. Stellt sicher, dass Unterhosen immer mit den Hosen zusammen ausgezogen werden und drin stecken bleiben.
5. Schmutzige Klamotten dürfen niemals in Wäschekörbe rein.

Und jetzt ihr!

Kinder-Knigge: Einkaufen

1. Wer im Einkaufswagen sitzt, muss laut singen und mit den Füßen gegen die Gitter schlagen.
2. Wer den Wagen schiebt, muss Anlauf nehmen und damit surfen und Leute anrempeln.
3. Wer ein bestimmtes Lebensmittel will, muss es so laut wie möglich bekunden.
4. Wer ein bestimmtes Lebensmittel „bäh" findet, auch.
5. Wegen aller Süßigkeiten an der Kasse muss man ordentlich quengeln. Oder schreien. Und sich dabei winden.

Und jetzt ihr!

Kinder-Knigge: Reise

1. „Ich muss Pipi!" verleiht der Frage „Wann sind wir endlich da?" eindeutig mehr Glaubwürdigkeit.
2. Die beste Reiseunterhaltung ist immer noch „Törööö" und tut allen Mitreisenden gut.
3. Der Vordermann schätzt die wohltuende Massage, die sich durch Tritte in seine Sitzlehne ergibt.
4. Flaschen und Becher sind zum Umkippen da oder um sie über die Sitze zu werfen.
5. Auf Reisen verlorene Lieblingssachen wie Schnuller oder Kuscheltiere sind gute Gründe für den sofortigen Weltuntergang mit entsprechender Brüllbegleitung.

Und jetzt ihr!

Kinder-Knigge: Sonntagmorgen

1. Egal, wie müde man unter der Woche morgens ist, am Wochenende ist ab 5:30 Uhr Action angesagt.
2. „Aufstehen, Mama!" beziehungsweise „Bist du endlich wach, Papa!" muss man mit Nachdruck und juchzend mindestens 30 Mal schreien.
3. Es gehört sich, laut polternd in der Küche schon mal so zu tun, als würde man Frühstück zubereiten.

4. Dabei sollten unbedingt Omelette und Ketchup die Wände verzieren.
5. Friedliche Geschwister gehören drangsaliert, bis sie heulen. Es geht ja nicht, dass sie schlafen oder am iPad daddeln.

Und jetzt ihr!

Kinder-Knigge: Montag Morgen

1. Egal, wie früh man am Wochenende morgens putzmunter war, Montagfrüh hat man sehr, sehr müde zu sein.
3. „Ich will nicht in die Schule!" muss man mit Nachdruck und nöliger Stimme mindestens zehn Mal sagen.
4. Es gehört sich, lustlos im Müsli herumzurühren und seinen Kakao auf dem frischen T-Shirt gleichmäßig zu verteilen.
5. „Beeilung, wir kommen zu spät!" ist kein verständlicher Satz, mit dem irgendein Kind etwas anfangen kann.

Und jetzt ihr!

Kinder-Knigge: Konversation

1. Die wichtigsten Fragen müssen gestellt werden, wenn ein Erwachsener redet. Oder telefoniert.
2. „Warum?" muss immer mindestens sieben Mal in Reihe gefragt werden, sonst bringt es Unglück.
3. Duzen ist völlig altersgerecht, auch wenn dein Gesprächspartner über 70 ist.
4. Die Erwachsenen haben es gern, wenn man über ekelige Sachen am Tisch redet. Klarsprache ist dabei angebracht.
5. „Doch" ist das schönste Wort in der deutschen Sprache und das beste Argument der Welt.

Und jetzt ihr!

> Übrigens, wir waren alle die perfekten Eltern – bevor wir Kinder bekamen! Ⓑ

10. Wir Naturforscher

Kinder sind die geborenen Forscher. Sie experimentieren von Anfang ihres Lebens an. Sie tun das ganz instinktiv. Je mehr wir sie machen lassen, desto eher werden sie matschen, pantschen, Dinge aufeinanderstapeln und beobachten, was mit all diesen Dingen passiert. Mit anderen Worten: Kinder lernen durch Ausprobieren – immer.

Wann genau habt ihr Eltern das letzte Mal ein richtiges Naturexperiment gemacht? (Nein, wir meinen nicht das Experiment, wenn ihr Lebensmittelreste lange genug im Kühlschrank übersehen habt und ihr diese dann nahezu von alleine in den Mülleimer springen lasst!)

Bei den nachfolgenden Experimenten geht es also mehr um euch Eltern als um eure Kinder. Vergessen wir doch mal die Schule mit ihren Lehrerinnen und Lehrern sowie all den Ernsthaftigkeiten, mit denen wir oft die Naturwissenschaften in Verbindung bringen. Vieles von dem, was uns in unserer Welt an Technik umgibt, hat seinen Ursprung in einfachen Naturphänomenen. Was ihr in diesem Abschnitt co-lernt, ist das Staunen, während ihr einfach beobachtet und versteht. Das ist nichts anderes als das Wiederentdecken eures inneren Entdeckers.

Wir Naturforscher

Alter: **3–15 Jahre**
Ab **2 Personen**

Indoor-Sandkasten

Draußen regnet es, aber ihr wollt so gern im Sandkasten spielen? Bastelt euch einfach einen Indoor-Sandkasten mit Zaubersand! Dafür benötigt ihr eine sehr **große Schüssel** oder eine **Plastikkiste**, etwas **Mehl** und **Öl**, zum Beispiel Baby-, Sonnenblumen- oder Olivenöl. Entscheidet einfach danach, was am angenehmsten riecht. Mischt acht Tassen Mehl mit einer Tasse Öl in der Schüssel, alles gut durchmanschen. Fertig!

Da der Zaubersand Fettflecken hinterlassen kann, empfehlen wir euch, die Schüssel dort aufzustellen, wo herausgekrümelter Zaubersand problemlos feucht abgewischt werden kann (kein Teppichboden). Die Hände lassen sich ganz unkompliziert mit lauwarmem Wasser und Seife abwaschen.

Alter: **3–15 Jahre**
Ab **2 Personen**

Farbwirbel in Milch

Dieses Experiment geht ganz einfach, und alle kleinen und großen Kinder werden begeistert sein. Nehmt einen **flachen Teller** und gebt einige Löffel **Milch** hinein. Tropft dann an zwei bis drei Stellen **Lebensmittelfarbe** in die Milch. In ein **kleines Schälchen** gebt ihr einige Tropfen **Spülmittel** hinein. Nun tunkt ihr **Wattestäbchen** ins Spülmittel und tippt damit in die Milch, und zwar an den Stellen, an denen die Farbe ist. Und was passiert? – Probiert es aus!

Warum ist das so? Hier ein paar physikalische Hinweise: Milch besteht hauptsächlich aus Fett, Protein, Zucker, Vitaminen und Mineralien. Die Farbtropfen vermischen sich damit zunächst nicht, da die Oberflächenspannung und das Fett in der Milch es verhindern. Die Tenside im Spülmittel lösen Fette und brechen die Oberflächenspannung von Flüssigkeiten. Kommt das Spülmittel mit der Milch in Kontakt, wird die Spannung der Milchoberfläche verringert, und die Farbe fließt hinein. Das Spülmittel reagiert mit dem Protein der Milch, und die Moleküle verändern ihre Form. So entstehen Spiralen und Wellen in der Milch, die Lebensmittelfarbe zeigt diese Bewegungen nur.

Mit älteren Kindern lässt sich der Spaß wunderbar filmen oder fotografieren. Vielleicht entdeckt ihr ja auch Formen oder Wesen in den Farbwirbeln.

Alter: **3–15 Jahre**
Ab **2 Personen**

Spielplatz-Vulkan

Mit diesem Experiment erfahren auch ganz junge Kinder, dass Substanzen miteinander reagieren. Ihr braucht dafür:

- **Kunststoffbecher**, am besten transparent, Fassungsvermögen: ungefähr 1 Liter
- **Wasser**
- 2 Esslöffel **Backpulver**
- ½ Teelöffel **Salz**
- **Plastiklöffel**
- ein bis zwei Spritzer **Spülmittel**
- 1 Tasse **Essig**

Geht zu einem Spielplatz und führt das Experiment am besten im Sandkasten durch. Das Experiment macht viel Dreck, den ihr hinterher wieder sorgfältig wegräumen müsst.

Füllt euren Kunststoffbecher mit rund einem Dreiviertelliter warmem Wasser. Schichtet Sand rund um den Becher auf, damit alles wie ein Vulkan aussieht.

Fügt nun das Backpulver, Salz und die Lebensmittelfarbe hinzu. Gut mischen.

Nun kommen ein oder zwei Spritzer Spülmittel auf die Oberfläche der Mischung. Dies hilft der „Lava", sprudelnd herauszuschießen.

Jetzt gebt Essig dazu! Eine Tasse reicht, um einen Vulkanausbruch zu verursachen.

Beobachtet, wie sich Gase und Blasen bilden und schließlich explodieren.

Ihr könnt euren Vulkan wieder neu befüllen, indem ihr einfach Backpulver und Essig für die Explosion nach der Explosion nach der Explosion hinzugebt.

Mit Kindern ab dem Vorschulalter könnt ihr einfache wissenschaftliche Tatsachen recherchieren, die dahinter stecken. Recherchiert auch mal, was Vulkane eigentlich sind, woher das Wort stammt, was bei einem Vulkanausbruch geschieht und wo es Vulkane gibt. Welcher ist wohl der größte aktive Vulkan und wo liegt er?

Teil 3 / Gemeinsam Schlauspielen

Alter: 3–15 Jahre
Ab 2 Personen

Wasser erforschen

Viele Menschen verbinden mit Wasser zahlreiche schöne und nicht so schöne Erinnerungen aus der Kindheit: Urlaubsreisen ans Meer, das Brennen in den Augen beim Haarewaschen, das Pfützenspringen, wie viel Spaß es gebracht hat, selbst gebastelte Papierschiffchen schwimmen zu lassen und vieles mehr ... Seid ihr aber auch schon mal auf den Gedanken gekommen, mit euren Kindern Wasser zu erforschen?

Wasser eignet sich hervorragend zum Beobachten und Erforschen. Es ist ideal, um die Grob- und Feinmotorik, das Körpergefühl und die taktilen Fähigkeiten zu trainieren. Von den Fingerspitzen bis zum ganzen Körper kann alles zum Einsatz kommen.

Überlegt doch mal gemeinsam mit euren Kindern:

- Wie schmeckt Wasser?
- Welchen Geruch hat es?
- Wie sieht das Wasser aus?
- Wie fühlt es sich an?
- Schmeckt Leitungswasser anders als Quellwasser?
- Was passiert in eurem Körper, wenn ihr Stück für Stück ins Wasser eintaucht?
- Welche Dinge können schwimmen? Was geht sofort unter?
- Wie zerläuft die Wassermalfarbe auf meinem Papier?
- Was passiert, wenn ihr ein Gefäß (kein Glasgefäß!) mit Wasser für ein paar Stunden ins Eisfach stellt?
- Wohin verschwindet der Eiswürfel, wenn er in einer Schüssel auf dem Tisch steht?
- Und was geschieht, wenn man das Wasser auf dem Herd erhitzt?

Indem ihr experimentiert, verankern sich die Erkenntnisse, die ihr macht, fest im Gehirn und machen wichtige physikalische Zusammenhänge erlebbar.

Probiert noch mehr! Werdet zum Beispiel Wasser-Sommeliers und macht Verkostungen: Jeder weiß, dass Säfte und gesüßte Getränke nicht gesund sind. Doch was tun, wenn euer Kind nicht gern Wasser trinkt? Lasst es selbst herausfinden, wie es Wasser am liebsten mag: ob heiß, lauwarm, kalt oder sogar eiskalt; ob mit viel, wenig oder gar keiner Kohlensäure, ob mit einem Spritzer Zitrone oder einem Schuss Apfelsaft. Es macht Kindern Spaß, die Getränkeoptionen selbstbestimmt und spielerisch auszuprobieren und später zu bewerten.

Geht auf Wasserreise! Überall im Alltag begegnen wir Wasser. Doch oftmals ist dies so selbstverständlich, dass wir es gar nicht mehr wahrnehmen. Geht darum zusammen mit euren Kindern auf Entdeckungsreise, schaut genau hin, wo ihr überall Wasser entdecken könnt: bei der Klospülung, im Geschirrspüler, in einer Gießkanne, in Lebensmitteln wie Obst. Wo werdet ihr noch fündig?

Genießt es! Schnappt euch eine Wasserbombe und spielt mit den Kindern Wasserbomben-Weitwurf! Macht eine Wasserschlacht und blödelt rum! Wasserpistolen sind immer wieder verpönt, aber wie wäre es, wenn ihr sie mal anders nutzt? Könnt ihr eure Blumen nicht auch mit der Wasserpistole statt mit der Gießkanne wässern? Oder wie wäre es, Feuerwehrmann zu spielen und die ausglühende Grillkohle einfach mit der Wasserpistole zu löschen?

Bitte bedenkt beim Forschen und Spielen eines: Kinder sind wasserliebend und wasserscheu zugleich! Viele Kinder veranstalten einen Riesenaufstand, wenn es ums Haarewaschen geht. Andere Kinder wiederum haben Angst, in einem See zu baden, weil sie nicht wissen, was unter der Wasseroberfläche ist. Übt in solchen Situationen keinen Druck aus und gebt eurem Kind die Möglichkeit, sich allein heranzutasten. Das funktioniert wie immer spielerisch am besten: Taucherbrillen können sowohl beim Haarewaschen als auch beim Tauchgang im See für großen Spaß sorgen und dem Element Wasser den Schrecken nehmen.

Alter: **3–15 Jahre**
Ab **2 Personen**

Naturschatzsuche im Wald

Die Sammelleidenschaft ist dem Menschen angeboren, und gerade in der Natur lassen sich wunderbare Dinge finden. Geht doch mal gewappnet mit einem **Eierkarton** auf die Suche nach allerlei Aufregendem. Legt zum Beispiel fest, dass in jede Mulde im Eierkarton unterschiedliche Dinge in einer bestimmten Farbe oder einer bestimmten Form hineinkommen. Und dann gilt es, kleine Gegenstände zu finden, die diese Vorgaben erfüllen!

Damit die Kids aber nicht wild in einem Wald oder Park herumrupfen, schauen wir nur nach Naturschätzen, die sich auf dem Boden befinden: Steine, abgefallene Blätter, Blüten und Ähnliches.

Alter: **3–15 Jahre**
Ab **2 Personen**

Naturzeug-Messungen

Kinder lieben es, kleine Schätze zu horten: Sie schleppen ganzjährig Steine heran, sammeln im Sommer Muscheln am Strand sowie Kastanien und Eicheln im Herbst.

Lasst die Sachen nicht einfach irgendwo herumliegen, sondern vermesst sie auf alle möglichen Arten: Ermittelt das Gesamtgewicht der Beute und das Einzelgewicht der Objekte. Und was ist mit dem Volumen? Welches Objekt ist das größte, welches das schwerste?

Wenn ihr im Herbst Kastanien gesammelt habt, dann messt sie doch einmal direkt nach dem Finden und dann zwei, drei Tage später noch einmal: Sind die geschrumpelten Kastanien leichter und kleiner? Was ist passiert?

Alter: **3–15 Jahre**
Ab **2 Personen**

Früchte trocknen und dörren

Getrocknete **Früchte** sind superlecker. Und Ihr könnt sie ganz einfach selbst machen: mit Hilfe eines **Dörrautomaten** oder im **Ofen** bei circa 60 Grad Celsius. Schneidet hierfür die Früchte einfach in Scheiben und denkt daran, immer wieder die Ofentür zu öffnen, damit die Feuchtigkeit entweichen kann.

Es gibt aber auch Früchte, die schmecken getrocknet zwar nicht so gut, sehen aber toll aus. Recherchiert, was sich zum Essen eignet und was lieber Deko bleibt! Gerade an sonnigen Wintertagen machen sich getrocknete Zitrusfrüchte sehr schön, zum Beispiel als Mobile im Fenster. Ihr könnt auch mit Backförmchen Sterne, Herzen oder Ähnliches aus Orangen- oder Mandarinenschalen stechen, das sind wunderbar duftende Dekorationen für Geschenke oder den Weihnachtsbaum.

Alter: 3–15 Jahre
Ab 2 Personen

Experimente mit selbst gebastelten Stehaufmännchen

Mithilfe von **Klebezetteln**, **Glasmurmeln**, etwas **Klebeband** und **Stiften** lassen sich im Handumdrehen Stehaufmännchen basteln. Diese begeistern nicht nur Kinder, sondern sind auch eine schöne Beschäftigung in Restaurants oder auf Reisen.

Wickelt eine Murmel in die Klebekante des Post-it, und zwar so, dass etwas von der Murmel unten rausschaut. Fixiert das Post-it mit etwas Klebeband und drückt den so entstandenen Zylinder im oberen Bereich flach zusammen. Klebt je einen Streifen Klebeband von beiden Seiten an das obere Ende und malt darunter ein Gesicht. Fertig ist das Stehaufmännchen.

Jetzt kommt die Forschungsphase: Was bedeutet Gleichwicht, und wie funktioniert das? Warum stehen die Männchen auf?

Ihr könnt auch ein bisschen darüber nachdenken: Was sind das für Leute, die immer wieder aufstehen? Was bedeutet es, umzufallen und sich wieder aufzurichten? Wie kommt man ins Gleichgewicht?

Daraus kann sich eine sehr schöne Diskussion entwickeln.

Alter: **3–15 Jahre**
Ab **2 Personen**

Planet Erde kneten und erkunden

Wisst ihr, wie unser Planet im Inneren aussieht? Habt ihr schon mal daran gedacht, das nachzubilden? Das geht ganz einfach mit **bunter Knete**, oder ihr nehmt **buntes Marzipan** und futtert hinterher alles auf!

Sucht im Internet doch mal nach dem Begriff „Erdschichten". Ihr werdet sehr viel dazu finden – da wir jedoch das Grundprinzip verstehen wollen, seht ihr in der Abbildung zu diesem Experiment ein ganz einfaches Modell.

Beginnt mit dem inneren Kern: Formt dafür eine kleine gelbe Kugel. Als äußerer Kern kommt eine Schicht orangefarbene Knete drumherum. Rollt die Kugel zwischen den Händen, damit sie ihre Form behält. Nun kommt der untere Mantel in hellem Rot, der obere Mantel in Braun und zum Schluss die Kruste in Blau – für die Meere – und Grün – für die Kontinente. Dabei gilt: Das Konzept ist wichtiger als eine große Genauigkeit. Während ihr die Kugel formt, wird es immer etwas schwieriger werden, die richtige Menge abzuschätzen! Diese Erfahrung ist wichtig, redet darüber: Warum braucht es so viel mehr Knete, um eine äußere Schicht über die Kugel zu legen? Schon bei Vorschülern könnt ihr den Begriff „Oberfläche" wählen: Eine größere Kugel hat eine größere Oberfläche.

Zum Schluss kommt der große Moment: Nehmt ein **Messer** und schneidet die Kugel in zwei Teile. Wichtig: sägt nicht hin und her, sondern drückt am besten von oben nach unten einmal durch, sonst vermischen sich die Schichten durch die Bewegung. Schaut, wie es aussieht, wenn man eine Hälfte weiter halbiert. Das ist ein Viertel der Erde! Und was ergibt es, wenn man das Viertel teilt: Richtig, ein Achtel.

Anschließend könnt ihr alles wieder zusammenfügen. Oder überlegt, welchen Planeten ihr jetzt erforscht!

Alter: **4–15 Jahre**
Ab **2 Personen**

Flugeier

Versucht, **zwei *rohe* Eier** so zu präparieren, dass sie unbeschadet einen Sturz aus dem zweiten Stock überstehen – der erste Stock ist auch okay, besser ist es jedoch, ihr könnt höher hinaus. Dies ist ein tolles Experiment, bei dem Teamwork besonders wichtig ist. Überlegt und recherchiert, wie das wohl gelingen kann, bastelt aus Materialien, die ihr zu Hause findet, Konstruktionen, lasst eurer Experimentierlust freien Lauf! Ein Tipp: Pappkartons sind super. Und nicht am Volumen sparen!

Wir Naturforscher

Alter: **4–15 Jahre**
Ab **2 Personen**

Das Loch in der Hand

Für dieses Experiment braucht ihr eine **lange Papprolle** (zum Beispiel die vom Küchenpapier). Haltet sie vor euer rechtes Auge, ohne dabei das linke zu schließen. Nehmt nun die linke Hand und haltet sie flach ausgestreckt direkt an die Rolle. Fahrt jetzt mit der Hand direkt an der Rolle hinauf und hinunter – und irgendwann werdet ihr es sehen: das Loch in der Hand!

Wie kann das sein? Woher kommt das? Die Erklärung: Jedes eurer Augen nimmt ein Bild wahr. Das linke Auge sieht die Hand. Das rechte Auge schaut im wahrsten Sinne des Wortes in die Röhre, an deren Ende es nur einen kleinen runden Ausschnitt der Sichtfläche wahrnimmt. Diese beiden Bilder setzt das Gehirn nun zu einem Bild zusammen. Dadurch entsteht der Eindruck, dass die Hand ein Loch hat.

Auch beim normalen Sehen ist es so, dass unsere Augen jeweils unterschiedliche, leicht gegeneinander verschobene Bilder der Umgebung wahrnehmen. Indem das Gehirn diese miteinander kombiniert, kann es räumlich Tiefe wahrnehmen und Entfernungen bestimmen!

Alter: **4–15 Jahre**
Ab **2 Personen**

Drachenschleim

Kennt ihr Drachenschleim? Nein? Macht nichts, ihr könnt ihn trotzdem selbst herstellen. Alles, was ihr dafür braucht, ist **Speisestärke**. Ihr könnt auch **Lebensmittelfarbe** hinzufügen. Nun benötigt ihr noch eine **große Schüssel**, ein **Glas** zum Abmessen und **Wasser**.

Stellt sicher, dass eure Umgebung abwischbar und leicht zu reinigen ist, oder legt eine ausreichend große Unterlage unter die Schüssel. Die Sache kann in eine sehr schöne Drachenschleimerei ausarten. Und sie ist es wert! Kinder sind über Stunden begeistert davon.

Das Rezept ist einfach: Vermanscht in der Schüssel ein Glas Wasser mit zwei Gläsern Stärke, am besten mit den Händen; nach Belieben Lebensmittelfarbe hinzufügen.

Testet die Konsistenz! Wenn ihr den Schleim lose in den Händen haltet, ist er zähflüssig, schlagt und drückt ihr jedoch auf ihn ein, wird er zum Festkörper. Die Ursache dafür, liegt darin, dass die Maisstärke zusammen mit Wasser eine besondere Struktur ergibt, eine sogenannte Nicht-Newton'sche Flüssigkeit: Stellt euch zahllose winzige kleine Körner (die Maisstärke) vor, die eine Oberfläche haben, die alles andere als glatt ist. Zwischen ihnen lagert sich das Wasser an wie ein Schmierfilm. Fährt man ganz locker mit der Hand hindurch, bleibt das Gemisch flüssig. Wirkt jedoch eine Kraft darauf ein, wird das Wasser verdrängt und die Körner verhaken sich miteinander.

Im angelsächsischen Raum ist dieser Drachenschleim übrigens auch als „Oobleck" bekannt – benannt nach einem fiktiven Stoff aus dem Kinderbuch *Bartholomew and the Oobleck* von Dr. Seuss.

Alter: **4–15 Jahre**
Ab **2 Personen**

Wie trinken eigentlich Bäume?

Über seine Blätter verdunstet jeder Baum pro Tag eine ganze Badewanne voll mit Wasser. Unglaublich, oder? Neues Wasser können die Blätter nur über die Wurzeln erhalten. Wie aber schafft es das Wasser den ganzen langen steilen Weg den Stamm hinauf? Um die physikalischen Prinzipien dahinter zu verstehen, braucht ihr **zwei Gläser** und **Küchen- oder Filterpapier**.

Schneidet vom Papier einen Streifen ab, der lang genug ist, um die beiden Gläser zu verbinden. Füllt eines der Gläser mit Wasser und verbindet diese mit dem Papierstreifen nun so, dass der Streifen jeweils bis zur Mitte der Gläser hineinhängt. Nun beobachtet, was passiert.

Das leere Wasserglas übt sozusagen einen Sogeffekt auf das volle Wasserglas aus. Die kleinen Kapillaren in den Wänden des Papiers unterstützen es dabei. Das Wasser hangelt sich an den Wänden der Kapillarwände in das andere Glas. Sind beide Gläser gleich voll, versiegt der Sog.

Alter: 4–15 Jahre
Ab 2 Personen

Farbforscher mit Kapillareffekt

Einmal entdeckt, kann der Kapillareffekt zum Basteln genutzt werden! Für dieses Experiment braucht ihr **einige kleine Becher**, weiße **Filtertüten**, eine **Schere**, bunte **Filzstifte** und etwas **Wasser**. Schneidet aus einigen der Filtertüten Kreise aus und macht in die Mitte der Kreise einen kleinen Kreuzschlitz. Danach malt ihr auf die Kreise wilde Muster mit dem Filzstift. Die Filtertüten, die ihr nicht zerschnitten habt, rollt ihr einfach einzeln zusammen. Anschließend spießt ihr die bunten Kreise mit der gerollten Filtertüte auf. Stellt nun das dicke Ende ins Wasser. Jetzt kommt der Kapillareffekt zum Tragen: Beobachtet, wie sich die Farben verbreiten und vermischen. Es entstehen bunte Filtertütenblumen!

Wenn alles gut durchtränkt ist, lasst die Blumen trocken. Danach könnt ihr sie nach Lust und Laune weiter bearbeiten, sie zum Beispiel auf Draht aufwickeln oder anderes.

Alter: 4–15 Jahre
Ab 2 Personen

Skelettstudium zu Halloween!

Skelette gelten als gruselig, doch wir alle tragen eins in uns. Ohne Skelett könnten wir nicht aufrecht gehen. Gerade zu Halloween-Zeit könntet ihr euch einmal intensiver mit Skeletten beschäftigen. Ihr könnt auch eines basteln: aus **Papptellern**. Unter dem Link www.tollabea.de/pappteller-skelett/ findet ihr Vorlagen und Anleitungen, wie ihr aus Papptellern Knochen ausschneidet. Diese lassen sich ganz einfach mit Büroklammern verbinden, und schon habt ihr im Handumdrehen eine Halloween-Dekoration mit naturwissenschaftlichem Hintergrund.

Alter: **4 – 15 Jahre**
Ab **2 Personen**

Erforscht die Farben in Lebensmitteln

Viele Lebensmittel verfügen über starke Farbpigmente, und mit ihnen könnt ihr wunderbar experimentieren. Ein Klassiker ist das Färben von Ostereiern mit den Schalen von roten Zwiebeln. Aber auch Rotkohlsaft, Milch oder Zitronensaft eignen sich für spannende Farbexperimente.

Wenn ihr **Rotkohl** in Streifen schneidet und circa 10 Minuten in wenig **Wasser** kocht, ergibt das einen Sud, mit dem ihr experimentieren könnt. Überlegt mal: Was passiert wohl, wenn ihr den tintenblauen Rotkohlsaft mit Milch oder Zitronensaft mixt? „Hypothesenbildung" nennen Forscher das. Es schult die Logik und den Sinn für Naturwissenschaften. Tintenblau in weiße Milch? Das Ergebnis ist dann vielleicht hellblau? Ausprobieren! Fast richtig: Lila!

Völlig logisch werden Kinder nun vermuten, dass der gelbe Zitronensaft sich zusammen mit dem blauen Rotkohlsaft grün verfärben wird. Doch das ist nicht der Fall: Hier ergeben Blau und Gelb Pink! Das ist erstaunlich!

Warum das so ist, könnt ihr im Internet recherchieren: Es hängt mit dem pH-Wert der Flüssigkeiten zusammen. Die Farbe ist dabei ein prima Indikator. Die Flüssigkeiten, die sich gelb bis rot verfärben, sind saure Flüssigkeiten. Diejenigen, die blau bis lila werden, sind alkalisch (oder basisch).

Sauer kennen Kinder als Geschmack. Alkalisch ist also das andere: nicht sauer, aber auch nicht süß. Mit älteren Kindern könnt ihr mehr über den pH-Wert herausfinden: Was genau beschreibt er? Und wofür steht die Abkürzung?

Alter: 4–15 Jahre
Ab 2 Personen

99 Eisballons

Wenn es draußen friert, könnt ihr gemeinsam mit euren Kindern das Phänomen der Eisbildung erforschen. Prinzipiell ist das ganz simpel: Einfach **Luftballons** mit gefärbtem **Wasser** füllen und über Nacht draußen lassen. Es gibt zwei Wege, Ballons mit gefärbtem Wasser zu füllen: mithilfe eines **Trichters**, oder falls ihr keinen habt, könnt ihr auch die obere Hälfte einer **Plastikflasche** abschneiden und den Ballon über die kleinere Öffnung ziehen.

    Dann das Wasser einfach mit **Tusche** oder **Aquarellfarben** färben. Dazu mit einem Pinsel dem Wasser so viel Farbe hinzufügen, wie es für euch interessant ist. Auch Lebensmittelfarbe oder Tinte funktionieren. Experimentiert einfach ein wenig herum.

    Sind die Ballons gefüllt, geht es mit ihnen ab nach draußen über Nacht. Hantiert vorsichtig mit ihnen, damit sie nicht im Haus platzen! Am nächsten Morgen sind sie durchgefroren, und die Gummihülle lässt sich meistens ganz einfach abziehen.

    Recherchiert doch nun mal, was da geschehen ist! Denn ihr wisst ja, Eis ist gefrorenes Wasser. Wasser friert bei null Grad Celsius. Dabei bilden sich winzige Eiskristalle. Erst wenn sich viele Kristalle zusammenschließen, ist eine Eisschicht erkennbar.

❞

Die drei Gesetze glücklicher Eltern:

1. Eigentlich weiß ich NICHTS.
2. Ich glaube aber, dass ich ALLES weiß, was ich wissen muss.
3. Was ich nicht weiß, lerne ich mit meinem Kind ZUSAMMEN. Ⓑ

11. Wir Digitalmeister

Beim Thema Digitalisierung haben wir alle Lernbedarf, besonders wenn es um echtes digitales Know-how geht. Ganz gleich, ob wir sie begrüßen oder ihr skeptisch gegenüberstehen: Um die Digitalisierung kommen wir nicht herum. Da sich die Entwicklung in den kommenden Jahren deutlich beschleunigen wird, sollten wir alle fit und vorbereitet sein.

Außerdem bietet das Thema viele Möglichkeiten fürs Co-Learning, und oftmals werden wir Erwachsenen es sein, die dazulernen. Unseren Kids fällt es oft leichter, Anwendungen zu meistern und Vorgänge blitzschnell zu verstehen. Allerdings gibt es auch Bereiche, in denen der Erfahrungsschatz und die Lebenserfahrung der Eltern sehr hilfreich sind.

Viele digitale Kompetenzen lassen sich aus der analogen Welt übertragen. Meine Tollabea-Co-Bloggerin Stefanie Kaste arbeitet an der *Initiative D21* mit. Sie legt Eltern nah, mit Kindern Quellenanalyse zu betreiben.[37] Die meisten von uns haben in der Schule Quellenkritik gelernt, darum wissen wir zum Beispiel, dass wir idealerweise verschiedene Quellen – unterschiedliche Bücher, Zeitungen, Archive und Ähnliches – für unsere Recherchen nutzen, weil Informationsquellen von sehr unterschiedlicher Qualität sein können. Wir haben dies anhand von gedruckten Quellen gelernt, aber das Wissen lässt sich auch auf die digitale Welt übertragen. Gerade im Zeitalter von „Fake News" ist es wichtig, sich nicht nur auf eine Quelle zu verlassen, sondern eine möglichst große Bandbreite an Informationsangeboten zu nutzen.

Womit wir uns alle schon einmal auseinandergesetzt haben, ist die Frage, wie wir mit persönlichen Daten und Bildern umgehen. Darauf gibt es nicht die eine richtige Antwort. Wir müssen jeweils für uns selbst entscheiden, wie wir damit umgehen wollen, was wir preisgeben möchten und was nicht. Wichtig ist nur, dass wir uns der Probleme bewusst sind, die damit einhergehen können. Und genau diesen bewussten Umgang können unsere Kinder von uns lernen. Wenn wir mit ihnen darüber sprechen, warum wir manche Fotos veröffentlichen und andere nicht, ist die Chance größer, dass sie beim nächsten Instagram-Post darüber nachdenken, was auf dem Foto zu sehen ist und ob das okay ist. Auch die Vermittlung von technischem Wissen ist hilfreich – dafür muss man kein Steve Jobs sein. Aber wenn es einem zum Beispiel wichtig ist, dass Fremde nicht sehen, was gepostet wird, bringt einen ein grundsätzliches Verständnis, welche Privateinstellungen es auf den verschiedenen Apps gibt und wie man diese einstellt, schon sehr weit. Wenn es einem dagegen wichtig ist, dass die eigene Adresse nicht öffentlich wird, ist es zudem gut zu wissen, dass Fotos sogenannte Exif-Daten enthalten, die Informationen wie Ort und Datum der Aufnahme enthalten können.

Darum sind bei diesem Thema eigentlich die besten Experimente jene, die sich aus dem Alltag ergeben: Ob ihr einen neuen Router braucht oder ein neues Schlauphone ins Familienleben einzieht, ob plötzlich eine neue App oder ein Game unbedingt sein muss, ob es Probleme mit dem Laptop gibt oder ihr in einem fremden Land vor einem merkwürdigen Fahrkarten-Automaten steht – all diese Situationen sind Co-Learning-Anlässe par excellence!

Wir stellen euch darum in diesem Abschnitt einige vorbereitende Experimente vor, die euch anregen sollen, gemeinsam digitale Co-Learning-Situationen zu entdecken.

Alter: **3–15 Jahre**
Ab **2 Personen**

Kettenreaktionen und Wassermaschinen

Die bekannteste physikalische Kettenreaktion ist das Umfallen der in langen Reihen aufgestellten Dominosteine. Es bringt einen Riesenspaß, dabei zuzusehen. Noch spannender wird es, wenn es mehrere Gegenstände involviert: Ein Klotz fällt um, der eine Kugel in Bewegung setzt, diese rollt in eine Bahn, kickt gegen eine Flasche, die sich dreht und so weiter.

Ähnliches gibt es auch mit Wasser: Dies wird von Gefäß zu Gefäß weitergeleitet, indem die Gefäße kippen, sich neigen und Ähnliches. So fließt das Wasser durch einen Parcours.

Baut so etwas doch einmal mit euren Kindern nach. Das ist nicht nur unter naturwissenschaftlichen Aspekten spannend, es schafft auch Verständnis für digitale Prozesse. Nehmt euch Zeit, sucht im Internet nach Anregungen und entwerft solche Konstruktionen.[38]

Alter: **5–15 Jahre**
Ab **2 Personen**

Klebezettel-Anweisungen

Haus- und Küchenarbeit macht Kindern deutlich mehr Spaß, wenn ihr die einzelnen Arbeitsgänge auf **Klebezetteln** festhaltet. Alternativ könnt ihr euch digitale Nachrichten zuschicken. Dann wisst ihr genau, wer jetzt was macht und was ihr gemeinsam tun wollt. Versucht doch mal, Anweisungen zum Staubsaugen der Wohnung oder zum Einräumen der

Einkäufe in den Kühlschrank als Kommandos auf Klebezetteln an den jeweiligen Stellen anzukleben:

1. Eis in die Tiefkühltruhe,
2. Blumenkohl in die Gemüseschublade,
3. Flaschen auf die unterste Ebene im Kühlschrank legen,
4. Milch-Tetrapack in die Kühlschranktür stellen,
5. Ich putze das Bad,
6. Ich räume das Leergut in die Kisten.

Alter: **5–15 Jahre**
Ab **2 Personen**

Testet Scratch

Scratch ist Bestandteil einer Initiative des Massachusetts Institute of Technology (MIT) in Cambridge, MA und eine der bekanntesten kostenlosen Anwendungen, mit der Kinder programmieren lernen können. Sie erfahren mit ihrer Hilfe, wie Abfolgen von Befehlen beziehungsweise Bedingungen und Variablen funktionieren, ohne sich mit „echtem" Code auseinandersetzen. Die Grundlagen werden über Tutorials erklärt, dank derer Kinder recht schnell kleine Animationen erstellen oder sogar kleine Spiele entwickeln können, die sie in einer sicheren Community teilen können.

Die Anwendung ist recht visuell und grafisch angelegt und wird in fast allen Sprachen der Welt angeboten. Scratch funktioniert in jedem gängigen Browser. Den Ableger ScratchJr (für Kinder zwischen fünf und sieben) gibt es ebenfalls als kostenlose App.

Alter: **5–15 Jahre**
Ab **2 Personen**

Digitale Postkarten

Nichts gegen echte Postkarten! Aber manchmal muss es eben digital sein. Um da mehr Kreativität hineinzubringen, versucht es doch einmal mit dieser Idee: Malt ein Bild auf eine **Pappe**, schneidet dann mit einer **Schere** einen Teil der Zeichnung heraus und **fotografiert** sie vor unterschiedlichen Hintergründen. Auf diese Weise verändert sich die Farbe oder die Struktur der ausgeschnittenen Form. So kann ein T-Shirt oder ein Chamäleon seine Farbe wechseln, ein Fuchs versteckt sich im Grün oder was auch immer euch einfällt! Und am Ende verschickt ihr das Foto natürlich digital.

Auf der Tollabea-Seite findet ihr viele Ideen: https://www.tollabea.de/diy_postkarte_digitalbegeisterte/.

Alter: **5–15 Jahre**
Ab **2 Personen**

„Forced Perspective"

Kennt ihr die typischen Touristenfotos aus Italien, auf denen Leute so tun, als würden sie den schiefen Turm von Pisa abstützen? Mit der gleichen Technik könnt ihr auch andere Fotos machen. Spielt einfach mal mit den Perspektiven und den Größenverhältnissen von Dingen. Schnell sieht dann jemand, der am Strand weit entfernt ist, aus wie eine Puppe. Oder Lebensmittel werden zu Kleidungsstücken. Auf der Tollabea-Seite findet ihr einige Anregungen: www.tollabea.de/der-ultimative-trick-fuer-kreative-urlaubsfotos-mit-kindern-forcedperspective/.

Alter: **8–15 Jahre**
Ab **2 Personen**

Schlaue Passwörter

Na, wer von euch nutzt 0123456789 als Passwort? Oder sein Geburtsdatum? Da freuen sich die Hacker. Recherchiert und überlegt zusammen, wie gute Passwörter aufgebaut sein müssen – und wie man sie wirklich geheim hält. Aber das Kreieren des supersicheren Passwortes macht erst richtig Spaß, wenn man es auch anwenden kann. Ihr habt bestimmt irgendein Familiengerät, für das ihr regelmäßig ein neues geheimes Passwort braucht! Wer hat die sichersten, lustigsten, absurdesten Ideen für den Zugangscode für das WLAN, den Familien-Laptop, den Fernseher?

Alter: **8–15 Jahre**
Ab **2 Personen**

Hemmungslose Bildbearbeitung!

Bearbeitet Bilder und Videos so stark, wie es nur geht. Nur, wenn man selbst Hand anlegt, stellt man fest, dass nahezu alles digital verändert werden kann. So können nicht nur fantastische Kunstwerke und lustig verzerrte Bilder entstehen, auch die Tricks der Medienindustrie können entlarvt werden.

B Béas Kinderkommunikation nach Lebensalter

Mit 1:	„Da! Da! Da!"
Mit 2 bis 3:	„Will hab'n! Hab'n! Wäääh! Heul!"
Mit 4 bis 5:	„Oma schenkt mir das."
Mit 6 bis 7:	„Alle haben das. Alle!"
Mit 8 bis 9:	„Du bist die allerliebste Mama der Welt."
Mit 10 bis 11:	„Ich brauche das. Es ist pädagogisch wertvoll und das bringt voll viel."
Ab 12:	„Ihr braucht das. Ich richte es euch auch gern ein und erkläre euch, wie das geht."

„

Ja, Kinder lieben Computer und TV. Aber sie lieben auch Lego, Puppen, Handstand machen, Basteln, auf Bäume klettern und Pfützen.
Es geht ums Gleichgewicht. **B**

12. Wir Schlagfertigen

Ist Schlagfertigkeit ein Talent? Wer weiß. Klar, es gibt Menschen, denen fällt immer eine witzige Antwort ein – aber kann man es auch lernen, geschickt zu kontern, und zwar mit ein paar ganz einfachen Schlagfertigkeitstechniken?

B Versöhnt euch!

Mein Vater hat großen Wert darauf gelegt, mich zu einem selbstbewussten Menschen zu erziehen, der zu sich selbst steht. Als ich zur Welt kam, war er schon etwas älter. Im Kindergarten und in der Schule haben ihn manche darum für meinen Opa gehalten. Mein Vater hat mit mir darüber gesprochen und mir deutlich gemacht, dass daran nichts Peinliches ist. Er hat mit mir sogar schlagfertige Antworten für verschiedene Situationen geübt:

„Ist das dein Opa?"
„Nein, das ist mein Vater, aber es stimmt, er ist im Opa-Alter. Das kommt vor."
„Waaah, ist dein Vater alt!"
„Stimmt, er ist alt. Und weise. Meistens."
„Dein Vater ist viel älter als deine Mutter!"
„Genau. Es sind 27 Jahre Altersunterschied. So alt musst du erst mal werden."

> *„Dein Vater kann nicht mehr so toben wie meiner!"*
> *„Stimmt. Aber er kann wunderbare Geschichten erzählen. Wir könnten zuerst mit deinem Vater toben, und dann erzählt uns meiner eine Geschichte."*
>
> Meinem Vater war es wichtig, dass ich auf solche Fragen und Bemerkungen nicht pampig reagierte, sondern in mir selbst mit der Realität versöhnt war.

Die beste Basis für Schlagfertigkeit ist ein solides Selbstbewusstsein und das Gefühl, dass wir und jeder einzelne von uns okay sind. Erinnert ihr euch an die Transaktionsanalyse (Kapitel 4 „Achtsamer Perspektivenwechsel")? Der Anfang von Schlagfertigkeit ist die Haltung: „Ich bin okay, du bist okay." Danach kommt dann entweder ein kurzer Ausflug mit dem Kind-Ich oder ein Höhenflug mit dem Eltern-Ich – wir reagieren also entweder witzig oder sehr erwachsen.

Voraussetzung dafür, dass eure Kinder selbstbewusst agieren können, ist, dass ihr mit euren Kindern über die Momente sprecht, die jeder von uns kennt: Jemand sagt etwas Verletzendes, und uns bleibt die Spucke weg. Was wir hätten erwidern können, fällt uns so spät ein, dass es nichts mehr nützt, und wir fühlen uns schlecht. Hier hilft uns ein Perspektivenwechsel: Doch, es ist nützlich, sich im Nachhinein eine Antwort zu überlegen – und zwar fürs nächste Mal. Schlagfertigkeit ist zu großen Teilen pures Training.

Alter: **5–15 Jahre**
Ab **2 Personen**

Spielt Filmszenen (nach) – mit Filmklappe!

Was die Leute beim Film und Fernsehen machen, kann großen Spaß bringen und einen Lerneffekt haben. Bastelt euch darum aus **Pappe** und etwas **schwarzer und weißer Farbe** eine Filmklappe. Und nun werdet ihr zusammen mit euren Kindern zu Regisseurinnen und Regisseuren: Sagt euren Mitspielern, wie sie in einer bestimmten Szene agieren sollen, nehmt die Klappe und – Action! Manchmal muss man die Szene ein paarmal üben, bis sie sitzt, halt wie im echten Leben. Eure Kinder können so erlebte Situationen als Szenen wiederholen und verändern, bis sie genau so verlaufen, wie sie es sich wünschen.

Alter: **5–15 Jahre**
Ab **2 Personen**

Was man hätte sagen oder tun können

Was für Albträume gilt, gilt auch für unschöne soziale Situationen: Darüber zu reden hilft, sie zu verarbeiten. Redet im vertrauten Familienkreis darüber, ohne Scham und Vorwürfe. Kindern zu sagen „Setz dich zur Wehr!" oder „Wäre dir mal was eingefallen!" hilft jedoch nicht, im Gegenteil, es kann sie entmutigen. Besser ist es, ihr erzählt selbst von Situationen – aus eurer Kindheit oder aus dem Erwachsenenleben –, in denen es euch ganz genauso gegangen ist.

Danach gilt es, mit Achtsamkeit und Humor an die Situation eures Kindes heranzugehen, indem ihr ihm Fragen stellt. Achtsamkeit ist wichtig, denn so geht ihr Problemen auf den Grund: Warum war das Gesagte verletzend? Welchen wunden Punkt hat es beim Kind getroffen? Wie bewertet das Kind das alles?

Humor ist wichtig, denn daraus entwickelt ihr Lösungen: Was hätte das Kind sagen können? Was könnt ihr beide lernen fürs nächste Mal? Was wäre eine witzige Bemerkung? Wenn euer Kind Lieblingshelden aus Büchern und Serien hat: Was hätte Pipi Langstrumpf oder Bob der Baumeister gesagt?

Alter: **5–15 Jahre**
Ab **2 Personen**

Impro-Theater

Geht mit euren Kindern in ein gutes Impro-Theater, die gibt es in jeder Stadt. Das ist eine gute Gelegenheit, zu beobachten und zu erleben, wie Menschen ganz ohne Skript ein Theaterstück vor euren Augen entstehen lassen.

Noch toller und effektiver ist es, wenn ihr an einem Impro-Theater-Training teilnehmt. Die Grundlage für Impro-Theater ist eine „Au ja!"-Haltung. Meist neigen wir dazu, auf Unerwartetes oder Unangenehmes mit Abwehr zu reagieren: „Oh nein!", schießt es uns automatisch durch den Kopf. Beim Impro-Theater lernen wir, mit einem inneren „Au ja!" zu antworten und aus dieser Haltung heraus zu agieren. Das Ergebnis: Egal was kommt, wir nehmen es an – und machen etwas daraus.

Alter: **7–15 Jahre**
Ab **2 Personen**

Befehle uminterpretieren

Klare Regeln, Grenzen und auch Verbote sind wichtig im Leben mit Kindern. Aber sie müssen auch immer wieder auf ihre Richtigkeit und Angemessenheit hinterfragt werden. Überlegt doch mal gemeinsam, wie man Verbote umgehen könnte:

- „Finger weg!" – Na gut, dann eben mit der Nase oder dem Fuß anfassen. Bei Kuchen und Plätzchen gleich mit dem Mund!
- „Tablet weglegen!" – Ja, aber wie weit weg? Kann man das Tablet vielleicht auch mit den Zehen bedienen oder weglegen?
- „Hört auf zu streiten!" – Aber diskutieren, notfalls im Flüsterton, wird man wohl noch dürfen?
- „Punkt sechs bist du zu Hause!" – Hat jemand gesagt, ob sechs Uhr morgens oder abends gemeint ist?

Natürlich ist es besser, Regeln dann nicht zu umgehen, wenn sie sinnvoll und angebracht sind – aber etwas Spielerisches, Lustiges und Erheiterndes kann man trotzdem daraus machen.

Alter: **ab 7 Jahren**
Ab **2 Personen**

Kausalitätsketten – „Was wäre wenn … ?"

Beginnt mit einer einfachen Idee, wie man die Realität möglichst absurd verändern könnte. Überlegt gemeinsam und auch abwechselnd, was das bedeuten würde und welche Konsequenzen die Veränderung hätte. Wem nichts mehr einfällt, hat verloren, und dann geht es mit der nächsten Absurdität weiter.

Zum Beispiel:
Die Erste sagt: „Ab jetzt haben Häuser keine Dächer mehr!"
Der Nächste sagt: „Das bedeutet, dass es keinen Regen mehr geben darf."
Die Nächste sagt: „Aber es gibt noch Bäume und Pflanzen, und die brauchen Wasser. Dann brauchen wir so etwas wie einen unterirdischen Regen, der die Pflanzen versorgt."
Die Erste sagt: „Und deswegen ist der Boden nicht fest, sondern meistens wasserdurchtränkt, also eher glibberig und feucht."
Der Zweite sagt: „Ja, und Menschen haben dann auch keine Beine, sondern eine Art Flossen, mit denen sie durch den Glibber-Boden gehen."

Alter: **7–15 Jahre**
Ab **2 Personen**

Witze umwandeln

Verändert doch mal eure Lieblingswitze und ihre Pointen, um Schlagfertigkeit zu üben. Statt zum Beispiel zu sagen: „Kommt ein Mann zum Arzt ..." wird daraus: „Kommt eine Frau zum Arzt" oder „Kommt ein Kind / ein Hund / ein Alien zum Arzt ..." Und überlegt, was ihr noch verändern könnt.

Alter: **7–15 Jahre**
Ab **2 Personen**

Sprüche souverän kontern

Ganz oft werden uns Floskeln entgegengeschleudert. Sammelt doch mal diejenigen, die euch besonders auf die Nerven gehen. Überlegt auch, wie man souverän darauf reagieren könnte. Zum Beispiel:

„Was dich nicht umbringt, macht dich nur noch härter!"
„Och, es gibt wahnsinnig tolle Dinge, die mich nicht umbringen und auch nicht hart machen: heiße Schokolade, eine Badewanne voller Schaum, Pfannkuchen, eine Umarmung ..."
„In Afrika verhungern die Kinder und du lässt hier dein Essen stehen!"
„Und wie bekommen wir mein Essen jetzt nach Afrika?"

Überlegt gemeinsam mit euren Kindern humorvolle Antworten.

> Wenn ich traurig bin, singe ich. Dann merke ich, dass meine Stimme viel schlimmer ist, als all meine Probleme je sein könnten... Ⓑ

13. Wir Mozarts

Die Welt des Hörens ist etwas Wunderbares und sie begleitet uns schon von früh auf. Wie schon in Kapitel 2 „So entwickelt sich mein Kind, das Lernwesen" erklärt, nimmt ein Kind bereits im Bauch der Mutter Töne wahr. Die Ohren sind die ersten Sinnesorgane, die im Mutterleib vollständig ausgereift sind. Später entwickeln Kinder über das Nachahmen der Sprachmelodie (Rhythmus, Tonlage, Phrasierung) ihr eigenes Sprachvermögen. Musik hören und Musik machen bleiben auch später Antriebe für Lernen und Verstehen. Wenn Kinder musizieren, bilden sich Synapsen in der Großhirnrinde. Keine andere Tätigkeit regt so umfassend die Areale des Gehirns an, die für Lernen, Logik, Sprache, Gedächtnis, Kreativität und Emotionen verantwortlich sind, wie Musik es tut! „Musik ist eine arithmetische Tätigkeit des Geistes, dem verborgen bleibt, dass er dabei in Zahlen denkt", soll schon Philosoph und Mathematiker Gottfried Wilhelm Leibniz im 17. Jahrhundert gesagt haben.

Kinder können sich durch das Spielen selbst ausgedachter Melodien und Töne ausdrücken, in ihre Gefühle eintauchen, ihren eigenen Rhythmus finden. Musik kann mutig machen, Spannungen und Aggressionen abbauen und Trost spenden.

Die Bewegung zum Rhythmus erzeugt Glückshormone: Endorphine. Wir fühlen uns pudelwohl. Die Fähigkeit, sich auf den anderen einzulassen und einem gemeinsamen Rhythmus zu folgen, ist ein Geschenk fürs Leben. Viele Ideen mit musikalischem Hintergrund findet ihr bereits im Abschnitt „Wir Spaßmacher", hier geht es stärker um musikalische Früherziehung.

Wir Mozarts

Alter: **3–10 Jahre**
Ab **4 Personen**

Der Körper als Musikinstrument: die Familien-Beatbox

Probiert, ob ihr mit eurem Körper Musik machen könnt – und zwar jenseits der Stimme! Trommelt euch mit den Fäusten auf den Brustkorb, klatscht in die Hände, stampft mit den Füßen auf den Boden auf (Sorry Nachbarn!), schnippt mit den Fingern, klatscht mit den Händen auf die Beine, pfeift oder schnalzt mit der Zunge – ihr könnt ganz verschiedene Geräusche und Rhythmen erzeugen, die sich zu einem richtigen Lied zusammensetzen lassen.

Alter: **3–15 Jahre**
Ab **2 Personen**

Tanz mit Requisiten

Erklärt einen Tisch zum Requisitentisch, den ihr mit Luftballons, Tüchern, Bällen, Hüten, Perücken und allem, was euch noch einfällt, bedeckt. Jetzt lasst Musik laufen. Jeder schnappt sich einen Gegenstand und tanzt mit ihm dazu. Filmt euch dabei!
    Wandelt das Experiment ab: Tanzt *ohne Musik* mit einem Gegenstand, filmt das und sucht im Internet nach Musik, die zu den Tanzbewegungen passt.

Teil 3 / Gemeinsam Schlauspielen

Alter: **3–15 Jahre**
Ab **2 Personen**

Tierischer Tanz

Tanz zu Musik, wie Tiere tanzen würden. Klingt einfach, aber die Details sind spannend. Tanzt ein Tiger anders als ein Löwe? Und ein Nilpferd anders als ein Rhinozeros?

Alter: **3–15 Jahre**
Ab **2 Personen**

Werdet Geräusche-Detektive

Geht gemeinsam auf Geräusch-Erkundungstour, zum Beispiel mit einem Trichter aus **Papier**. Versucht, Geräusche zu benennen: Gluckert eine Heizung? Und brummt der Kühlschrank? Zischt das Öl in der Pfanne? Und wie nennen wir das, was die Waschmaschine macht, wenn die Trommel brav im Schonwaschgang ihre Runden dreht?

Welche Geräusche bietet die Großstadt? Kann man das Rauschen einer Autobahn von dem eines Flusses unterscheiden?

Alter: **3–15 Jahre**
Ab **2 Personen**

Ruhe-Klatschen

Herrscht bei euch ein Geräusch-Tollawabohu, durch das ihr mit der Stimme nicht mehr durchkommt? Etabliert einen Klatschrhythmus, um dagegen anzukommen. Klatscht zum Beispiel drei- oder fünfmal in einem Rhythmus, und euer Kind spielt das Echo dazu: Es wiederholt euer Klatschen. Das lässt sich schnell einüben. Auf diese Weise gelingt es, Ruhe und Fokus zu finden. Dies funktioniert auch prima bei großen Kindergeburtstagen (und – ein Tipp für Lehrerinnen – auch im Klassenzimmer).

Was sich dabei beobachten lässt: Eure Kinder lernen ebenfalls, zu bemerken, wann ihnen der Geräuschpegel zu hoch ist. Sie klatschen dann von sich aus. Seid gute Mitspieler und Co-Learner und macht mit!

Alter: **3–15 Jahre**
Ab **2 Personen**

Baut euch eure eigenen Musikinstrumente

Auch das Spielen von Musikinstrumenten fördert natürlich das Musikverständnis. Schon ganz jungen Kindern bringt das Spaß. Indem ihr Instrumente selbst baut, erfahrt ihr auch etwas über ihr Funktionieren.

- **Saiteninstrumente:** Spannt einfach einige **Haushaltsgummis** über eine kleine leere **Box** – und schon habt ihr etwas, das funktioniert wie eine Gitarre oder Balalaika.

- **Trommel:** Um eine Trommel zu basteln, braucht ihr: einen größeren **Luftballon**, einen kegelförmigen **Keramiktopf**, etwas **Klebeband**, **Essstäbchen** und eine **Schere**. Schneidet das untere Drittel des Luftballons – das mit dem Mundstück – ab. Dann spannt ihr den restlichen Luftballon ordentlich über den Topf und fixiert ihn mit Klebeband. Mit den Essstäbchen trommelt ihr drauf los!

- **Xylophon:** Hierfür braucht ihr mehrere **möglichst identische Gläser**, eine **Karaffe mit Wasser** und einige Teile **Besteck** oder ähnliche **längliche Gegenstände** aus möglichst unterschiedlichen Materialien – also aus Metall, Holz, Keramik, Plastik und Glas.

    Füllt die Gläser unterschiedlich hoch mit Wasser: von ganz wenig bis ganz viel. Nun sortiert ihr sie nach Füllstand. Vergleicht die Tonhöhen und gießt nach, wenn nötig! Jetzt kann das Forschen losgehen: Welche Klänge entstehen mit welchem Schlagstock? Klingt es mit Metall anders als mit Holz? Warum klingen unterschiedlich volle Gläser anders? Was klingt heller – ein leereres oder ein volleres Glas? Womit klingt es schöner: mit einem dicken Metalllöffel oder mit einem zarten Stäbchen? Könnt ihr auch eine Melodie spielen, die andere erkennen?

- **Rassel:** Füllt einfach etwas **Reis** oder **trockene Erbsen** in leere **Behälter** und rasselt los.

- **Kastagnetten:** Um die Klappern zu basteln, wie sie die Flamencotänzerinnen in Spanien verwenden, braucht ihr zwei Streifen **Pappkarton** oder **Wellpappe** von rund 16 Zentimetern Länge und 3,5 cm Breite sowie **vier Kronkorken**. Knickt die Pappsteifen in der Mitte und klebt die Kronkorken an die Kanten der Innenflächen. Verziert sie danach nach Lust und Laune – und klappert!

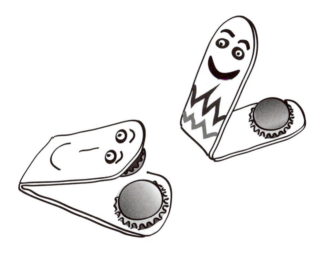

Alter: **5–15 Jahre**
Ab **2 Personen**

Lieder rückwärts singen

Für manche ist es fast nicht vorstellbar, dass es geht, anderen fällt es leicht: Lieder vollständig rückwärts singen. Könnt ihr das? Legt los und probiert es aus!

Alter: 5–15 Jahre
Ab 2 Personen

Instrumente raten

Diese Idee lässt sich hervorragend mithilfe von Musik- und Videoplattformen im Internet umsetzen. Sucht nach Instrumentalstücken und spielt sie euch gegenseitig vor. Ratet dabei abwechselnd, welche Instrumente ihr da hört. Am Anfang fällt euch das vielleicht schwer, aber mit der Zeit wird es immer einfacher. Wagt euch auch an Stücke heran, die mit Instrumenten aus anderen Kulturkreisen gespielt werden. Könnt ihr eine Marimaba, eine Kalimba, eine Ukulele heraushören? Natürlich könnt ihr einfach so hinhören und euch freuen – oder ihr punktet: Wer mehr Instrumente richtig heraushört, gewinnt.

Wenn ihr auf Dinge stoßt, die ihr nicht kennt, recherchiert einfach mal im Internet, da werdet ihr bestimmt fündig.

Alter: 5–15 Jahre
Ab 4 Personen

Karaoke – aber zu zweit

Wie Karaoke funktioniert, weiß jeder. Wenn man bei YouTube nach der Karaoke-Version eines Liedes sucht, wird man meistens fündig, so kann gleich losgesungen werden. Für große Räume und viele Gruppen ist natürlich eine Karaoke-Maschine prima!

Habt ihr schon mal mit einem Partner zusammen gesungen? Womöglich mit einem, den euch der Zufall zuwürfelt? Besonders in größeren Familien oder Gruppen macht das Spaß. Stellt euch zum Beispiel der

Größe, dem Alter oder dem Alphabet nach auf. Nun wird einfach jeweils auf zwei abgezählt. Auf diese Weise entstehen immer wieder neue Paare. Singt los!

Alter: **5–15 Jahre**
Ab **2 Personen**

Ihr seid die Dirigentin oder der Dirigent!

Warum braucht ein Orchester eine Dirigentin oder einen Dirigenten? Was machen die da eigentlich? Informiert euch: Beobachtet sie bei einem Konzert. Sucht im Internet nach Clips und Dokumentationen.

Ihr werdet dabei erfahren, dass der Taktstock ein wichtiges Instrument ist für ein gemeinsames Tempo – dass also alle gemeinsam anfangen, sich am gleichen Rhythmus orientieren und auch gemeinsam aufhören. Auch die Pausen gibt die Dirigentin vor und den jeweiligen Einsatz verschiedener Instrumente. Das steht zwar alles auch in den Noten, trotzdem ist es wichtig, dass jemand „ansagt", wann langsamer oder schneller gespielt werden soll. Jeder Dirigent hat dabei seinen eigenen Stil. Große Dirigenten schlagen nicht einfach nur den Takt: Mit Gesten und indem sie „Figuren in die Luft malen", zeigen sie den Musikern ihre genaue Vorstellung und Interpretation der jeweiligen Musik.

Sucht euch Musik aus und spielt Dirigentin oder Dirigent! Am meisten Spaß macht das, wenn ihr mehrere Mitspieler habt, die alle ein Instrument in der Hand haben und auf den richtigen Einsatz hin trommeln, rasseln oder tröten müssen. Dabei müssen das keine teuren Geigen und Oboen sein – seid kreativ! Unter der Überschrift „Baut euch eure eigenen Musikinstrumente" auf Seite 343/344 haben wir euch schon einige Ideen gegeben, wie ihr eure eigenen Instrumente bauen könnt. Zur Not kann jeder Topf oder Tisch zur Trommel werden.

14. Wir Geldverdiener

Geld ist ein schwieriges Thema. „Über Geld spricht man nicht" heißt es oft, dennoch wollen wir als Eltern natürlich, dass unser Nachwuchs eines Tages finanziell selbstständig ist. Also sollten wir mit ihm über Geld sprechen und ihm einen souveränen Umgang damit ermöglichen. Kinder haben in der Regel von sich aus ein merkantiles Gespür, zu tauschen und zu verkaufen macht ihnen Spaß. Wenn wir als Eltern das fördern, werden sie sich sicher durch die bunte und verlockende Warenwelt des Konsums bewegen und nicht zu dessen Opfern werden.

Zum einen können wir dies erreichen, indem wir unseren Kindern einen bewussten Umgang mit Geld und Konsumgütern vorleben. Zum anderen können wir ihnen vermitteln, dass Dinge einen Geld-, aber auch einen Arbeits- oder Mühe*wert* haben. Hierfür haben wir im Folgenden Anregungen zusammengestellt.

B Bisschen Bazar tut gut

Wir haben das Verhandeln bei uns eingeführt, weil mich das typisch kleinkindliche „Ich will aber, darum weine ich, bis ich es bekomme" meiner Tochter während der Vorschulzeit gehörig nervte. Deshalb begann ich, mit ihr Deals auszuhandeln. Nach und nach begann sie, zu argumentieren, statt zu nölen, weil sie merkte, dass dies deutlich eher zum Erfolg führte.

Allerdings haben wir auch festgestellt, dass Feilschen und Argumentieren viel besser eingeübt werden kann, wenn die Stimmung gut und niemand müde, hungrig oder ärgerlich ist.

Wir Geldverdiener

Alter: **4–15 Jahre**
Ab **2 Personen**

Feilschen und Verhandeln

Kaufmannsladen spielen alle Kinder gern, und das ist auch gut so. Das Prinzip lässt sich auf jede Lebenssituation übertragen: Indem ihr Deals mit euren Kindern aushandelt, und zwar nicht nur monetäre. So lernen Kinder ihre Positionen zu entwickeln, sie zu verteidigen und zu verhandeln. Und ihr erfahrt miteinander, wie Konsens und Dissens entstehen. Wir hatten ja schon darüber gesprochen: Sich gegenseitig zu überzeugen, ist eigentlich immer ratsam.

Hier ein paar gute Situationen, um zu feilschen und zu verhandeln – und auch, um zusätzlich ein Gespür für Geld zu entwickeln:

- *Vor* **dem Einkaufen:** Was soll auf die Liste? Gibt es ein Wunschprodukt? Warum soll es gekauft werden? Ist der Preis angemessen – und warum? Woher kommt das Produkt? Was ist drin? (Siehe auch den Abschnitt „Wir Fragensteller".)
- *Vor* **kleinen und großen Fahrten:** Wie kommen wir hin? Was ist der schnellste Weg? Welcher ist der schönste Weg? Welches Verkehrsmittel ist uns das liebste oder beste, um dort hinzugelangen? Wie kommen wir am günstigsten dorthin? (Siehe auch den Abschnitt „Wir Orientierungsmeister".)
- *Vor* **dem Essen:** Was soll es geben? Welche Zutaten sollen rein? Was schmeckt? Was ist gesund? Was kostet es? Ist das angemessen?

Alter: **4–15 Jahre**
Ab **2 Personen**

Echte Wünsche erkennen: das Wunsch-Tagebuch

Besonders vor Weihnachten oder vor Geburtstagen haben Kinder und auch Erwachsene sehr viele Wünsche. Werbung in Zeitungen und Fernsehen und das Spielzeug anderer Kinder lässt sie und uns viele neue Dinge begehren. Fragt euch gemeinsam, woher eure Wünsche kommen. Fragt euch dabei: Was bedeutet es, sich etwas zu wünschen? Worin liegt der Unterschied zwischen einem wirklichen Wunsch oder einer spontanen Begehrlichkeit? Wie lässt sich das erspüren? Echte Herzenswünsche begleiten uns in der Regel über einen langen Zeitraum und ihre Erfüllung führt auch langfristig zu tiefer Freude beim Spielen und Entdecken.

Um zu erkennen, was wirkliche Wünsche sind und nicht nur kurzfristige Impulse, führt gemeinsam ein Wunsch-Tagebuch – und zwar nicht nur für euch, sondern auch für andere Familienmitglieder und Freunde. Immer, wenn euch etwas einfällt, worüber ihr oder andere sich freuen könnten, tragt ihr das ein. Vergesst dabei nicht jene Geschenke, die euch gemeinsame Zeit und schöne Erlebnisse mit anderen bringen: ein Kinobesuch mit Popcorn und Schokolade, ein Tag mit der Familie im Rodelgebiet, ein Abenteuertrip zu einem Wald- und Kletterparcours oder ein Besuch in der Sternwarte und vieles andere mehr.

Sprecht mit euren Kindern auch über Preise, den Wert der Dinge und Ähnliches. Das geht am entspanntesten, wenn nicht gerade Weihnachten oder ein Geburtstag vor der Tür steht. Redet ebenso darüber, dass man sich die Erfüllung von Wünschen auch verdienen kann! Dies kann man auch schon mit kleinen Kindern tun. Legt fest, für welche Aufgaben ein Kinderwunsch erfüllt werden kann. Nehmt dafür am besten nicht die Tätigkeiten, die ihr als Eltern sowieso von euren Kindern erwartet, wie beispielsweise den Tisch zu decken oder das Zimmer aufzuräumen. Wählt lieber Extras: Hilfe beim Aufbauen von Möbeln, beim Badezimmerputzen oder beim Blumeneinpflanzen inklusive des Dreckwegmachens danach oder Ähnliches.

Alter: **4–15 Jahre**
Ab **2 Personen**

Erfindet eine eigene Währung

Wie funktioniert Geld eigentlich? Es ist nur ein Tauschmittel, richtig? Wie wäre es, wenn wir mit Legosteinen bezahlen würden? Oder mit selbst hergestellten Banknoten? Wie macht man Münzen und Geldscheine fälschungssicher?

Entwickelt eure eigene Währung: Münzen, Banknoten, Gutscheine oder ganz andere Zahlungsmittel. Vergesst nicht dabei zu reflektieren: Was ist euch wie viel wert? Gibt es Dinge, die für euch keinen Wert haben?

Testet es aus! Die meisten Erlebnisparks haben ihre eigene Währung, wieso dann nicht ihr? Überlegt, wofür eure Familienwährung eingesetzt werden kann. Wie viel jeder bekommt und wie viel was kostet. Wie teuer ist zum Beispiel das Privileg, morgens als Erste ins Bad zu dürfen? Besonders übersichtlich könnt ihr dieses Experiment halten, indem ihr es auf einen Urlaub oder Ausflug begrenzt. Hier können die Kinder ihr „Geld" beispielsweise für ein extra Eis oder eine Stunde auf dem riesigen Trampolin eintauschen.

Alter: **6–15 Jahre**
Ab **2 Personen**

Limonadenverkauf und Flohmarkt

In den USA ist es weitverbreitet, dass Kinder sich zusammentun und an einem Straßenstand selbst gemachte Limonade verkaufen, bei uns ist das eher ungewöhnlich. Flohmärkte sind hingegen häufiger. Wenn euer Kind den Wunsch hat, etwas zu verkaufen, unterstützt es darin. Allerdings solltet ihr vorher ein bisschen recherchieren:

- **Braucht ihr einen Gewerbeschein?** Spoiler: eher nein. Laut verschiedener Rechtsauskünfte im Internet benötigen Erwachsene und Kinder keinen Gewerbeschein, wenn sie auf einem Flohmarkt ausrangierte Privatgegenstände verkaufen möchten. Aber manche Regelungen unterscheiden sich je nach Bundesland. Macht euch also vorher schlau. Informiert euch auch, ob ihr auf dem Flohmarkt einen Stand buchen müsst und was das kostet.

- **Braucht ihr eine spezielle Zulassung, um Lebensmittel zu verkaufen?** Spoiler: grundsätzlich ja. Aber ab welchen Dimensionen das notwendig wird, entscheidet jede Stadt beziehungsweise Gemeinde anders. Auch hier gilt: Informiert euch, bevor ihr loslegt.

Wir Geldverdiener

Alter: **6–15 Jahre**
Ab **2 Personen**

Geldtürme

Habt ihr zu Hause **Münzen** aus Ländern, die ihr bereist habt? Wunderbar! Lasst eure Kinder damit spielen! Macht euch nicht so viele Gedanken darüber, ob dem Geld viele Bakterien anhaften, weil es durch so viele Hände gegangen ist, denn das betrifft nur Banknoten, aber nicht Münzen. Die glatte Oberfläche der Geldmünzen bietet Bakterien wenig Halt. Kupfermünzen wie die Ein-, Zwei- oder Fünfcentstücke wirken sogar antibakteriell (recherchiert doch mal, warum das so ist). Wenn ihr dennoch Bedenken habt, spricht nichts gegen „Geldwäsche": Spült die Münzen in einem Sieb mit Spülmittel und heißem Wasser ab.

Nun geht es ans Spielen: Stapelt zum Beispiel gemeinsam das Geld zu Türmen auf und schätzt mal, wie viel jeder der Türme wert ist in der Landes- und in unserer Währung. Rechnet danach mithilfe von Apps den tatsächlichen Euro-Wert aus. Dafür müsst ihr den Münzwert addieren und umrechnen. Oder erst umrechnen und dann addieren? Probiert es aus! Und wer lag mit seiner Schätzung am dichtesten dran?

Teil 3 / Gemeinsam Schlauspielen

Alter: **7–15 Jahre**
Ab **2 Personen**

Stellt Dinge, die es zu kaufen gibt, selbst her und erfindet Dinge, die es nicht zu kaufen gibt!

Mayonnaise, Eiersalat, Choco Crossies, Trinkschokolade, Badekugeln, Kartoffelbrei …, das sind tolle Dinge, die schnell gekauft und schnell verzehrt beziehungsweise verbraucht sind. Aber wie werden sie gemacht? Könnt ihr sie vielleicht auch selbst herstellen? Recherchiert zusammen mit euren Kindern und fertigt sie selbst an. Viele gehen ganz einfach! Hier zwei Beispiele von uns:

Choco Crossies:

Ihr benötigt dafür **100 Gramm Schokolade, 100 Gramm Butter oder 100 Gramm geraspelte Mandeln** (beides lieber nicht zusammen, sonst wird es sehr fettlastig) und **100 Gramm Cornflakes**. Schmelzt zunächst die Schokolade im Wasserbad. Erwärmt währenddessen die Butter in einem Topf, bis sie flüssig ist. Fügt als Nächstes die Cornflakes in die Schokolade und vermischt sie ordentlich mit der Butter oder fügt die Mandeln hinzu. Löffelt dann auf ein mit **Backpapier** bedecktes **Backblech** die Crossies in der Größe eurer Wahl und lasst sie abkühlen. Und dann? Essen!

Badekugeln:

Ihr braucht **250 Gramm Backpulver, 125 Gramm Zitronensäure, 60 Gramm Speisestärke, 60 Gramm Kokosöl**, ein paar Tropfen **Duftöl** und **Förmchen für Badekugeln**. Mischt zuerst alle trockenen Zutaten, also Backpulver, Speisestärke und Zitronensäure, in einer **Schüssel**. Fügt ein bisschen **Lebensmittelfarbe** hinzufügen, wenn ihr mögt, um die Badebomben etwas bunter zu machen. Dafür solltet ihr die Mischung der trockenen Zutaten vorher in verschiedene Schüsseln geben, um

Badekugeln in unterschiedlichen Farben zu erzeugen. Nun fügt ihr das Kokosöl hinzu. Am besten erwärmt ihr es vorher einen Moment in der Mikrowelle oder im Wasserbad, damit es sich besser verkneten lässt. Zum Schluss gebt ihr die paar Tropfen Duftöl hinzu und knetet weiter, bis sich die Masse wie feuchter Sand anfühlt, dann ist sie ideal! Füllt nun die Masse in die Formen für die Badekugeln, und zwar in je beide Hälften. Wenn ihr wollt, könnt ihr die Formen vorher mit ein paar Streuseln füllen, um die Kugeln von außen zu verzieren. Jetzt klappt ihr die Hälften zusammen und lasst sie mindestens einen Tag trocknen. Das Tolle ist, dass die Badekugeln richtig lange haltbar sind – zumindest, bis sie in Kontakt mit Wasser kommen.

Aber mit dem Herstellen allein ist es nicht getan. Danach kommen die wirklich wichtigen Fragen. Ran an die Berechnung: Was haben die Zutaten gekostet? Wie lange waren wir beschäftigt? War es den Aufwand wert? War es billiger oder sogar teurer als das gekaufte Produkt? Sollten wir das immer selbst machen oder doch besser fertig kaufen? Und noch weiter und wirtschaftlicher gedacht: Was bräuchten wir, um das Ganze in großen Mengen herzustellen? Wenn wir unsere Produkte verkaufen wollten: Für welchen Preis sollten wir sie anbieten?

Wenn ihr schon einmal dabei seid: Erfindet neue Dinge, die es noch nicht gibt. Geht mit offenem Blick durch euren Alltag: Was fehlt? Was ist selten? Was wäre möglich, was unmöglich? Eis-Pizza? Selbstfahrende Schulranzen?

Danke

Schon Anfang 2017 hatten wir uns vorgenommen „ein Buch zu schreiben". Wir brainstormten Ideen. Es war uns beiden klar, dass es ein Buch über Co-Learning sein musste. Nicht nur, weil wir beide in dem Bereich beheimatet sind, sondern weil Lernen aus unserer Sicht das einzige Werkzeug ist, unsere Welt zu verbessern. Als durch und durch unverbesserliche Optimistinnen sammelten wir Ideen, machten erste Entwürfe – und vergaßen sie wieder, denn immer gab es dieses und jenes und noch etwas anderes, das getan werden musste.

Im Spätsommer 2018 ergab sich dann die Möglichkeit, mit dem Duden-Verlag zusammenzuarbeiten. Wir mussten gar nicht lange nachdenken und fingen an, unsere Aufzeichnungen rauszukramen und Ideen hin- und herzuwerfen. Sehr bald war klar, dass es gar nicht so einfach ist, ein Buch zu schreiben, denn es gab so viele Aspekte, die interessant sind und die wir unbedingt auch noch in dieses eine Buch hineinpacken wollten. Doch nach und nach nahm alles Gestalt an, auch dank unserer wunderbaren Lektorinnen Susanne Klar und Dr. Kirsten Reimers, die uns halfen, unsere Themen zu sortieren und manches auch auszusortieren, damit das Buch euch nicht mit Informationen, Randbemerkungen und Anekdoten erschlägt.

Unser Buch bringt euch hoffentlich viel Anregung und inspiriert euch, eure Erfahrungen und Ideen mit uns zu teilen. Béas Blog tollabea.de ist ein großartiger Ort dafür, und natürlich habt ihr dort die Möglichkeit, Fragen zu stellen oder auch mit uns zu teilen, was euch vielleicht noch über das Buch hinaus im Bereich Bildung, Lernen, Erziehung, Schule und Ähnlichem interessiert. Und wer weiß, vielleicht gibt es ja eine Fortsetzung mit euren Ideen.

Uns hat es Spaß gemacht, etwas zu schreiben, das nicht nur digital existiert, und gelernt haben wir gemeinsam sehr viel dabei.

Allerdings wäre diese Arbeit nicht möglich gewesen, wenn wir beide nicht so wunderbare Backstage-Teams gehabt hätten. Deshalb geht unser Dank an alle Barristas, die uns mit Kaffee versorgt haben, die Tollabea-Community und besonders an unsere Freunde und Familien für ihre Geduld und Unterstützung!

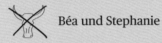 Béa und Stephanie

Quellenangaben und Anmerkungen

Letzter Aufruf aller Links am 5. November 2019.

1 Vanessa LoBue: „The Science of ‚Mom Brain'. The research behind a mom's favorite excuse", *Psychology Today*, 7. Mai 2018; https://www.psychologytoday.com/us/blog/the-baby-scientist/201805/the-science-mom-brain.

2 Vgl. den Forschungsüberblick „Baby Brain – gibt es das wirklich?", *Psychologie-News*; https://www.psychologie-news.stangl.eu/2145/baby-brain-gibt-es-das-wirklich.

3 Anne Böckler-Raettig: *Theory of Mind*, München: Ernst Reinhardt Verlag (UTB) 2019.

4 Warren Berger: *A more beautiful question: The Power of Inquiry to Spark Breakthrough Ideas*, Bloomsbury Publishing 2014. Seite 4.

5 Susanne Vieht-Entus: „Schwere Defizite bei Berlins künftigen Erstklässlern", Der Tagesspiegel, 7. Februar 2019; https://www.tagesspiegel.de/berlin/einschulungsuntersuchungen-schwere-defizite-bei-berlins-kuenftigen-erstklaesslern/23957216.html.

6 Elena Zelle: „Lesen im Dunkeln schadet den Augen? Von wegen", *Die Welt*, 11. Juni 2015; https://www.welt.de/gesundheit/article142309576/Lesen-im-Dunkeln-schadet-den-Augen-Von-wegen.html.

7 Vgl. David Rennert: „Wie der Schlaf beim Lernen hilft", *Der Standard*, 11. März 2017; https://www.derstandard.at/2000053758014/Wie-der-Schlaf-beim-Lernen-hilft.

8 Stefan Klein: *Der Traumwolf*, Frankfurt/Main: Fischer Verlag 2018.

9 Vgl. Brigitte Holzinger: „Die Traumwelt von Kindern", *eltern-bildung.at*, Mai 2019; https://www.eltern-bildung.at/expert-inn-enstimmen/die-traumwelt-der-kinder/.

10 Frieder R. Lang, Mike Martin, Martin Pinquart: *Entwicklungspsychologie – Erwachsenenalter*, Göttingen u. a.: Hogrefe 2012.

11 Braco Pobric: *Habits and Happiness: How to Become Happier and Improve Your Wellbeing by Changing Your Habits*, North Charleston, South Carolina: CreateSpace Independent Publishing Platform 2013.

12 Eric Berne: Spiele der Erwachsenen: *Psychologie der menschlichen Beziehungen*, Reinbek bei Hamburg: Rowohlt 2002. Siehe auch: Sharina Alves: *Die Transaktionsanalyse nach Eric Berne. Grundlagen, Persönlichkeitsinstanzen und psychologische Hintergründe*, München: GRIN 2017.

13 Für die folgenden Definitionen vgl. Berne: Spiele der Erwachsenen a. a. O., Seite 29 ff.

14 Nicole Hollenbach-Biele, Dirk Zorn: „Eltern geben jährlich rund 900 Millionen Euro für Nachhilfe aus", Bertelsmann Stiftung, 27. Januar 2016; https://www.bertelsmann-stiftung.de/de/themen/aktuelle-meldungen/2016/januar/eltern-geben-jaehrlich-rund-900-millionen-euro-fuer-nachhilfe-aus/.

15 Koa Beck: „65 % Of Kids Entering School This Year Will End Up In Jobs That Don't Exist Yet", *Mommyish.com*, 30. August 2011; https://www.mommyish.com/65-of-kids-entering-school-this-year-will-end-up-in-jobs-that-dont-exist-yet-261/.

16 Valerie Strauss: „Stop telling kids, you're bad at maths. You are spreading math anxiety ‚like a virus'", Washington Post, 25. April 2016; https://www.washingtonpost.com/news/answer-sheet/wp/2016/04/25/stop-telling-kids-youre-bad-at-math-you-are-spreading-math-anxiety-like-a-virus/.

17 Vgl. z. B. Michael Thompson: *Mom, They're Teasing Me: Helping Your Child Solve Social Problems*, New York: Ballantine Books 2004.

18 Jon Kabat-Zinn: *Mindfulness for Beginners: Reclaiming the Present Moment – And Your Life*, Louisville, Colorado: Sounds True Inc. 2012.

Quellenangaben und Anmerkungen

19 Ebd., Seite 14 f.
20 Ebd., Seite 9 und 124.
21 Ebd., Seite 124.
22 Ebd., Seite 123.
23 Ebd., Seite 126.
24 Ebd., Seite 127.
25 Ebd., Seite 130.
26 Ebd., Seite 132.
27 Aaron Ben-Zeév: „Are Negative Emotions More Important than Positive Emotions?", *Psychology Today*, 18. Juli 2010; https://www.psychologytoday.com/us/blog/in-the-name-love/201007/are-negative-emotions-more-important-positive-emotions.
28 Barbara Coloroso: *Kids Are Worth It!: Giving Your Child the Gift of the Inner Disciplin*, New York: William Morrow 1994.
29 Paul Watzlawick, Janet H. Beavin, Don D. Jackson: *Menschliche Kommunikation. Formen, Störungen, Paradoxien*, Bern Stuttgart, Wien: Huber 1969, S. 53.
30 Amelia Hill: „Parents are forgetting how to play with their children, study shows", *The Guardian*, 26. August 2016; https://www.theguardian.com/lifeandstyle/2010/aug/26/parents-children-playtime
31 Mihaly Csikszentmihalyi: *Flow: Das Geheimnis des Glücks*, Stuttgart: Klett-Cotta 2017.
32 Vgl. „Sterben die Bienen aus, sterben auch Menschen" (AFP/oc), *Die Welt*, 17. Juli. 2015; online unter: https://www.welt.de/wissenschaft/umwelt/article144151778/Sterben-die-Bienen-aus-sterben-auch-Menschen.html.
33 Vgl. https://www.youtube.com/watch?v=ybcvlxivscw.
34 Vgl. Valentin Frimmer: „Warum wir überall Gesichter sehen", *Spiegel Online*, 12. Dezember 2017; https://www.spiegel.de/gesundheit/psychologie/pareidolie-darum-sehen-wir-ueberall-gesichter-a-1182898.html.
35 Vgl. https://www.zitate-online.de/sprueche/kuenstler-literaten/16327/als-kind-ist-jeder-ein-kuenstler-die-schwierigkeit.html.
36 Sigrid Schulze: „Empathie macht Kinder stark", *Familienleben.ch*. https://www.familienleben.ch/kind/erziehung/empathie-macht-kinder-richtig-stark-3148.
37 Stefanie Kaste: „Das digitale Bauchgefühl: Warum Eltern den ‚digital Natives' noch so einiges im Umgang mit digitalen Medien beibringen können", *Tollabea.de*, 5. Juni 2018; https://www.tollabea.de/das-digitale-bauchgefuehl-warum-eltern-den-digital-natives-noch-so-einiges-im-umgang-mit-digitalen-medien-beibringen-koennen/.
38 Vgl. „Wassermaschine für Kinder – Tolla Wasserspiele DIY", *Tollabea.de*, 28. Juli 2013; https://www.tollabea.de/wassermaschine-fuer-kinder-wasserspiele-diy/.

Register

A

Abstraktion 57, 265
Achtsamkeit 104,122, 123, 126, 127, 129,135,138, 224, 334
Agenten 280
Aggression 340
Akrobat 61, 66
Akzeptanz 125, 136
Anerkennung 54, 115, 121
Angst 10, 20, 26, 41, 55, 72, 83, 112, 113, 114, 116, 117, 120, 123, 148, 149, 150, 166, 191, 204, 214, 235, 245, 247, 267, 298, 311
App/Applikation 70, 127, 169, 202, 205, 209, 210, 259, 325, 327, 353
Argumentieren 146, 147, 164, 348
Aufmerksamkeit 51, 52, 140, 165, 219, 295
Auge-Hand-Koordination 41, 48, 51
Ausdauer 49, 59
Ausschlafen 131, 144
Authentizität 115
Autonomiephase (Trotzphase) 56, 72

B

Balance 50, 110, 118, 129, 132, 136
Basteln 18, 31, 65, 67, 93, 131, 193, 227, 247, 278, 285, 287, 296, 314, 320, 331, 344, 345
Bedürfnis 15, 40, 53, 56, 72, 117, 118, 129, 130, 132, 133, 135, 136, 151,154, 175
Begabung 10
Begrüßung 152, 240
Belastungsprobe 56
Berührung 52, 280
Bewegungsabläufe 36, 39, 48, 75, 92
Bewunderung 34
Bewusstsein 43, 55, 165, 288
Beziehung 38, 52, 57, 94, 105, 117, 133, 136, 153, 155
Bezugsperson 53, 55
Bild-schlau 28, 85, 91, 180, 184, 185, 191, 194-198, 200, 201, 204-207, 209-211, 218, 223, 228, 229, 248-271, 273, 276-278, 281-284, 287, 290, 295, 298, 307-312, 314, 315, 317, 320-322, 329, 341, 342, 347, 351
Bilderbuch 45, 59
Bildung 12-14, 24, 64, 112, 114, 117, 356
Bindung 52, 63
Bindungstheorie 52
Buchstaben 68, 74, 182, 186, 188-190, 192, 193, 196-199, 201, 282, 287
Bühne 44

C

Chaos *127, 282*
Checkliste *78-81, 87-98, 133-136, 156, 157, 167-169*
Co-Learning *10, 12, 14, 16, 17, 21, 23-27, 32, 99, 103, 107, 108, 133, 136, 138, 143, 161, 170, 175, 179, 203, 217, 224, 231, 270, 286, 324, 325, 356*
Community *15, 54, 64, 72, 110, 117, 120, 121, 122, 128, 131, 133, 143, 146, 148, 152, 153, 166, 236, 276, 327, 357*
Computerspiel *164, 169*

D

Dank *153, 175, 219, 356, 357*
Digitalisierung *324*
Digitalmeister *30, 178, 324*
Dorf *29, 120, 177, 202, 233, 236, 240*
Druck *12, 25-27, 32, 74, 113, 115, 122, 145, 164, 169, 247, 250, 279, 311*
Duft *184, 191, 208, 300, 313, 354, 355*

E

Ehrlichkeit *115, 116*
Einsicht *118*
Eltern-Ich *105-110, 116, 134, 162, 333*
Emotionen *53, 61, 85, 129, 140, 340*
Empathie *20, 30, 37, 45, 69, 177, 222, 288*
Empfindung *40, 57, 69, 294*

Entschuldigung *118, 184*
Enttäuschung *74, 115, 121, 122, 161*
Entwicklung *10, 16, 18, 20, 27, 31-35, 37, 40-42, 44, 46, 48, 50-52, 55-58, 63-66, 70, 73, 74, 87, 99, 108, 118, 124, 128, 170, 174, 178, 180, 184, 324*
- **emotionale** *20, 35, 52, 64, 65*
- **kognitive** *20, 26, 65, 83*
- **motorische** *20, 35, 48, 51, 61, 62, 65, 69*
- **sensorische** *20, 69*
- **soziale** *20, 26, 32, 35, 52, 64*

Erfahrung *10-12, 15, 20, 24, 25, 31, 33, 36, 38, 40, 46, 55, 60, 69, 71, 76, 99, 102, 107, 108, 112, 113, 134, 144, 147, 154, 162, 166, 208, 239, 316, 324, 356*
Erinnerung *25, 60, 82, 83, 104, 139, 205, 233, 239, 295, 296, 310*
Erwachsenen-Ich *106, 108, 134*
Erziehung *10, 17, 71, 84, 117, 130, 151, 249, 356*

F

Fantasie *12, 159, 160, 185, 239, 259, 265, 298*
Familie *12, 24-27, 31, 41, 42, 52, 53, 58, 63, 65, 72, 73, 91, 98, 99, 107, 112, 121, 124, 129, 131, 144, 147, 148, 149, 154, 161, 174, 206, 208, 212, 214, 219, 224, 227, 228, 231, 235, 236, 257, 264, 265, 281, 288, 290-292, 294-296, 301, 325, 329, 334, 341, 346, 350, 351, 357*

Familiensprache *41, 52, 182, 198*
Familientanz *227, 228*
Familienwappen *264*
Farben *78, 91, 185, 191, 216, 251, 253, 261, 264, 267, 284, 285, 290, 291, 315, 320-322, 355*
Feinmotorik *32, 51, 62, 67, 259, 272, 284, 287, 310*
Fernsehen (TV) *131, 192, 334, 350*
Flow *165, 166, 169, 170*
Fragen *29, 43, 46, 60, 61, 66, 72, 74, 81, 86, 87, 97, 130, 142, 160, 165, 176, 205, 209, 212, 213–221, 241, 245, 276, 286, 288, 289, 304, 333, 334, 349, 355, 356*
Fragensteller *29, 176, 212, 349*
Freunde *26, 115, 120, 133, 152, 154, 183, 201, 206, 208, 213, 215-218, 239, 269, 350, 357*
Frustrationstoleranz *49*
Fühlen *20, 31, 38, 39, 52, 58, 64, 72, 83, 113, 128, 146, 153, 166, 185, 226, 233, 277, 293, 333, 340*
Führung *95, 116, 117, 120, 121, 135, 164*

G

Game *159, 161-163, 168, 325*
Garten *128, 185, 192, 242, 243, 245, 247*
Gedächtnis *35, 60, 82, 83, 192, 279, 340*
Geduld *47, 73, 124, 135, 174, 219, 247, 276, 357*

Gefühl *15, 28, 43-45, 48, 53, 58, 63, 65, 72, 86, 89, 94, 107, 119-121, 123, 125, 145, 148, 149, 153, 165, 180, 203, 214, 224, 298, 333, 340*
Gehirn *11, 35-40, 46, 47, 59, 68, 70, 76, 77, 82, 98, 99, 103, 128, 140, 205, 258, 272, 277, 311, 317, 340*
Geldverdiener *30, 178, 348*
Gemeinsam Schlauspielen *15, 18, 21, 27, 29, 32, 47, 66, 82, 98, 158, 170, 173*
Geruchssinn *39, 208*
Geschwister *64, 68, 295, 304*
Gespräch *17, 25, 42, 45-47, 59, 69, 74, 132, 139, 144, 148, 149, 179, 213, 236, 237, 271*
Gewohnheiten *102-104, 121, 266*
Glaubenssätze *113-115*
Gleichgewicht *48, 123, 132, 314, 331*
Gleichgewichtssinn *51, 111*
Glück *12-15, 41, 165, 166, 295, 340*
Grobmotorik *62, 92, 272*

H

Haltung *106, 107, 114, 138, 164, 288, 333, 335*
Hand-schlau *28, 85, 93, 180, 234, 243, 251-253, 256, 258-264, 267, 268, 270, 272, 275-278, 282-284, 287, 307-315, 317, 326, 327, 343*
Handwerken *31, 67*
Humor *12, 29, 45, 117, 135, 154, 176, 222, 231, 235, 334, 335, 338*

I

Ich-schlau 28, 86, 94, 170, 180, 183, 209, 217, 218, 220, 224, 226, 229, 230, 231, 237-240, 251-254, 257, 258, 265, 266, 268-270, 281, 289-296, 298-301, 327, 328, 334-336, 338, 343, 349, 350, 352
Intelligenz 11, 16, 28, 38, 83-87, 170, 174, 272
Interaktion 20, 52, 53, 56, 57, 63, 77, 153, 165
Internet 30, 112, 178, 196, 204, 246, 257, 260, 265, 315, 321, 326, 341, 346, 347, 352
Intuition 124
Ironie 45

K

Karaoke 47, 346
Kindergarten 24, 57, 61-65, 151, 152, 332
Kindergeburtstag 226, 275, 343
Kindheit 16, 20, 33, 35, 102, 106, 111, 154, 267, 310, 334
Kind-Ich 107, 108, 110, 134, 162, 333
Kita 46, 63, 117, 165, 184, 216, 217, 231
Klarheit 107, 143, 145
Knigge 301-304
Kommunikation 17, 25, 27, 40, 41, 46, 52, 57, 67, 99, 105, 106, 133, 136, 138, 141, 149, 151, 157, 297, 301, 330
Konflikt 57, 58, 63, 129

Konsequenz 84, 118, 245, 299, 337
Körper-schlau 28, 85, 92, 170, 180, 186, 208, 224, 226, 227, 229, 244, 246, 263, 272-275, 278-282, 284-287, 292, 296, 310, 318-322, 326, 328-330, 341-343, 347
Kreative 29, 177, 250
Kreativität 32, 231, 249, 250, 258, 259, 261, 269, 270, 328, 340
Kuscheltiere 43, 91, 225, 303

L

Langeweile 167, 182, 224, 269
Langzeitgedächtnis 83
Laufen 10, 31, 34, 48, 50, 72, 115, 124, 179, 211, 225, 280, 285, 292
Laune 117, 144, 188, 201, 216, 230, 240, 297, 320, 345
Lebensmittel 220, 226, 231, 239, 244-246, 257, 270, 303, 306-309, 311, 319, 321, 322, 329, 352, 354
Lernbeziehung 32, 105, 111, 174
Lernen 10-14, 16-18, 20-22, 24-27, 29, 31-35, 37-39, 41, 44, 45, 48-51, 53, 58, 61, 63, 65, 67, 69-71, 74-77, 82-85, 87, 98-100, 102, 104, 105, 107, 112, 119-121, 126, 133, 134, 138, 142, 146, 151, 152, 156, 158, 159, 161-163, 165, 168, 170-172, 174, 180, 182, 186, 188-195, 197, 204, 210, 212, 216, 224, 235, 242, 244, 247, 248, 261, 266, 272, 277, 278, 288, 292, 294, 295, 301, 306, 325, 327, 332, 335, 340, 343, 349, 356, 368

- spielerisches *17, 21, 26, 27, 99, 100, 159, 163, 168, 169*
Lernfähigkeit *61*
Lerntyp *16, 18, 27-31, 77-82, 98, 176-179*
  - auditiver *79*
  - kommunikativer *81, 82*
  - motorischer *80*
  - visueller *78*
Liebe *46, 73, 106, 116, 149, 289*
Lieder *47, 48, 58, 79, 89, 179, 186-188, 218, 237, 345*
Lob *53, 54, 115, 116, 139, 140, 156, 291, 292*
Loslassen *51, 99, 112, 125, 136, 163*

M

Malen *31, 32, 65, 179, 251, 260, 261, 264, 268, 298, 317, 347*
Märchen *195, 269*
Mathematik *112, 113, 340*
Medien *129, 151, 164, 224, 237, 330*
Meinung *54, 69, 94, 99, 129, 148, 179*
Menschenversteher *30, 177, 288*
Minderwertigkeitsgefühle *74, 119, 229*
Mindful based stress reduction (MBSR) *123*
Mindfulness *122, 123, 126*
Motivation *14, 54, 67, 73, 74, 162*
Motoriker *30, 82, 177, 272*
Mozarts *30, 178, 340*
Musik *38, 47, 77, 84, 85, 89, 127, 180, 197, 268, 340-343, 346, 347*
Musik-schlau *28, 84, 89, 180, 186, 188, 268, 278, 341-347*
Mut *67, 119-121, 135, 160, 162, 214, 217, 223, 234, 236, 261*
Mutter *12, 13, 39, 52, 55, 64, 72, 117, 130-132, 142, 214, 332, 340*
Muttersprache *198*
Mythos *112*

N

Nachahmung *37, 41, 44, 45, 47, 69, 76*
Nachbarschaft *207, 237, 238, 243*
Nachhilfe *107, 108*
Natur *86, 96, 175, 220, 242, 269, 306, 312*
Naturforscher *30, 177, 306*
Netzwerk *36, 38, 120*
Neugierde *60, 76, 209*
Neuronen *36, 37, 39, 40, 46, 48*

O

Orientierung *53, 70, 71, 174*
Orientierungsmeister *29, 176, 202, 349*
Origami *287*

P

Pareidolie *258*
Persönlichkeit *34, 56, 64*
Perspektive *91, 113, 116, 146, 162, 194, 294, 329*

Perspektivenwechsel *17, 65, 99, 102, 104, 105, 110, 122, 126, 138, 139, 162, 333*
- erster *105*
- zweiter *110*
- dritter *122*

Philosoph *340*
Physik *51, 113, 308, 311, 319, 326*
Pinzetten-Griff *51, 62*
Plastizität *37, 76, 98*
Präsenz *132*
Pubertät *72, 141, 147*

R

Redewendungen *198, 234*
Reflektieren *17, 34, 84, 106, 114, 120, 129, 351*
Reflexion *74, 113, 194, 214*
Regel *41, 46, 63, 69, 90, 106, 107, 129, 143, 148-150, 158, 160-163, 168, 174, 189, 200, 215, 224, 251, 257, 266, 273, 301, 336, 352*
reprogram/Reprogrammierung *17, 102, 162*
Rhythmus *77, 228, 279, 340, 343, 347*
Ritual *46, 47, 128, 296*
Rolle, soziale *64*
Rücksicht *63, 64, 151*

Sandkasten *57, 307, 309*
Sarkasmus *117*
Scheitern *120-122, 161, 257*

Schlaf *82, 83, 103, 130, 131, 144*
Schlagfertige *30, 178, 332*
Schlagfertigkeit *332, 333*
Schlauphone *229, 325*
Schreien *40, 41, 55, 116, 130, 142, 150, 303*
Schreiben *32, 62, 66-68, 74, 164, 179, 232, 269, 270, 292, 296, 298, 299, 356, 357*
Selbstbewusstsein *26, 31, 119, 160, 333*
Selbstständigkeit *50, 56, 66, 67, 71*
Selbstvertrauen *27, 33, 114*
Selbstwahrnehmung *55*
Selbstwirksamkeit *26, 27*
Sicherheit *32, 53, 54, 73, 89, 147*
Sinne *38, 76, 77, 82-84, 86, 124, 127, 242, 340*
Smartphone *205, 240, 259*
Spaßmacher *29, 176, 222, 340*
Spiegelneuronen *37, 39, 41, 69*
Spiel *17, 21, 26-28, 31, 32, 45-48, 60, 64, 77, 81, 82, 89, 92, 98, 99, 131, 132, 141, 142, 145, 152, 157-164, 166-168, 171, 174-176, 179, 182-186, 191, 193-195, 204, 205, 208-211, 217, 221, 222, 225, 226, 231, 234, 236-238, 252, 253, 258, 267, 273, 274, 276, 278, 279, 281-284, 286, 292, 293, 299, 307, 311, 327, 329, 334, 340, 343, 344, 346, 347, 349, 350, 353*
- freies *57, 62, 159, 160, 162, 163, 168-170*
- geführtes (Guided Play) *159, 160, 162, 168*

Register

Spielplatz *10, 128, 308, 309*
Sport *75, 85, 92, 109, 110, 113, 115, 120, 121, 128, 132, 147, 272*
Sprache *12, 17, 20, 28, 29, 37, 39, 44, 46, 47, 58, 68, 84, 88, 90, 136, 138, 153, 156, 174, 176, 180, 182, 186, 188-199, 203, 209, 210, 238, 257, 297, 304, 327, 340*
Sprachentwicklung *42, 44*
Spracherwerb *45, 52*
Sprachmuster *39, 45*
Sprachwitz *58*
Stadt *24, 202, 203, 207, 210, 215, 218, 236, 242, 245, 335, 342, 352*
Stadtplan *205, 209, 210*
Standpunkt *56, 149*
Stimmlage *141, 142, 156*
Strafe *141, 155*
Streiten *56, 142, 148, 149, 157, 336*
Stress *25, 32, 50, 53, 106, 112, 117, 119, 120, 123, 142, 143, 226, 272*
Synapse *36, 340*
System *68, 117, 254*
Systemumstellung *104*

T

Tablet *115, 229, 259, 336*
Talent *10, 16, 18, 27-29, 82, 84, 88, 98, 176, 332*
Tanz *31, 47, 120, 179, 227, 228, 287, 341, 342*
Tastsinn *38, 48*
Team *25-27, 103, 105, 120, 132, 140, 174, 194, 206, 239, 281-283, 316*

Teambuilding *27, 174, 194, 281*
Tempo *10, 35, 40, 42, 48-50, 73, 347*
Theater *81, 335*
Theory of attachment *52*
Theory of mind *44, 45, 52*
Transaktionsanalyse *105, 106, 133, 333*
Traumtagebuch *298*
Träume *83, 131, 298*
Trotzphase (Autonomiephase) *56, 72*
TV (Fernsehen) *13, 117, 154, 224, 331*

U

Umgang *15, 53, 57, 65, 90, 98, 106, 115, 145, 149, 151, 157, 164, 247, 325, 348*
Umprogrammieren *107, 117, 129, 138, 146*
Umwelt *50, 52, 53, 55, 61, 86, 107, 130, 177, 242, 248*
Umwelt-schlau *28, 86, 96, 160, 180, 185, 204-211, 213, 218-220, 224, 226, 228, 231-233, 235, 237-239, 243-248, 253, 255-257, 259, 260-264, 270, 275, 286, 294, 298, 300, 307-322, 326-330, 337, 342, 346, 352-354*
Unabhängigkeit *66, 68*
Unsicherheit *113, 114*
Unterstützung *49, 53, 68, 108, 128, 195, 237*
Urlaub *125, 206, 246, 290, 310, 329, 351*

366

Register

V

Verantwortung *12, 26, 27, 63, 106, 147*
Vergangenheit *112, 113, 148*
Verhalten *39, 53, 54, 103, 105, 115, 117-119, 141, 161, 162, 245, 266*
Verhaltensweisen *39, 55, 103, 105, 106*
Verhandeln *64, 65, 133, 145, 147, 157, 160, 163, 348, 349*
Vernetzung *11, 36, 40, 46, 76, 277*
Versprechen *118, 141, 150*
Verständnis *70, 83, 102, 143, 244, 278, 294, 325, 326, 343*
Vertrauen *73, 111, 114, 118-120, 124, 135, 136, 138*
Vorbild *44, 59, 106, 117, 120, 142, 151, 153, 217*

W

Wahrnehmung *97, 145, 185, 203, 258*
Warum *19, 20, 24, 60, 61, 82, 107, 118, 146, 149, 154, 161-163, 191, 194, 213, 220, 221, 231, 244, 245, 257, 293, 300, 304, 308, 314, 316, 321, 325, 335, 344, 347, 349, 353*
Welt *11-13, 20, 26, 30-33, 37, 40, 44, 48-50, 53, 57, 58, 60-62, 64, 67-70, 72, 82, 98, 104, 105, 109, 111, 112, 115, 130, 140, 144, 145, 161, 163, 209, 214, 215, 246, 250, 258, 265, 288, 302-304, 306, 324, 327, 332, 240, 349, 356*
Welt-schlau *28, 86, 97, 180, 221, 240, 248, 337*
Weltretter *29, 177, 242*
Werbung *253, 350*
Werte *25, 265, 290*
Wertschätzung *12, 115, 242*
Wettbewerb *161, 189, 206, 285*
Wir-schlau *28, 86, 95, 180, 183, 184, 194-198, 200, 201, 204-211, 217, 218, 220, 221, 224-227, 230, 231, 237-240, 243-248, 254, 257, 264-271, 274, 278-280, 283, 286, 289-301, 334-338, 341, 345, 346, 349-352, 354*
Wort-schlau *28, 84, 88, 170, 174, 180, 183-201, 217, 218, 221, 226, 232-235, 237-240, 268, 271, 287, 291, 297, 301, 334-336, 338, 345, 346*
Wortkünstler *29, 31, 82, 176, 182*
Wortschatz *44, 48, 68, 69, 88*
Wunsch *122, 162, 267, 350, 352*
Wunsch-Tagebuch *350*
Wut *120, 143, 145, 149, 161, 298*

Y

Yoga *123, 127*

Z

Zahlen-schlau *28, 85, 90, 180, 191, 206, 207, 210, 211, 226, 231-235, 254, 266, 270, 273, 275-278, 285, 287, 312-315, 319-322, 326-330, 349-354*
Zauberwort *54, 139, 156*
Zukunft *10, 14, 31, 113-115, 139, 169, 215, 249, 288*

367

Die letzte Seite

Wenn ihr hier angelangt seid, dann nur aus drei möglichen Gründen:

1. Ihr erwägt gerade, das Buch zu kaufen, und spickt direkt ans Ende, genauso wie die Autorinnen dieses Buches es immer tun. Wie schön, wir verstehen uns! Kauft es einfach und genießt jede Seite!

2. Ihr lest das Buch gerade und seid noch mittendrin, wollt mal checken, was am Ende steht. Neugierige Menschen, egal ob Kinder oder Erwachsene, ihr seid wunderbar! Erhaltet euch diese großartige Eigenschaft. Ihr müsst das Buch auch nicht von vorn nach hinten lesen. Springt doch einfach mal rum und findet heraus, was euch besonders interessiert und warum es euch interessiert!

3. Ihr habt das Buch richtig durchgelesen oder wenigstens quergelesen. Yeah! Dabei habt ihr garantiert gemerkt, was für „Lernjunkies" wir sind: Auch von euch möchten wir lernen. Über Feedback, Kritik, neue Ideen oder aber auch Ermunterung würden wir uns freuen. Über die Tollabea-Kanäle erreicht ihr uns.